农村实用法律解读系列丛书
NONGCUN SHIYONG FALU JIEDU XILIE CONGSHU

农村实用调解仲裁与诉讼法解读

胡志斌 ◎ 编著

北京师范大学出版集团
BEIJING NORMAL UNIVERSITY PUBLISHING GROUP
安徽大学出版社

图书在版编目(CIP)数据

农村实用调解仲裁与诉讼法解读/胡志斌编著.—合肥:安徽大学出版社,
2014.5

(农村实用法律解读系列丛书)

ISBN 978-7-5664-0750-4

Ⅰ.①农… Ⅱ.①胡… Ⅲ.①仲裁法-基本知识-中国 ②诉讼法-基本知识-中国 Ⅳ.①D925

中国版本图书馆 CIP 数据核字(2014)第 096965 号

农村实用调解仲裁与诉讼法解读　　胡志斌　编著

出版发行:	北京师范大学出版集团 安 徽 大 学 出 版 社 (安徽省合肥市肥西路3号 邮编230039) www.bnupg.com.cn www.ahupress.com.cn
印　　刷:	合肥现代印务有限公司
经　　销:	全国新华书店
开　　本:	170mm×240mm
印　　张:	14.75
字　　数:	260千字
版　　次:	2014年5月第1版
印　　次:	2014年5月第1次印刷
定　　价:	25.00元

ISBN 978-7-5664-0750-4

策划编辑:朱丽琴　方　青		装帧设计:李　军　金伶智	
责任编辑:方　青		美术编辑:李　军	
责任校对:程中业		责任印制:陈　如	

版权所有　侵权必究

反盗版、侵权举报电话:0551-65106311

外埠邮购电话:0551-65107716

本书如有印装质量问题,请与印制管理部联系调换。

印制管理部电话:0551-65106311

MULU 目录

农村土地承包经营纠纷解决法律制度

1. 农村土地承包经营纠纷解决方式有哪些? / 1
2. 国家制定《农村土地承包经营纠纷调解仲裁法》有何意义? / 1
3. 《农村土地承包经营纠纷调解仲裁法》的立法目的是什么? / 2
4. 《农村土地承包经营纠纷调解仲裁法》规定了哪些基本原则? / 3
5. 《农村土地承包经营纠纷调解仲裁法》可以解决哪些纠纷? / 4
6. 村民委员会、乡(镇)人民政府能否调解农村土地承包经营纠纷? / 5
7. 调解农村土地承包经营纠纷包括哪些具体程序? / 5
8. 什么是仲裁,它有哪些特点? / 7
9. 农村土地承包仲裁与一般的民商事仲裁有哪些区别? / 7
10. 农村土地承包仲裁委员会是如何设立的,它有哪些职责? / 8
11. 农村土地承包仲裁委员会由哪些人员组成? / 9
12. 农村土地承包仲裁委员会的组织机构和职能有哪些? / 10
13. 农村土地承包仲裁委员会的仲裁员应具备哪些条件? / 11
14. 对农村土地承包仲裁委员会仲裁员的管理制度有哪些? / 11
15. 申请农村土地承包经营纠纷仲裁应当具备哪些条件? / 13
16. 农村土地承包经营纠纷仲裁申请书应当包括哪些内容? / 14
17. 农村土地承包经营纠纷仲裁的参与人包括哪些? / 17
18. 仲裁机构如何受理农村土地承包经营纠纷仲裁申请? / 19
19. 如何向农村土地承包仲裁委员会提交答辩书? / 20

20. 什么是农村土地承包经营纠纷仲裁中的财产保全和证据保全? / 21
21. 农村土地承包经营纠纷的仲裁庭如何组成? / 22
22. 农村土地承包经营纠纷仲裁人员在哪些情形下应当回避? / 23
23. 在哪些情形下农村土地承包经营纠纷仲裁人员应当予以更换? / 24
24. 在农村土地承包经营纠纷仲裁过程中,当事人能否和解? / 25
25. 农村土地承包经营纠纷的仲裁庭如何进行仲裁调解? / 26
26. 什么是农村土地承包经营纠纷仲裁中的先行裁定? / 27
27. 农村土地承包仲裁委员会如何开庭和裁决? / 27

劳动争议解决法律制度

28. 《劳动争议调解仲裁法》主要解决哪些劳动纠纷? / 29
29. 当事人可以向哪些调解组织申请劳动争议调解? / 30
30. 劳动争议调解的程序包括哪些主要环节? / 30
31. 如何认定劳动争议调解仲裁案件中的当事人? / 31
32. 劳动争议调解仲裁案件可以由法定代理人参加案件处理吗? / 31
33. 劳动争议调解仲裁的参与人包括哪些人? / 32
34. 法律对劳动争议申请仲裁的时效是如何规定的? / 33
35. 如何书写劳动争议仲裁申请书? / 34
36. 当事人如何提交劳动争议仲裁申请? / 36
37. 对于错误的仲裁裁决,当事人如何救济? / 36
38. 劳动争议仲裁有哪些原则? / 37
39. 劳动争议仲裁组织有哪些? / 37
40. 仲裁人员在哪些情形下依法应当回避? / 39
41. 《劳动争议调解仲裁法》对举证责任是如何规定的? / 39
42. 劳动争议在哪些情况下可以不经过仲裁直接向法院起诉? / 40
43. 哪些劳动争议可以一裁终局? / 41
44. 当事人在哪些情况下可以向法院申请支付令? / 42
45. 当事人申请劳动争议仲裁需要交费吗? / 42
46. 《劳动争议调解仲裁法》对劳动争议管辖是如何规定的? / 43
47. 《劳动争议调解仲裁法》对劳动者作了哪些保护性规定? / 43

人民调解法律制度

48. 什么是人民调解，人民调解可以解决哪些纠纷? / 46
49. 人民调解应当遵守哪些原则? / 46
50. 人民调解组织如何设立和组成? / 47
51. 担任人民调解员应当具备哪些条件? / 48
52. 人民调解员如何产生? / 48
53. 人民调解员有哪些行为时应当予以罢免或者解聘? / 49
54. 人民调解员有权获得经济补助吗? / 50
55. 人民调解委员会能够主动请求调解民间纠纷吗? / 50
56. 人民调解委员会应当派出几名调解员调解民间纠纷? / 50
57. 人民调解组织调解民间纠纷时可否邀请案外人参与调解? / 51
58. 民间纠纷的当事人在人民调解活动中享有哪些权利? / 51
59. 民间纠纷的当事人在人民调解活动中应当履行哪些义务? / 52
60. 人民调解员在调解纠纷过程中发现矛盾有可能激化或升级时，该如何处理? / 53
61. 人民调解组织对民间纠纷调解失败后，该如何处理? / 53
62. 经人民调解委员会调解达成调解协议的，必须制作书面调解协议吗? / 53
63. 经人民调解委员会调解达成的调解协议具有法律约束力吗? / 54
64. 什么是人民调解的司法确认制度? / 54

民事诉讼法律制度

65. 什么是民事诉讼，它有哪些特点? / 57
66. 什么是民事诉讼的辩论原则? / 57
67. 什么是民事诉讼的诚实信用原则? / 58
68. 什么是民事诉讼的处分原则? / 59
69. 什么是民事诉讼中的支持起诉原则? / 60
70. 民事诉讼中回避制度有哪些内容? / 61
71. 法院依法不能公开审理哪些民事案件? / 62
72. 什么是法院的民事诉讼管辖? / 62
73. 什么是民事诉讼的级别管辖，法律是如何规定的? / 63

74. 什么是民事诉讼的地域管辖,法律是如何规定的? / 64
75. 因合同纠纷提起民事诉讼时,应向哪个法院起诉? / 67
76. 什么是民事诉讼的专属管辖,法律是如何规定的? / 68
77. 当事人可以协商选择审理案件的法院吗? / 69
78. 什么是民事诉讼中的管辖权异议? / 69
79. 什么是民事诉讼中的共同诉讼? / 70
80. 什么是代表人诉讼? / 71
81. 什么是民事诉讼中的第三人? / 72
82. 《民事诉讼法》规定了哪些证据? / 74
83. 民事诉讼中的举证责任由谁承担? / 75
84. 当事人对于哪些事实不需要拿出证据加以证明? / 76
85. 民事诉讼中证人必须出庭作证吗? / 77
86. 证人出庭作证可以获得补偿吗? / 77
87. 当事人应当向人民法院交纳的诉讼费用有哪些? / 78
88. 民事诉讼的案件受理费交纳标准是什么? / 78
89. 民事诉讼中的申请费交纳标准是什么? / 79
90. 民事诉讼中的司法鉴定费由谁负担? / 80
91. 在哪些情况下法院只收取一半的诉讼费? / 80
92. 法院审理民事案件必须要进行调解吗? / 80
93. 法院调解应当遵循哪些原则? / 81
94. 法院调解成功后一定要制作调解书吗? / 82
95. 法院调解书的效力与法院判决书的效力一样吗? / 82
96. 法院调解成功后当事人可以反悔吗? / 83
97. 什么是民事诉讼中的财产保全? / 84
98. 什么是民事诉讼中的先予执行? / 85
99. 妨害民事诉讼的行为会受到哪些制裁? / 86
100. 提起民事诉讼应当具备哪些条件? / 87
101. 民事起诉状应当包括哪些内容? / 88
102. 当事人起诉后还能撤回起诉吗? / 91
103. 什么是反诉? / 93
104. 什么是缺席判决? / 94
105. 民事诉讼在哪些情形下应当中止审理? / 95

106. 民事诉讼在哪些情形下应当予以终结? /95
107. 民事诉讼简易程序的适用条件有哪些? /96
108. 什么是小额诉讼程序? /97
109. 当事人对第一审法院的裁判不服,如何提起上诉? /98
110. 当事人不服生效的裁判,如何进行司法救济? /99
111. 如何向法院申请宣告公民失踪? /100
112. 如何向法院申请宣告公民死亡? /101
113. 认定财产无主的程序是如何规定的? /103
114. 什么是民事诉讼中的督促程序,它有哪些特点? /104
115. 适用督促程序处理案件分为哪几个阶段? /105
116. 民事执行应当遵循哪些原则? /107
117. 《民事诉讼法》规定了哪些强制执行措施? /108

刑事诉讼法律制度

118. 公安机关在刑事诉讼中有哪些职权? /110
119. 人民检察院在刑事诉讼中有哪些职权? /111
120. 什么是公诉案件和自诉案件? /111
121. 所有的刑事案件都公开审判吗? /112
122. 如何理解犯罪嫌疑人、被告人有权获得辩护原则? /113
123. 如何理解未经法院依法判决不得确定有罪原则? /114
124. 在哪些情形下,依法不得追究行为人的刑事责任? /114
125. 人民检察院直接受理的刑事案件有哪些? /116
126. 哪些刑事案件由中级人民法院进行第一审审判? /117
127. 刑事诉讼中哪些人员遇有法定情形应当回避? /117
128. 犯罪嫌疑人何时可以委托辩护人? /119
129. 犯罪嫌疑人、被告人因经济困难请不起律师时,该怎么办? /119
130. 哪些人可以担任犯罪嫌疑人、被告人的辩护人? /120
131. 刑事诉讼证据有哪些种类? /121
132. 刑事诉讼的举证责任由谁承担? /122
133. 刑事诉讼中的证人必须出庭作证人吗? /122
134. 法律规定了哪些保护证人权益的措施? /123

135. 取保候审的适用条件有哪些? /124
136. 取保候审的保证金如何确定和交纳? /125
137. 被取保候审的人应当遵守哪些规定? /125
138. 监视居住的适用条件有哪些? /126
139. 被监视居所的犯罪嫌疑人、被告人应当遵守哪些规定? /127
140. 刑事拘留和行政拘留有哪些区别? /128
141. 刑事拘留的适用条件有哪些? /129
142. 逮捕犯罪嫌疑人、被告人应当具备哪些条件? /130
143. 提起刑事附带民事诉讼应当具备哪些条件? /131
144. 如何书写刑事附带民事起诉状? /132
145. 公安、司法机关在哪些情形下应立案追究行为人的刑事责任? /133
146. 犯罪嫌疑人、被告人享有沉默权吗? /135
147. 讯问犯罪嫌疑人应当遵循哪些法律程序和方法? /135
148. 询问证人应当遵循哪些法律程序和方法? /137
149. 什么是技术侦查(秘密侦查),法律是如何规定的? /138
150. 什么是侦查实验? /140
151. 公安机关如何通缉在逃的犯罪嫌疑人? /140
152. 人民检察院在什么情况下依法作出不起诉的决定? /141
153. 如果人民检察院作出了不起诉的决定,正在被羁押的犯罪嫌疑人能被释放吗? /142
154. 如果被害人不服检察院不起诉的决定,如何寻求救济? /142
155. 人民检察院在哪些条件下应当提起公诉? /143
156. 人民法院审理刑事案件的合议庭如何组成? /144
157. 人民法院的刑事判决书何时送达至当事人? /144
158. 刑事简易程序有哪些特点? /144
159. 人民法院对哪些案件可以适用简易程序进行审理? /146
160. 如何正确理解上诉不加刑原则? /146
161. 判决和裁定有哪些区别? /147
162. 死刑复核程序的具体内容有哪些? /147
163. 当事人对已经生效的刑事判决、裁定不服该怎么办? /149
164. 法律对死刑的执行程序是如何规定的? /149
165. 什么是监外执行,其具体内容有哪些? /150

166. 什么是社区矫正？社区矫正的组织和对象分别是谁? /152
167. 如何对未成年犯实施社区矫正？ /153
168. 未成年人刑事案件诉讼程序有哪些特殊性？ /153
169. 什么是附条件不起诉？其适用条件有哪些？ /155
170. 犯罪嫌疑人、被告人可以与被害人和解（即私了）吗？ /156

附 录

中华人民共和国农村土地承包经营纠纷调解仲裁法 /160
中华人民共和国劳动争议调解仲裁法 /167
中华人民共和国民事诉讼法（节选） /175
中华人民共和国刑事诉讼法（节选） /196

参考文献 /222

后　记 /223

农村土地承包经营纠纷解决法律制度

1. 农村土地承包经营纠纷解决方式有哪些？

农村土地承包经营的当事人发生纠纷时，可以依法通过以下几种方式加以解决：

(1)协商解决。协商解决是指由发包方和承包方就争议进行协商，达成共识，解决纠纷。因承包合同发生纠纷，当事人双方的争执实际上是集体与个人之间的利益平衡问题，只要在兼顾集体与承包人家庭利益的原则下，本着实事求是、互谅互让的精神，有过错的一方主动承担责任，适当赔偿对方的损失，事情是能够得到圆满解决的。实践中，大多数的农村集体经济承包合同当事人之间发生的矛盾纠纷都能协商解决。

(2)调解解决。调解解决指在双方当事人就合同纠纷协商意见不统一时，即协商不成时，可以向乡镇农村土地承包经营承包合同调解委员会(或由当事人以外的第三人作为调解人)申请调解，促使当事人双方自愿达成协议，解决纠纷的办法。有时候一方当事人可能为了一时之气不让步，但如果有第三人调解，晓之以理，做好说服工作，矛盾还是有希望化解的。

(3)仲裁解决。调解不成时，可以向当地农村土地承包经营承包合同仲裁委员会申请仲裁。仲裁委员会根据承包合同纠纷当事人的申请，在查明事实，分清责任的基础上，依法对纠纷作出裁决。仲裁的结果具有法律效力，生效后如果一方不履行，另一方可以向法院申请强制执行。

(4)诉讼解决。人民法院根据承包合同纠纷当事人的诉讼，以事实为依据，以法律为准绳，依法作出判决，解决合同纠纷。

2. 国家制定《农村土地承包经营纠纷调解仲裁法》有何意义？

《农村土地承包经营纠纷调解仲裁法》是在《农村土地承包法》这一实体性法律基础上制定的一部关于农村土地承包经营的程序性法律，实现了农村土地承包经营活动的完备的法律制度构建。这部法律是立足于我国农村实际,体现便民、利民原则,集调解和仲裁于一体的程序性法律。具体而言,这部法律制定的意义在于以下几方面:

(1)标志着农村土地承包法律体系的进一步健全,有利于稳定和完善农村土地承包关系,巩固家庭承包的基础地位。

(2)标志着具有中国特色的农村土地承包经营纠纷调解仲裁制度创造性地建立,有利于维护农民的土地承包合法权益。

(3)标志着农村土地承包经营纠纷调解仲裁工作的制度化、规范化,有利于及时公正解决矛盾纠纷,促进农村经济发展和社会稳定。

3. 《农村土地承包经营纠纷调解仲裁法》的立法目的是什么?

立法目的是指制定一部法律所要实现的目标和要解决的问题。按照《农村土地承包经营纠纷调解仲裁法》的规定,这部法律的立法目的为以下几方面:

(1)公正、及时解决农村土地承包经营纠纷。《农村土地承包经营纠纷调解仲裁法》是一部程序法,"程序正义是看得见的正义",规范的程序法律制度能够保证农村土地承包经营中的纠纷得到公正解决。这部法律对仲裁委员会的人选、受理时限、申请时限、充分听取当事人的陈述等都作出了较为具体的规定,为公正及时解决农村土地承包经营纠纷提供了法律制度保证。

(2)维护当事人合法权益。《农村土地承包法》等实体法赋予了农民对承包土地的占有、使用、收益的用益物权,这些实体性的权利能否得到保障离不开救济性、程序性的法律。而《农村土地承包经营纠纷调解仲裁法》的立法目的之一就是要配合和协调《农村土地承包法》等实体法律的有效实施。

(3)促进农村经济发展和社会稳定。农村的改革、发展和稳定是社会稳定和经济发展的组成部分。土地承包经营纠纷是农村社会和经济发展中新生的社会矛盾和纠纷。正是为了促进农村经济发展和社会稳定,《农村土地承包经营纠纷调解仲裁法》应运而生。

≫法条链接≫

《农村土地承包经营纠纷调解仲裁法》第一条:为了公正、及时解决农村土地承包经营纠纷,维护当事人的合法权益,促进农村经济发展和社会稳定,制定本法。

4.《农村土地承包经营纠纷调解仲裁法》规定了哪些基本原则？

按照《农村土地承包经营纠纷调解仲裁法》的规定，这部法律规定了以下几项基本原则：

(1)公开、公平、公正的原则。公开、公平、公正的原则是农村土地承包经营纠纷调解仲裁工作必须坚持的首要原则。公开就是土地承包纠纷的调解或仲裁应当保证程序公开、信息透明，无特殊情况的应当进行公开开庭审理。公平是指只要符合调解仲裁条件的农户均享有申请调解或仲裁的权利，双方当事人可以平等地陈述、辩论，法律面前人人平等。公正就是既要保证调解、仲裁中的程序公正，也要保证裁决结果符合法律和国家相关政策的规定，确保当事人的公平权益和社会正义。

(2)便民高效的原则。即土地承包经营纠纷制度的设计和实施应当体现方便当事人，并尽可能地提高问题解决的效率。例如，根据本法的规定，发生土地承包纠纷，当事人可以自行和解、可以请求组织进行调解，这两种解决方式的合法化有利于及时化解矛盾和纠纷；又如，考虑到广大农村的实际，本法规定受理仲裁不应以当事人书面协议为前提，允许农民以口头申请或邮递的方式递交申请，或者委托他人代交，只要符合条件，调解或仲裁组织就应依法启动仲裁程序。在进入仲裁程序后，凡是能够调解的，仲裁庭要坚持调解优先，尽可能帮助当事人高效、便捷地解决纠纷，把矛盾和纠纷解决在基层、化解在萌芽状态等。

(3)根据事实，依据法律的原则。即纠纷的调解和仲裁，应当以事实为依据，以法律为准绳，实事求是，分清是非。具体地说，就是在纠纷处理的过程中，应当注重证据，加强对纠纷案件的全面、深入调查了解，依照法律规定、客观事实以及当事人提供材料和证据，决定是否受理以及如何裁决。

(4)尊重社会公德的原则。社会公德是人们在社会生活中形成的并为绝大多数人共同认同和遵循的道德观念、行为准则和善良的生活习俗、习惯等社会规范。由于农村社会矛盾和纠纷的复杂性和多样性，这就决定了土地承包经营纠纷调解和仲裁，除符合法律规定外，还必须尊重社会公德，否则，纠纷难以彻底、有效地解决。

≫法条链接≫

《农村土地承包经营纠纷调解仲裁法》第五条：农村土地承包经营纠纷调解和仲裁，应当公开、公平、公正，便民高效，根据事实，符合法律，尊重社会公德。

《农村土地承包经营纠纷调解仲裁法》第三十条：农村土地承包经营纠

纷仲裁应当开庭进行。……开庭应当公开,但涉及国家秘密、商业秘密和个人隐私以及当事人约定不公开的除外。

5. 《农村土地承包经营纠纷调解仲裁法》可以解决哪些纠纷?

按照《农村土地承包经营纠纷调解仲裁法》的规定,本法主要解决以下几类因农村土地承包经营产生的纠纷:

(1)因订立、履行、变更、解除和终止农村土地承包合同发生的纠纷;

(2)因农村土地承包经营权流转发生的纠纷;

(3)因收回、调整承包地发生的纠纷;

(4)因确认农村土地承包经营权发生的纠纷;

(5)因侵害农村土地承包经营权发生的纠纷;

(6)法律法规规定的其他农村土地承包经营纠纷。

从纠纷的性质上看,农村土地承包经营纠纷是民事纠纷,不是行政纠纷。而当农村土地承包者与基层政府或行政机关就土地承包问题发生争议时,此时的农村土地承包经营纠纷属于行政纠纷。为公共利益需要征收集体所有的土地及其补偿发生的纠纷主要涉及是否基于公共利益需要;是否符合法定的权限和程序;征收补偿是否达到法定标准;补偿是否足额、及时等问题,仲裁机关无权裁决,则应当按照行政复议或行政诉讼程序进行解决,而不能由仲裁委员会受理和裁决。

≫**法条链接**≫

《农村土地承包经营纠纷调解仲裁法》第二条:农村土地承包经营纠纷调解和仲裁,适用本法。

农村土地承包经营纠纷包括:

(一)因订立、履行、变更、解除和终止农村土地承包合同发生的纠纷;

(二)因农村土地承包经营权转包、出租、互换、转让、入股等流转发生的纠纷;

(三)因收回、调整承包地发生的纠纷;

(四)因确认农村土地承包经营权发生的纠纷;

(五)因侵害农村土地承包经营权发生的纠纷;

(六)法律、法规规定的其他农村土地承包经营纠纷。

因征收集体所有的土地及其补偿发生的纠纷,不属于农村土地承包仲裁委员会的受理范围,可以通过行政复议或者诉讼等方式解决。

6. 村民委员会、乡(镇)人民政府能否调解农村土地承包经营纠纷?

调解是指即调解人应纠纷当事人的请求,依法或依合同约定,对双方当事人进行说服教育,居中调停,使其在互相谅解、互相让步的基础上解决其纠纷的一种途径。合法的调解形式具有多样性,主要包括人民调解、行政调解、仲裁调解和诉讼调解。村民委员会的调解属于人民调解的一种,即在当事人在人民调解委员会的主持下,通过相互谅解,使纠纷得到解决的方式,民间调解达成的协议不具有强制约束力。乡(镇)人民政府的调解属于行政调解,即在基层乡(镇)政府的主持下,依据相关法律、行政法规、规章及政策,处理纠纷的方式。

为了保证农村土地承包经营纠纷的及时解决,按照《农村土地承包经营纠纷调解仲裁法》的规定,村民委员会、乡(镇)人民政府都应当加强农村土地承包经营纠纷的调解工作,帮助当事人达成协议解决纠纷。

≫**法条链接**≫

《农村土地承包经营纠纷调解仲裁法》第七条:村民委员会、乡镇人民政府应当加强农村土地承包经营纠纷的调解工作,帮助当事人达成协议解决纠纷。

《农村土地承包经营纠纷调解仲裁法》第八条:当事人申请农村土地承包经营纠纷调解可以书面申请,也可以口头申请。口头申请的,由村民委员会或者乡(镇)人民政府当场记录申请人的基本情况、申请调解的纠纷事项、理由和时间。

7. 调解农村土地承包经营纠纷包括哪些具体程序?

按照《农村土地承包经营纠纷调解仲裁法》的规定,村民委员会、乡(镇)人民政府的调解组织主持调解农村土地承包经营纠纷的基本程序如下:

(1)调解申请。村民委员会、乡(镇)人民政府的调解组织应及时依法受理当事人申请农村土地承包经营纠纷的调解申请,为了体现调解便民原则,当事人申请调解时既可以书面的形式提出申请,也可以口头申请。对于口头申请的,村民委员会或者乡(镇)人民政府的调解人员应当场记录申请人的基本情况、申请调解的纠纷事项、理由和时间。书面申请的申请书主要包括:申请人和被申请人姓名、住所、联系方式等基本情况,还要有发生纠纷的事实、申请人的调解请求、所依据的事实和理由等。

(2)调解进行。具体程序包括:①调解人员要充分听取当事人对事实和理由的陈述。充分听取当事人的陈述,有利于调解人员准确了解事实和争议的焦点,从而为下步说和、调解工作打下基础。同时,充分听取当事人的陈述,也可以帮助当事人排解心中的郁闷和愤怒,减轻和消除其在纠纷产生后的无助感,增强其依法解决纠纷的信心;②调解人员要适时宣传、讲解有关法律、法规和政策。现实中发生的许多土地承包经营纠纷都是由于当事人对相关法律、法规和政策不了解而产生的,特别是有些当事人,有不适当的要求和不切实际的愿望时,调解人员要学会运用相关法律、法规和政策引导其权衡利弊,以正确的心态对待所涉及的纠纷;③调解人员要对当事人的冲动情绪进行耐心疏导。由于土地承包纠纷大多涉及当事人的利益,处理过程中往往呈现对立性、尖锐性和多变性的特点,这就需要调解人具备良好的心理素质,做到以理服人,不能以势压人;④调解人员要力争帮助当事人达成协议。

(3)达成调解协议及效力。调解达成协议的,村民委员会或者乡(镇)人民政府应当制作调解协议书。调解协议书由双方当事人签名、盖章或者按指印,经调解人员签名并加盖调解组织印章后生效。由于人民调解和行政调解达成的协议都不具有法律上的强制执行力,为了保证这两种调解协议能够得到有效执行,双方当事人可以按照《人民调解法》的规定,在调解协议达成后的一个月内到所在地区的基层法院请求司法确认,经过司法确认的调解协议就具有了法律上的强制执行力。

≫法条链接≫

《农村土地承包经营纠纷调解仲裁法》第八条:当事人申请农村土地承包经营纠纷调解可以书面申请,也可以口头申请。口头申请的,由村民委员会或者乡(镇)人民政府当场记录申请人的基本情况、申请调解的纠纷事项、理由和时间。

《农村土地承包经营纠纷调解仲裁法》第九条:调解农村土地承包经营纠纷,村民委员会或者乡(镇)人民政府应当充分听取当事人对事实和理由的陈述,讲解有关法律以及国家政策,耐心疏导,帮助当事人达成协议。

《农村土地承包经营纠纷调解仲裁法》第十条:经调解达成协议的,村民委员会或者乡(镇)人民政府应当制作调解协议书。

调解协议书由双方当事人签名、盖章或者按指印,经调解人员签名并加盖调解组织印章后生效。

8. 什么是仲裁，它有哪些特点？

仲裁是指发生争议的当事人（申请人与被申请人），根据其达成的仲裁协议，自愿将其争议提交中立的第三者（仲裁机构）进行裁判的争议解决的方式。作为一种解决财产权益纠纷的民间性裁判制度，仲裁具有以下特点：

（1）自愿性。这是仲裁最突出的特点。也就是说，当事人之间的纠纷是否提交仲裁，请求谁仲裁，仲裁庭如何组成，由谁组成，以及仲裁的审理方式、开庭形式等都是在当事人自愿的基础上，由双方当事人协商确定的。

（2）专业性。即仲裁机构由具有一定专业水平和能力的专家担任仲裁员，可以保证对当事人之间的纠纷进行客观公正的裁决。

（3）灵活性。在仲裁中，法律规定许多具体程序都是由当事人协商确定和选择的，表现出一定的灵活性和弹性。

（4）保密性。仲裁以不公开审理为原则，有关的仲裁法律和仲裁规则也同时规定了仲裁员及仲裁秘书人员的保密义务。这与诉讼或者司法强调的公开性正好相反。

（5）快捷性。仲裁实行一裁终局制，仲裁裁决一经仲裁庭作出，即发生法律效力，从而使得当事人之间的纠纷能够迅速得以解决。

（6）经济性。一是时间上的快捷性使得仲裁所需费用相对减少；二是仲裁费低于诉讼费；三是仲裁的自愿性、保密性使当事人之间通常没有激烈的对抗，不会损害当事人的社会信誉。

（7）独立性。即仲裁机构独立于行政机关和法院，不受任何机关、社会团体和个人的干涉。

9. 农村土地承包仲裁与一般的民商事仲裁有哪些区别？

按照《农村土地承包经营纠纷调解仲裁法》和《仲裁法》的规定，土地承包仲裁与一般的民商事仲裁之间的区别表现为以下几个方面：

（1）仲裁机构设置不同。农村土地承包仲裁委员会是根据解决农村土地承包经营纠纷的实际需要，在当地人民政府的指导下设立，可以在县和不设区的市设立。民商事仲裁委员会可以在直辖市、省、自治区人民政府所在地的市设立，也可根据需要在其他设区的市设立，不按行政区划层层设立。实际中，我国民商事仲裁机构也都在经济比较发达的城市设立。

（2）案件管辖权不同。农村土地承包仲裁委员会实行属地管理，在纠纷所在地申请受理。民商事仲裁实行协议管辖,由双方当事人达成的仲裁协议所约定的某个仲裁委员会管辖。

(3)启动前提条件不同。农村土地承包仲裁不以书面仲裁协议为前提,没有仲裁协议也可申请仲裁,体现出农村土地承包仲裁强制管辖的特点。民商事仲裁必须根据双方达成的协议,自愿将有关争议提交仲裁机构仲裁。

(4)裁决的法律效力不同。农村土地承包经营纠纷仲裁实行"一裁两审",而《仲裁法》规定的民商事仲裁实行一裁终局制度。任何一方不履行仲裁裁决,对方可向人民法院申请强制执行。

10. 农村土地承包仲裁委员会是如何设立的,它有哪些职责?

按照《农村土地承包经营纠纷调解仲裁法》的规定,农村土地承包仲裁委员会的设立应当在当地人民政府的指导下进行,并报同级人民政府和省人民政府农业、林业行政主管部门备案。农村土地承包纠纷仲裁委员可以在县和不设区的市设立,也可以在设区的市或其市辖区设立,但需要说明的是,设区的市或市辖区只能选择在一个行政层级设立仲裁委员会,无论在哪里设立,不同地区的仲裁委员会之间都没有隶属关系,也不存在级别管辖。另外,按照法律的规定,设立农村土地承包仲裁委员会要考虑到政策性、专业性较强的特点,一般日常工作应当由当地农村土地承包管理部门承担,并设立办公室。

按照《农村土地承包经营纠纷调解仲裁法》的规定,农村土地承包仲裁委员会的职责包括以下几方面:

(1)研究农村土地承包经营纠纷仲裁的重大事项;
(2)负责聘任、培训、管理和解聘仲裁员;
(3)受理仲裁申请;
(4)支持、指导和监督仲裁活动;
(5)法律、法规规定的其他职责。

≫**法条链接**≫

《农村土地承包经营纠纷调解仲裁法》第十二条:农村土地承包仲裁委员会,根据解决农村土地承包经营纠纷的实际需要设立。农村土地承包仲裁委员会可以在县和不设区的市设立,也可以在设区的市或者其市辖区设立。

农村土地承包仲裁委员会在当地人民政府指导下设立。设立农村土地承包仲裁委员会的,其日常工作由当地农村土地承包管理部门承担。

11. 农村土地承包仲裁委员会由哪些人员组成？

按照《农村土地承包经营纠纷调解仲裁法》的规定，农村土地承包仲裁委员会由当地人民政府及有关部门代表、有关人民团体代表、农村集体经济组织代表、农民代表和法律、经济等相关专业人员兼任组成。成员人数为单数，一般为七到十三人，其中，农民代表和法律、经济等相关专业人员不得少于组成人员的二分之一。具体组成人员阐释如下：

(1)当地人民政府的代表。一般情况下由当地分管农业的主要负责人作为仲裁委员会的组织人员。

(2)有关部门代表。主要是农业和林业部门的代表，必要时，与农村土地承包纠纷有关的国土、信访、司法等部门派代表参加。

(3)有关人民团体代表。主要包括"妇联"、"工会"、"青联"的代表。目前与农村土地承包仲裁联系较多的人民团体主要是"妇联"。《农村土地承包法》、《妇女权益保障法》都对保障妇女土地承包权益有专门规定，因此，吸收妇联等人民团体代表参加，有利于保护特定群体的合法权益。

(4)农村集体经济组织代表。农村集体经济组织是指农村土地承包的发包方，是农民集体成员整体利益的代表。

(5)农民代表。农民一方面是土地的承包方，另一方面也是基层群众的代表，他们能反映农民的呼声，是仲裁委员会不可或缺的组成部分。

(6)法律、经济等相关专业人员。农村土地承包经营纠纷仲裁制度是一种准司法制度，法律性和政策性较强。法律、经济等相关专业人员参与仲裁，有利于规范仲裁行为、提高仲裁质量和效率。

在仲裁委员会组织结构上，《农村土地承包经营纠纷调解仲裁法》规定仲裁委员会设主任一人，副主任一至二人，由仲裁委员会全体组成人员选举产生，半数以上同意当选。选举会议由本地人民政府组织召开。仲裁委员会组成人员的任期一般为三至五年。任期届满前一个月，完成下届仲裁委员会的组成人员的更换；有特殊情况可在任期届满后两个月完成更换。仲裁委员会人员发生变动的，由仲裁委员会重新确定人选，主任、副主任变化的，经本地仲裁委员会全体会议选举产生后，报请当地政府确定。

>> **法条链接** >>

《农村土地承包经营纠纷调解仲裁法》第十三条：农村土地承包仲裁委员会由当地人民政府及其有关部门代表、有关人民团体代表、农村集体经济组织代表、农民代表和法律、经济等相关专业人员兼任组成,其中农民代表和法律、经济等相关专业人员不得少于组成人员的二分之一。

农村土地承包仲裁委员会设主任一人、副主任一至二人和委员若干人。主任、副主任由全体组成人员选举产生。

12. 农村土地承包仲裁委员会的组织机构和职能有哪些?

按照《农村土地承包经营纠纷调解仲裁法》的规定,仲裁委员会首先应当建立全体会议制度。仲裁委员会每年要召开不少于一次的会议,会议由主任主持。全体会议须有三分之二以上的成员出席方能举行。根据主任、副主任或者三分之二以上的组成人员提议,可以由主任或者主任委托副主任主持召开临时会议。修改章程必须经全体会议成员的三分之二以上通过,其他决议须经出席会议成员三分之二以上通过。

为保证仲裁工作的有序的、连续的开展,仲裁委员会还应当设立日常办事机构。该机构的主要职能包括:

(1)登记、审查仲裁申请;
(2)编制仲裁员名册;
(3)管理仲裁委员会文书、印章和档案;
(4)协助组织仲裁员培训;
(5)监督仲裁程序;
(6)协助送达仲裁文书;
(7)管理仲裁工作经费;
(8)协助仲裁庭完成仲裁活动;
(9)仲裁委员会交办的其他事项。

为保证仲裁委员会正常开展工作,农村土地承包经营纠纷仲裁不向当事人收取费用,仲裁委员会工作经费依法纳入本地财政预算,并且实行专款专用。

》法条链接》

《农村土地承包经营纠纷调解仲裁法》第十四条:农村土地承包仲裁委员会依法履行下列职责:

(一)聘任、解聘仲裁员;
(二)受理仲裁申请;
(三)监督仲裁活动。

农村土地承包仲裁委员会应当依照本法制定章程,对其组成人员的产生方式及任期、议事规则等作出规定。

13. 农村土地承包仲裁委员会的仲裁员应具备哪些条件?

按照《农村土地承包经营纠纷调解仲裁法》的规定,担任农村土地承包仲裁委员会的仲裁员应当具备以下几方面的条件:

(1)公道正派。这是担任仲裁员职业道德品质的最基本要求,同时也是担任仲裁员的最基本的条件。

(2)从事农村土地承包管理工作满五年。该条件要求各级农业经济管理部门中长期负责农村土地承包管理工作的人员担任,主要是考虑到他们对该项业务或者相关业务比较熟悉,能够对农村土地承包经营纠纷作出专业化判断。

(3)从事法律工作或者人民调解工作满五年。主要包括律师、曾任审判员的法官、从事法律研究和教学工作的人员、人民调解员、从事政府法制工作的人员等。选择这些人员担任仲裁员主要是考虑到他们对该项业务的法律问题比较熟悉,能够对农村土地承包经营纠纷作出公正性判断。

(4)在当地威信较高,并熟悉农村土地承包法律及国家政策的居民。对于农村居民来说,只要他们熟悉农村土地承包法律以及相关政策,也就具有解决纠纷的能力和经验,如果本人乐意而且其口碑较好,就可以被聘为仲裁员。

≫法条链接≫

《农村土地承包经营纠纷调解仲裁法》第十五条:农村土地承包仲裁委员会应当从公道正派的人员中聘任仲裁员。

仲裁员应当符合下列条件之一:

(一)从事农村土地承包管理工作满五年;

(二)从事法律工作或者人民调解工作满五年;

(三)在当地威信较高,并熟悉农村土地承包法律以及国家政策的居民。

14. 对农村土地承包仲裁委员会仲裁员的管理制度有哪些?

按照《农村土地承包经营纠纷调解仲裁法》的规定,对农村土地承包仲裁委员会仲裁员的管理制度包括以下几方面:

(1)仲裁员的培训。培训的目的是为了保证仲裁员能够依法公正地开展仲裁业务。仲裁员的培训包括入职培训、继续教育培训、新知识新业务培训等。在培训的具体内容上,按照法律的规定,农村土地承包仲裁委员会应当对仲裁员进行关于农村土地承包法律以及国家政策的培训。培训工作的组织和指导依法由省、自治区、直辖市人民政府农村土地承包管理部门负责进行。

(2)仲裁员的聘任。仲裁委员会拟选聘的仲裁员,原则上需经省农业行政主管部门业务资格培训,并取得资格证书,方可聘为仲裁员。仲裁员聘用期一般为三年,期满后可以继续聘任。

(3)仲裁工作纪律。第一,农村土地承包仲裁委员会组成人员和仲裁员在仲裁活动中,必须遵守《仲裁委员会章程》、《农村土地承包经营纠纷仲裁规则》、《农村土地承包经营纠纷调解仲裁法》等相关法律、法规的规定。第二,农村土地承包仲裁委员会组成人员和仲裁员不得有索贿受贿、徇私舞弊等行为。一旦发现,仲裁委员会应当将其除名,构成犯罪的追究刑事责任。第三,仲裁委员会组成人员和仲裁员应当保障当事人的合法权益,仲裁裁决应当根据事实,符合法律,尊重社会公德,做到合理、合法,不得侵害当事人的合法权益。

(4)仲裁员的解聘除名。按照法律的规定,仲裁员有下列行为之一的,应当予以解聘除名,且不得再聘为仲裁员:①有索贿受贿、徇私舞弊,枉法裁决以及接受当事人请客送礼等违法违纪行为的;②故意隐瞒应当回避事实的;③无正当理由故意不到庭审理案件的;④连续两年考核不合格、群众不满意的;⑤不宜继续担任仲裁员的其他情形的。

(5)仲裁员的辞聘。按照法律的规定,仲裁员辞聘应当提前三个月向仲裁委员会提交辞呈。已经组成仲裁庭,正在承办仲裁案件的仲裁员,在仲裁程序结束前不得辞聘。

(6)仲裁员的披露制度。即被选定或被指定组成仲裁庭的仲裁员有义务向本仲裁委员会书面披露可能引起对其公正性和独立性产生合理怀疑的任何事实或者情况。

(7)保密制度。即仲裁委员会组成人员、仲裁员、记录人员、翻译人员等有保密义务,对非公开仲裁的案件不得对外界透露案件实体和程序进行情况。

≫法条链接≫

《农村土地承包经营纠纷调解仲裁法》第十六条:农村土地承包仲裁委员会应当对仲裁员进行农村土地承包法律以及国家政策的培训。

省、自治区、直辖市人民政府农村土地承包管理部门应当制定仲裁员培训计划,加强对仲裁员培训工作的组织和指导。

《农村土地承包经营纠纷调解仲裁法》第十七条:农村土地承包仲裁委员会组成人员、仲裁员应当依法履行职责,遵守农村土地承包仲裁委员会章程和仲裁规则,不得索贿受贿、徇私舞弊,不得侵害当事人的合法权益。

仲裁员有索贿受贿、徇私舞弊、枉法裁决以及接受当事人请客送礼等违法违纪行为的,农村土地承包仲裁委员会应当将其除名;构成犯罪的,依法追究刑事责任。

15. 申请农村土地承包经营纠纷仲裁应当具备哪些条件?

按照《农村土地承包经营纠纷调解仲裁法》的规定,申请农村土地承包纠纷仲裁应当具备以下几方面的条件:

(1)申请人与纠纷有直接的利害关系。申请人只有在与纠纷有直接利害关系的情况下,才是合格的申请人,才能向仲裁委员会申请仲裁。没有直接利害关系的,仲裁委员会不予受理。

(2)有明确的被申请人。申请人提出申请,应当明确被申请人是谁。

(3)有具体的仲裁请求、事实和理由。主要包括:申请人提出的具体权利请求、当事人纠纷形成的事实,双方当事人争议的焦点、请求的根据和理由及适用的法律等。

(4)属于农村土地承包纠纷仲裁委员会的受理范围。受理范围是指《农村土地承包经营纠纷调解仲裁法》第二条规定的几类纠纷。

申请人向农村土地承包仲裁委员会申请仲裁必须同时符合以上四个条件,任何一条不符合,都不能受理,已经受理的,终止仲裁程序。

另外,申请农村土地承包纠纷仲裁还必须符合一些形式条件,主要是以下两方面:

(1)申请方式上的要求。按照法律上的要求,申请方式既可以采用书面形式,也可以口头形式。如果采用书面形式,申请书除本人当面递交外,还可以邮寄或委托他人代交。有困难的申请人可以采用口头申请的形式。农村土地承包仲裁委员会收到仲裁申请材料,应出具回执,回执应当载明接收材料的名称和份数、接收日期等,并加盖农村土地承包仲裁委员会印章。

(2)申请时效上的要求。按照法律上的要求,村土地承包经营纠纷申请仲裁的时效期间为两年,自当事人知道或者应当知道其权利被侵害之日起计算。

≫**法条链接**≫

《农村土地承包经营纠纷调解仲裁法》第二十条:申请农村土地承包经营纠纷仲裁应当符合下列条件:

(一)申请人与纠纷有直接的利害关系;

(二)有明确的被申请人;

(三)有具体的仲裁请求和事实、理由;

(四)属于农村土地承包仲裁委员会的受理范围。

16. 农村土地承包经营纠纷仲裁申请书应当包括哪些内容?

按照《农村土地承包经营纠纷调解仲裁法》的规定,仲裁申请书应当载明下列内容:

(1)当事人的基本情况。申请书要按顺序写出申请人、被申请人的基本情况,有代理人的写明代理人的基本情况,代理人是律师的,需要写明其所属的律师事务所的名称和律师姓名。

(2)申请人的仲裁请求。仲裁请求是仲裁申请人想通过仲裁达到的目的,是仲裁活动的重要内容,申请人应当写明通过仲裁委员会裁决被申请人应履行什么义务,以及通过仲裁需要达到什么目的。请求要明确具体内容,不可含混不清。

(3)仲裁请求所依据的事实和理由。这部分是仲裁申请书的核心内容,应当实事求是、合法有据、简明扼要。

(4)证据和证据来源、证人姓名和联系方式。申请人要在提出证据的同时,提供证据的来源,以便仲裁委员会核实。如果提供的是证人,要写明证人的姓名、住所、工作单位和联系方式等。

一份完整的仲裁申请书除以上内容外,还要写明农村土地承包经营纠纷仲裁委员会的名字、申请时间、申请书副本的份数,以及提交证据的名称、份数,并将其标号顺序附于仲裁申请书的后面。

≫**法条链接**≫

《农村土地承包经营纠纷调解仲裁法》第二十一条:当事人申请仲裁,应当向纠纷涉及的土地所在地的农村土地承包仲裁委员会递交仲裁申请书。仲裁申请书可以邮寄或者委托他人代交。仲裁申请书应当载明申请人和被申请人的基本情况,仲裁请求和所根据的事实、理由,并提供相应的证据和证据来源。

书面申请确有困难的,可以口头申请,由农村土地承包仲裁委员会记入笔录,经申请人核实后由其签名、盖章或者按指印。

≫农村土地承包经营纠纷仲裁申请书格式≫

仲裁申请书

申请人
姓名:_____ 性别:_____ 年龄:_____
住所:_____ 邮编:_____ 电话:_____

代理人
姓名:_____ 性别:_____ 年龄:_____
住所:_____ 邮编:_____ 电话:_____
(法人或者其他组织)
名称:_____ 地址:_____
法定代表人(主要负责人)姓名:
职务:_____ 电话:_____

被申请人
姓名:_____ 性别:_____ 年龄:_____
住所:_____ 邮编:_____ 电话:_____
(法人或者其他组织)
名称:_____ 地址:_____
法定代表人(主要负责人)姓名:
职务:_____ 电话:_____

仲裁请求:

事实和理由:

证据名称:_____ 证据来源:_____
证人姓名:_____ 联系方式:_____

附件：

1. 申请书副本____份
2. 其他有关材料____份
3. 身份证复印件或户籍复印件

申请人：(签名、盖章或者按指印)

_____年____月____日

口头仲裁申请书

申请人

姓名：_____ 性别：_____ 年龄：_____

住所：_____ 邮编：_____ 电话：_____

代理人

姓名：_____ 性别：_____ 年龄：_____

住所：_____ 邮编：_____ 电话：_____

被申请人

姓名：_____ 性别：_____ 年龄：_____

住所：_____ 邮编：_____ 电话：_____

(法人或者其他组织)

名称：_____ 地址：_____

法定代表人(主要负责人)姓名：_____

职务：_____ 电话：_____

仲裁请求：

事实和理由：

证据名称：_____ 证据来源：_____

证人姓名：_____ 联系方式：_____

以上记录经本人核对，与口述一致。

附件：

1. 申请书副本____份
2. 其他有关材料____份
3. 身份证复印件或户籍复印件

申请人：（签名、盖章或者按指印）
记录人：（签名、盖章）
_____年____月____日

第三人参加仲裁申请书

_____仲裁委员会：

您委受理的_____与_____纠纷一案，处理结果与我方有利害关系。为保障我方的合法权益，依照《农村土地承包经营纠纷调解仲裁法》第十九条和《农村土地承包经营纠纷仲裁规则》第九条规定，现向您委提出以本案第三人的身份参加本次仲裁活动。

理由：

申请人
姓名：_____ 性别：_____ 年龄：_____
住所：_____ 邮编：_____ 电话：_____
代理人
姓名：_____ 性别：_____ 年龄：_____
住所：_____ 邮编：_____ 电话：_____

申请人：（签名、盖章或者按指印）
_____年____月____日

17. 农村土地承包经营纠纷仲裁的参与人包括哪些？

按照《农村土地承包经营纠纷调解仲裁法》的规定，农村土地承包经营纠纷仲裁的参与人包括以下几种人：

(1)当事人。当事人是指与案件处理结果有直接利害其关系的人，农村土地承包纠纷仲裁的申请人、被申请人为仲裁当事人。特点有：一是土地承包纠纷的一方；二是以自己的名义参加仲裁活动；三是与案件有直接利害关系，既是权利的享有者，又是义务的承担者；四是受仲裁委员会的仲裁裁决约束。

当事人的权利主要有：①有权提出仲裁申请；②有权委托代理人；③有权提出答辩、回避和提供证据；④有权自行和解、达成协议和请求或者拒绝调解；⑤有权要求仲裁员对其个人隐私保密；⑥有权要求追究仲裁人员违法行为的法律责任等。

（2）代表人。参加仲裁的当事人可以是单个自然人，也可以是家庭、村集体经济组织以及从事农业生产的组织等。如果是家庭承包的，可以由农户的代表人参加仲裁，无需全家人都参与仲裁。农户代表人由农户成员共同推选；不能推选的可以按下列方式确认：①土地承包经营权证或林权证等证书上记载的人；②未依法登记取得土地承包经营权证或者林权证等证书的，未在承包合同上签字的人；③当事人一方为五户（人）以上的，可以推选三至五名代表人参加仲裁。

（3）第三人。农村土地承包经营纠纷仲裁中的第三人是指与案件处理结果有法律上的利害关系，仲裁程序开始后参加仲裁以维护自己的合法权益的人。第三人参加仲裁，可以自己主动申请参加，也可以由仲裁委员会通知其参加，参与仲裁的第三人对仲裁裁决不服，可以依法向人民法院提起诉讼。凡是涉及第三人利益的农村土地承包经营纠纷案件，第三人未参加仲裁的，仲裁裁决结果对其不发生法律效力。

农村土地承包经营纠纷仲裁中的第三人的权利主要有：①有权了解申请人申请、被申请人答辩的事实和理由；②有权要求查阅和复制案卷的有关材料，了解仲裁的进展情况；③有权陈述自己的意见，并向农村土地承包仲裁委员会递交自己对该争议的意见书等。

（4）代理人。在农村土地承包纠纷仲裁中，当事人、第三人可以委托代理人参加仲裁。仲裁代理制度使当事人可以利用他人的能力参加仲裁，更好地通过仲裁维护自己的合法权益。

代理人一般具有如下特征：①代理人只在法律规定或者当事人委托权限内代为进行仲裁活动，就其农村土地承包关系而言，既不享有权利，也不承担义务；②代理人依法进行仲裁活动其代理活动的后果由被代理人承担；③同一仲裁代理人只能代理一方当事人进行仲裁活动。无民事行为能力人或限制民事行为能力人为当事人或者第三人的，由其法定代理人参加仲裁。

>> **法条链接** >>

《农村土地承包经营纠纷调解仲裁法》第十九条：农村土地承包经营纠纷仲裁的申请人、被申请人为当事人。家庭承包的，可以由农户代表人参加仲裁。当事人一方人数众多的，可以推选代表人参加仲裁。

与案件处理结果有利害关系的，可以申请作为第三人参加仲裁，或者由农村土地承包仲裁委员会通知其参加仲裁。

当事人、第三人可以委托代理人参加仲裁。

18. 仲裁机构如何受理农村土地承包经营纠纷仲裁申请？

仲裁受理是指仲裁机构接受申请人请求，启动仲裁程序的行为。按照《农村土地承包经营纠纷调解仲裁法》的规定，仲裁机构受理农村土地承包经营纠纷仲裁申请的基本流程和处理方式包括以下几方面：

(1)审查。农村土地承包经营纠纷仲裁委员会应当对仲裁申请进行审查，符合条件的，应当受理；有下列情形之一的，不予受理；已受理的，终止仲裁程序：①不符合申请条件的。即不符合上述条件的，但是如果申请人符合四项申请条件，仅仅是申请书上表述不当，例如有遗漏、错误、书写不明、地址不清、有谩骂和人身攻击等言论，应当告知更正，而不能简单地决定不予受理。②人民法院已受理的纠纷。当事人自愿达成书面仲裁协议的，如果又向法院起诉，人民法院则依法不予受理。当事人未达成书面协议的，一方向仲裁机构申请仲裁，另一方当事人提起诉讼，人民法院应当受理，并书面通知仲裁机构。③法律规定应当由其他机关处理的纠纷。如通过招标、拍卖方式承包"四荒"土地的，如果当事人事前在合同中约定了仲裁协议的，则应当申请民商事仲裁。④已经生效的判决、裁定、仲裁裁决、行政处理等处理完毕的纠纷。即对已经由法院作出的生效判决、裁定，或者仲裁机构作出的裁决，或者由行政机关作出的生效的行政处理决定的纠纷，农村土地承包经营纠纷仲裁委员会就不再就同一纠纷予以受理。如果此种情况是在仲裁程序结束后才发现，对此可视为此次仲裁程序的启动自始至终就没有合法性，因此应当认定仲裁裁决自动无效。⑤超过申请仲裁时效的纠纷。即申请保护权利的时间已经过期，仲裁机关和法院都不予保护。

(2)受理或不受理。仲裁机构对申请进行审查后，决定受理的，自收到仲裁申请书起五个工作日内，将受理通知书、仲裁规则、仲裁员名册送达申请人。决定不受理的，自收到申请书或者发现终止仲裁程序情形之日起五个工作日内，书面通知申请人,并说明理由。

需要通知第三人参加的,仲裁委员会应当通知第三人,并告知其有权了解案情、陈述意见、参与质证和对裁决不服可依法向人民法院起诉的权利。仲裁机构应当自受理仲裁申请之日起五个工作日内,将受理通知书、仲裁申请书副本、仲裁规则、仲裁员名册送达被申请人。被申请人有了一个副本,便于了解案情,准备答辩。

≫**法条链接**≫

《农村土地承包经营纠纷调解仲裁法》第二十二条:农村土地承包仲裁委员会应当对仲裁申请予以审查,认为符合本法第二十条规定的,应当受理。有下列情形之一的,不予受理;已受理的,终止仲裁程序:

(一)不符合申请条件;

(二)人民法院已受理该纠纷;

(三)法律规定该纠纷应当由其他机构处理;

(四)对该纠纷已有生效的判决、裁定、仲裁裁决、行政处理决定等。

《农村土地承包经营纠纷调解仲裁法》第二十三条:农村土地承包仲裁委员会决定受理的,应当自收到仲裁申请之日起五个工作日内,将受理通知书、仲裁规则和仲裁员名册送达申请人;决定不予受理或者终止仲裁程序的,应当自收到仲裁申请或者发现终止仲裁程序情形之日起五个工作日内书面通知申请人,并说明理由。

《农村土地承包经营纠纷调解仲裁法》第二十四条:农村土地承包仲裁委员会应当自受理仲裁申请之日起五个工作日内,将受理通知书、仲裁申请书副本、仲裁规则和仲裁员名册送达被申请人。

19. 如何向农村土地承包仲裁委员会提交答辩书?

答辩书是指农村土地承包经营纠纷仲裁中被申请人针对申请人的主张和理由,以书面的形式提出相应的承认、反驳、辩解等观点并举出相应事实和理由,以维护自身的合法权益。按照《农村土地承包经营纠纷调解仲裁法》的规定,完整、规范的答辩书主要包括以下内容:

(1)当事人的基本情况。姓名、年龄、住所、联系方式、邮政编码等,法人或其他组织应写名称、地址和法定代表人或者主要负责人的姓名职务。

(2)案由。简要写明对何人提出的仲裁请求进行答辩以及所依据的事实和理由。

(3)答辩意见。对申请人的仲裁请求进行明确答复,清楚地表明自己的态度,写明自己对案件的主张和理由。

(4)证据和证据来源,证人姓名和联系方式。

(5)反请求。若被申请人有反请求,要具体写明反请求的各项内容及其所依据的事实证据和理由。

≫**法条链接**≫

《农村土地承包经营纠纷调解仲裁法》第二十五条:被申请人应当自收到仲裁申请书副本之日起十日内向农村土地承包仲裁委员会提交答辩书;书面答辩确有困难的,可以口头答辩,由农村土地承包仲裁委员会记入笔录,经被申请人核实后由其签名、盖章或者按指印。农村土地承包仲裁委员会应当自收到答辩书之日起五个工作日内将答辩书副本送达申请人。被申请人未答辩的,不影响仲裁程序的进行。

20. 什么是农村土地承包经营纠纷仲裁中的财产保全和证据保全?

财产保全是民事诉讼法中规定的一项保障诉讼活动顺利进行的财产性措施。它是指人民法院在利害关系人起诉前或者当事人起诉后,为保障将来的生效判决能够得到执行或者避免财产遭受损失,对当事人的财产或者争议的标的物,采取限制当事人处分的强制措施。当事人申请财产保全的,农村土地承包仲裁委员会应当将当事人的申请提交被申请人住所地或财产所在地人民法院。申请有错误的,申请人应当赔偿被申请人因财产保全所遭受的损失。

按照法律的规定,财产保全的措施主要有查封、扣押、冻结或者法律规定的其他方法。在财产保全的一般程序上,主要包括:①法律规定财产保全一般应当由当事人提出申请;②仲裁机构将申请提交到被申请人住所地或者财产所在地的基层人民法院;③人民法院进行审查,作出财产保全的裁定,根据裁定采取财产保全措施。

证据保全是指证据可能灭失或以后难以取得情况下,法院根据申请人的申请或依职权对证据加以固定和保护的制度。在农村土地承包仲裁中,当事人申请证据保全的,农村土地承包仲裁委员会应当自收到申请之日起二个工作日内,将申请提交证据所在地的基层人民法院。

按照法律的规定,证据保全的一般程序是:①由当事人申请证据保全;②由农村土地承包仲裁委员会将当事人的申请提交证据所在地的基层人民法院;

③由证据所在地的基层人民法院根据案情的具体情况来保全证据。

在证据保全的方法上,法律规定证据保全的方法有三种:①向证人进行询问调查,取得证人证言;②对文书、物品进行拍照、录像、抄写、复制等;③对证据进行鉴定或勘验。

>>**法条链接**>>

《农村土地承包经营纠纷调解仲裁法》第二十六条:一方当事人因另一方当事人的行为或者其他原因,可能使裁决不能执行或者难以执行的,可以申请财产保全。

当事人申请财产保全的,农村土地承包仲裁委员会应当将当事人的申请提交被申请人住所地或者财产所在地的基层人民法院。

申请有错误的,申请人应当赔偿被申请人因财产保全所遭受的损失。

《农村土地承包经营纠纷调解仲裁法》第四十一条:在证据可能灭失或者以后难以取得的情况下,当事人可以申请证据保全。当事人申请证据保全的,农村土地承包仲裁委员会应当将当事人的申请提交证据所在地的基层人民法院。

21. 农村土地承包经营纠纷的仲裁庭如何组成?

按照《农村土地承包经营纠纷调解仲裁法》以及其他相关法律的规定,农村土地承包经营纠纷仲裁的仲裁庭组成应当遵守以下规定:

(1)农村土地承包经营纠纷仲裁庭有三名仲裁员组成,其中设一名首席仲裁员,负责主持案件的仲裁、调查和开庭。

(2)双方当事人各自在收到受理通知之日起五日内,从仲裁员名册中选定仲裁员,首席仲裁员由双方当事人各自选定,其他二名仲裁员由双方当事人共同选定;当事人不能选定的,由仲裁委员会主任指定。

(3)对事实清楚、权利义务关系明确、争议不大的农村土地承包经营纠纷,经双方当事人同意,可以有一名仲裁员独任仲裁庭,启动简易仲裁程序。

(4)仲裁庭组成后,由首席仲裁员负责召集其他仲裁员,组织审阅案件材料,了解纠纷实施和情节。研究双方当事人的请求和理由,查核证据,整理争议焦点。仲裁庭认为必要,可以要求当事人在一定期限内补充证据,也可以实地调查取证,自行调查取证时,调查取证人员不得少于二人。

(5)首席仲裁员是相对于其他仲裁员而言的,首席仲裁员不是仲裁庭的领导人,而是仲裁活动的组织者、主持人。首席仲裁员不得干扰其他仲裁员的仲裁权,仲裁裁决要执行少数服从多数的原则,经表决决定。首席仲裁员和其他仲裁员一样,只享有一票的表决权,只有仲裁庭不能形成多数意见时,裁决权才能根据首席仲裁员的意思作出。

(6)农村土地承包仲裁委员会应当自仲裁之日起二个工作日内将仲裁庭组成情况通知当事人。

≫**法条链接**≫

《农村土地承包经营纠纷调解仲裁法》第二十七条:仲裁庭由三名仲裁员组成,首席仲裁员由当事人共同选定,其他二名仲裁员由当事人各自选定;当事人不能选定的,由农村土地承包仲裁委员会主任指定。

事实清楚、权利义务关系明确、争议不大的农村土地承包经营纠纷,经双方当事人同意,可以由一名仲裁员仲裁。仲裁员由当事人共同选定或者由农村土地承包仲裁委员会主任指定。

农村土地承包仲裁委员会应当自仲裁庭组成之日起二个工作日内将仲裁庭组成情况通知当事人。

22. 农村土地承包经营纠纷仲裁人员在哪些情形下应当回避?

回避是一项体现程序公正的重要法律制度。它是指仲裁员具有法定情形时,退出对农村土地承包经营纠纷仲裁案件的处理。这种制度设计既可以防止仲裁员徇私舞弊、枉法仲裁,也可以消除当事人的顾虑,促进仲裁及时有效地开展。按照《农村土地承包经营纠纷调解仲裁法》的规定,农村土地承包经营纠纷仲裁员有下列情形之一的,必须回避:①是本案当事人、代理人的近亲属;②与本案有利害关系;③与本案当事人、代理人有其他关系,可能影响公正仲裁;④私自会见当事人、代理人,或者接受当事人、代理人的请客送礼。

关于回避的提出问题,法律规定,仲裁员有以上规定回避情形之一的,应当以口头或书面方式及时向仲裁委员会提出。当事人提出回避申请,应当在首次开庭前提出,并说明理由;在首次开庭后知道回避事由的,可以再最后一次开庭终结前提出。

在回避的决定程序上,法律规定,农村土地承包仲裁委员会应当自收到回避申请或者发现仲裁员有回避情形之日起二个工作日内作出决定,以口头或者书面方式通知当事人,并说明理由。仲裁员是否回避,由农村土地承包仲裁委员会主任决定,农村土地承包仲裁委员会主任担任仲裁员时,由农村土地承包仲裁委员会集体表决决定。

≫**法条链接**≫

《农村土地承包经营纠纷调解仲裁法》第二十八条:仲裁员有下列情形之一的,必须回避,当事人也有权以口头或者书面方式申请其回避:

(一)是本案当事人或者当事人、代理人的近亲属;

(二)与本案有利害关系;

(三)与本案当事人、代理人有其他关系,可能影响公正仲裁;

(四)私自会见当事人、代理人,或者接受当事人、代理人的请客送礼。

当事人提出回避申请,应当说明理由,在首次开庭前提出。回避事由在首次开庭后知道的,可以在最后一次开庭终结前提出。

《农村土地承包经营纠纷调解仲裁法》第二十九条:农村土地承包仲裁委员会对回避申请应当及时作出决定,以口头或者书面方式通知当事人,并说明理由。

仲裁员是否回避,由农村土地承包仲裁委员会主任决定;农村土地承包仲裁委员会主任担任仲裁员时,由农村土地承包仲裁委员会集体决定。……

23. 在哪些情形下农村土地承包经营纠纷仲裁人员应当予以更换?

按照《农村土地承包经营纠纷调解仲裁法》和其他相关法律的规定,农村土地承包经营纠纷仲裁员有下列情形之一的,应当按照规定重新选定或指定仲裁员:

(1)被决定回避的;

(2)在法律上或者事实上不能履行职责的;

(3)因被除名或者解聘已丧失仲裁员资格的;

(4)因个人原因自动退出或不能从事仲裁工作的;

(5)因徇私舞弊、失职渎职或被仲裁委员会决定更换的。

重新选定或者指定仲裁员后,仲裁程序继续进行,当事人申请仲裁程序重新进行的,由仲裁庭决定。

≫**法条链接**≫

《农村土地承包经营纠纷调解仲裁法》第二十九条:……仲裁员因回避或者其他原因不能履行职责的,应当依照本法规定重新选定或者指定仲裁员。

24. 在农村土地承包经营纠纷仲裁过程中,当事人能否和解?

按照《农村土地承包经营纠纷调解仲裁法》和其他相关法律的规定,在农村土地承包经营纠纷仲裁中当事人可以和解。所谓的"仲裁和解",是指农村土地承包经营纠纷仲裁委员会受理仲裁申请后,仲裁庭作出仲裁决定前,双方当事人经过平等、自愿协商,最终就争议事项形成一致处理意见,达成和解协议,从而终结仲裁程序的活动。在仲裁和解过程中,仲裁庭有义务向当事人提供必要的法律政策解释,以帮助当事人自行和解。当事人达成和解协议,要求制作裁决书的,仲裁庭应当制作;要求撤回仲裁申请的,仲裁庭应当终止仲裁程序。

在农村土地承包经营纠纷仲裁中,当事人和解的意义在于:一是有利于争议的迅速、友好解决;二是有利于简化复杂的法律程序;三是有利于和解协议的后续履行。当事人达成的农村土地承包经营纠纷仲裁和解协议具有一定的法律效果,主要表现在以下两方面:

(1)当事人可以请求仲裁庭根据和解协议作出裁决。当事人经过协商达成和解协议的,可以请求仲裁庭根据和解协议作出裁决书。仲裁庭根据和解协议作出的裁决书,与经过审理后作出的裁决具有同等法律效力,即这种裁决对于当事人之间的争议具有仲裁上的终局意义,当事人不得就同一事实和理由向仲裁委员会再次提出仲裁。裁决书具有附条件的强制执行力,即当事人可以自收到裁决书之日起三十日内向人民法院起诉,逾期不起诉的,裁决书即发生法律效力,一方当事人不履行的,另一方当事人可以向被申请人住所地或者财产所在地人民法院申请强制执行。

(2)当事人可以撤回仲裁申请。当事人以撤回申请的方式终结仲裁程序的,其法律效果与请求仲裁庭和解协议作出的裁决的法律效果不同,和解协议不具有仲裁裁决的强制执行力,当事人一方不履行义务的,不能向人民法院申请强制执行,但可就争议重新向有管辖权的仲裁委员会提起仲裁申请或向人民法院提起诉讼。

≫法条链接≫

《农村土地承包经营纠纷调解仲裁法》第三十二条:当事人申请仲裁后,可以自行和解。达成和解协议的,可以请求仲裁庭根据和解协议作出裁决书,也可以撤回仲裁申请。

25. 农村土地承包经营纠纷的仲裁庭如何进行仲裁调解？

按照《调解仲裁法》的规定，仲裁庭组成之后，在审理农村土地承包经营纠纷时必须进行调解，仲裁调解是仲裁庭的法定义务。

(1)仲裁调解的基本程序。①查明事实，分清是非。仲裁员在正式调解前，应当充分听取当事人的陈述和申辩，查清案件事实，不能事实未明、责任不清就直接调解；②确定适当的调解方式。在调解过程中，仲裁员之间，仲裁员与当事人之间，双方当事人之间，可以通过协商确定合适的调解方式；③提出解决纠纷的建议方案。仲裁庭应依法、公正、公平地提出解决争议的具体方案，供当事人参考或选择；④制作调解书或者恢复仲裁。达成调解协议的，仲裁庭应当作出调解书；在调解书签收前，当事人反悔或调解不成的，仲裁庭应当终止调解活动，及时作出裁决。

(2)仲裁技巧。仲裁技巧并非法律上的规定，而是仲裁实践的经验总结，并与民事诉讼的调解有些类似，概括起来，大致包括以下几方面：①熟悉案情，理清关系。仲裁人员在调解案件时，首先应熟悉案情，在认识上梳理清楚是哪一方的过错与应当承担多大的责任，这是仲裁庭在调解中用以抓住软肋的契机，并以此暗示各方当事人自我反省，是互让互谅、达成和解的重要基础；②晓之以理，动之以情。即仲裁人员不仅要向双方当事人宣传调解的优势和好处，而且还应注意分析双方当事人彼此的有理和无理、合法与非法、有情和无情等方面的问题，用道德、情感、政策和法律等感化纠纷双方当事人，尽可能地促成双方达成协议；③洞悉心态，力促谅解。即仲裁人员要从双方的利益要求及其对抗心理进行分析，找出影响和解的症结，引导双方明晰利害，建议双方换位思考，促进问题解决；④居中调解，不得强求。仲裁调解只是处理案件的一种快捷形式，既要求仲裁员灵活调解、适时调解，但又不得损害当事人的利益，客观公正是仲裁员必须秉持的原则。这就要求仲裁员应当注意掌握仲裁调解中的进度与时机，适时调解，促成调解成功，但不能强求调解、勉强调解，在调解难以进展或者双方的底线差距较大时，就应当转入仲裁程序；⑤抓住时机，及时履行。在仲裁调解中，双方达成调解协议后，仲裁机构应立即制作调解书，并监督或督促当事人及时履行义务，促进纠纷的彻底解决。

(3)仲裁调解书的制作和法律效力。仲裁庭在达成调解协议后，应当制作调解书，由仲裁员签名，并加盖农村土地承包仲裁委员会印章后，送双方当事人，调解书应当记载仲裁请求和当事人协议后果。仲裁调解书的法律效力表现为：

①终结了仲裁程序,调解书一经生效,仲裁程序即结束,仲裁机构不再对该案件进行审理;②确定了当事人的权利义务关系,当事人签收调解书后,不能反悔,应在期限内严格履行调解书确定的权利义务;③对于仲裁机构已发生法律效力的调解书处理过的争议,没有法律依据并经法定程序,任何机关和组织不得再做处理;④在一方当事人不履行仲裁调解书时,另一方当事人可以直接申请法院强制执行。

26. 什么是农村土地承包经营纠纷仲裁中的先行裁定?

按照《调解仲裁法》的规定,在农村土地承包经营纠纷仲裁活动中,考虑到农业生产季节性强、土地与农民生活密切相关等特点,经当事人申请,仲裁庭可对案件中事实清楚的部分予以先行裁定,以维持现状,恢复农业生产,制止哄抢农产品、侵占农用地、阻挠耕种收获等违法行为,仲裁庭应自收到先行裁定申请之日起二个工作日内作出裁定。

先行裁定需要符合以下几个条件:

(1)发生纠纷的双方当事人之间权利关系明确;

(2)不先行裁定会严重影响农业生产和申请人的生活;

(3)经一方当事人申请;

(4)仲裁庭可以作出维持现状、恢复农业生产,以及停止取土、占地等行为的先行裁定;

(5)申请先行裁定执行的,需要提交担保。即仲裁庭作出先行裁定的,应当作出先行裁定书,并告知先行裁定申请人可以向人民法院申请执行,但应当提供相应的担保。

≫**法条链接**≫

《农村土地承包经营纠纷调解仲裁法》第四十二条:对权利义务关系明确的纠纷,经当事人申请,仲裁庭可以先行裁定维持现状、恢复农业生产以及停止取土、占地等行为。

一方当事人不履行先行裁定的,另一方当事人可以向人民法院申请执行,但应当提供相应的担保。

27. 农村土地承包仲裁委员会如何开庭和裁决?

按照《农村土地承包经营纠纷调解仲裁法》的规定,农村土地承包仲裁委员会开庭仲裁案件包括以下几方面的程序:

(1)农村土地承包经营纠纷仲裁应当开庭进行。当事人双方要求在乡(镇)或者村开庭的,应当在该乡(镇)或者村开庭。仲裁庭应当在开庭五个工作日前将开庭的时间、地点通知当事人和其他仲裁参与人。当事人有正当理由的,可以向仲裁庭请求变更开庭的时间、地点。是否变更,由仲裁庭决定。

(2)申请人可以放弃或者变更仲裁请求。被申请人可以承认或者反驳仲裁请求,有权提出反请求。申请人经书面通知,无正当理由不到庭或者未经仲裁庭许可中途退庭的,可以视为撤回仲裁申请。被申请人经书面通知,无正当理由不到庭或者未经仲裁庭许可中途退庭的,可以缺席裁决。

(3)当事人在开庭过程中有权发表意见、陈述事实和理由、提供证据、进行质证和辩论。对不通晓当地通用语言文字的当事人,农村土地承包仲裁委员会应当为其提供翻译。仲裁庭对专门性问题认为需要鉴定的,可以交由当事人约定的鉴定机构鉴定;当事人没有约定的,由仲裁庭指定的鉴定机构鉴定。

(4)在证据可能灭失或者以后难以取得的情况下,当事人可以申请证据保全。当事人申请证据保全的,农村土地承包仲裁委员会应当将当事人的申请提交证据所在地的基层人民法院。对权利义务关系明确的纠纷,经当事人申请,仲裁庭可以先行裁定维持现状、恢复农业生产以及停止取土、占地等行为。

(5)仲裁庭应当将开庭情况记入笔录,由仲裁员、记录人员、当事人和其他仲裁参与人签名、盖章或者按指印。裁决书应当写明仲裁请求、争议事实、裁决理由、裁决结果、裁决日期以及当事人不服仲裁裁决的起诉权利、期限,由仲裁员签名,加盖农村土地承包仲裁委员会印章。

劳动争议解决法律制度

28.《劳动争议调解仲裁法》主要解决哪些劳动纠纷?

根据《劳动争议调解仲裁法》规定,本法主要解决以下几类劳动争议:

(1)因确认劳动关系发生的争议。即当事人之间对是否存在劳动关系存在争议,与之相关的包括调动、借调、借用、帮工等。

(2)因订立、履行、变更、解除和终止劳动合同发生的争议。主要是与劳动合同相关的争议,也包括就业、录用、服务期、竞业限制等方面的争议。

(3)因除名、辞退和辞职、离职发生的争议。即劳动合同制度实行之前的劳动争议形式。实行劳动合同制度后,企业已经很少有这种争议,但在事业单位和机关中这类争议相对较多。

(4)因工作时间、休息休假、社会保险、福利、培训以及劳动保护发生的争议。主要是因劳动标准和劳动条件引发的争议,其中,工作时间和休息休假有较为明确的法律、法规规定,而其他内容的规定则参差不齐,需要根据各地或各单位的情况具体确定。

(5)因劳动报酬、工伤医疗费、经济补偿或者赔偿金等发生的争议。主要是因支付、拖欠、标准、金额大小等涉及报酬和费用的问题引发的争议,这类争议一般是劳动争议中的焦点争议。

(6)法律、法规规定的其他劳动争议。主要是上述五项未列出的、劳动争议调解仲裁可以受理的劳动争议。

≫ **法条链接** ≫

《劳动争议调解仲裁法》第二条:中华人民共和国境内的用人单位与劳动者发生的下列劳动争议,适用本法:

(一)因确认劳动关系发生的争议;

(二)因订立、履行、变更、解除和终止劳动合同发生的争议;

(三)因除名、辞退和辞职、离职发生的争议;

(四)因工作时间、休息休假、社会保险、福利、培训以及劳动保护发生的争议;

(五)因劳动报酬、工伤医疗费、经济补偿或者赔偿金等发生的争议;

(六)法律、法规规定的其他劳动争议。

29. 当事人可以向哪些调解组织申请劳动争议调解?

按照《劳动争议调解仲裁法》第十条的规定,发生劳动争议,当事人可以到下列调解组织申请调解:

(1)企业劳动争议调解委员会;

(2)依法设立的基层人民调解组织;

(3)在乡镇、街道设立的具有劳动争议调解职能的组织。

企业劳动争议调解委员会由职工代表和企业代表组成。职工代表由工会成员担任或者由全体职工推举产生,企业代表由企业负责人指定。企业劳动争议调解委员会主任由工会成员或者双方推举的人员担任。

当事人申请劳动争议调解可以书面申请,也可以口头申请。口头申请的,调解组织应当当场记录申请人基本情况、申请调解的争议事项、理由和时间。

30. 劳动争议调解的程序包括哪些主要环节?

按照《劳动争议调解仲裁法》第十一条至第十六条的规定,劳动争议调解的程序包括以下主要环节:

(1)确定调解员。劳动争议调解组织的调解员应当由公道正派、联系群众、热心调解工作,并具有一定法律知识、政策水平和文化水平的成年公民担任。

(2)记录和熟悉案情。当事人申请劳动争议调解可以书面申请,也可以口头申请。口头申请的,调解组织应当当场记录申请人基本情况、申请调解的争议事项、理由和时间。

(3)组织调解。调解劳动争议,应当充分听取双方当事人对事实和理由的陈述,耐心疏导,帮助其达成协议。

(4)制作调解协议书。经调解达成协议的,应当制作调解协议书。调解协议书由双方当事人签名或者盖章,经调解员签名并加盖调解组织印章后生效,对双方当事人具有约束力,当事人应当履行。自劳动争议调解组织收到调解申请之日起十五日内未达成调解协议的,当事人可以依法申请仲裁。

(5)调解转仲裁。达成调解协议后,一方当事人在协议约定期限内不履行调解协议的,另一方当事人可以依法申请仲裁。

(6)申请法院执行。因支付拖欠劳动报酬、工伤医疗费、经济补偿或者赔偿金事项达成调解协议,用人单位在协议约定期限内不履行的,劳动者可以持调解协议书依法向人民法院申请支付令,人民法院应当依法发出支付令。

31. 如何认定劳动争议调解仲裁案件中的当事人?

按照《劳动争议调解仲裁法》的规定,对劳动争议仲裁案件当事人分以下两种情况:

(1)双方当事人的认定。对于大多数劳动争议案件来说,发生劳动争议的用人单位和在该用人单位工作的劳动者就是劳动争议仲裁案件的双方当事人。在案件的处理程序中,当事人享有特定的权利和应当履行特定的义务。

(2)劳务派遣单位共同当事人的认定。在劳动争议仲裁案件中,共同当事人是指劳务派遣关系中三方当事人中的两方,即劳务派遣单位和用工单位。共同当事人在劳动争议仲裁案件中,在承担义务方面相互关联,不管是哪一方应当履行的义务,在其不能履行时,另一方共同当事人则要为其承担应尽的义务。

≫法条链接≫

> 《劳动争议调解仲裁法》第二十二条:发生劳动争议的劳动者和用人单位为劳动争议仲裁案件的双方当事人。
>
> 劳务派遣单位或者用工单位与劳动者发生劳动争议的,劳务派遣单位和用工单位为共同当事人。

32. 劳动争议调解仲裁案件可以由法定代理人参加案件处理吗?

按照《劳动争议调解仲裁法》的规定,如果劳动争议调解仲裁案件中当事人因为丧失或者部分丧失民事行为能力,在案件处理中显然无力有效维护自身合法权益,法律准许其法定代理人代为参加案件处理。法定代理人是法律规定的代替丧失或者部分丧失民事行为能力的当事人行使权利的人。劳动者由于各种情况导致精神或身体机能发生改变,不能对纠纷处理事务作出正确的判断或者决定的情况下,丧失或者部分丧失民事行为能力的劳动者的仲裁或者诉讼权利由具有行为能力的相关人员代为行使合情、合理、合法。

在实践中,劳动争议案件的代理有三种情形:第一,丧失或者部分丧失民事行为能力的劳动者,由其法定代理人代为参加仲裁活动。即对于丧失或者部分丧失民事行为能力的劳动者的劳动争议案件,可以根据《民法通则》的规定,由其法定代理人参加仲裁活动。第二,无法定代理人的,由劳动争议仲裁委员会为其指定代理人。第三,劳动者死亡的,由其近亲属或者代理人参加仲裁活动。近亲属包括配偶、父母、子女、兄弟姐妹、祖父母、外祖父母、孙子女、外孙子女。劳动者死亡的,其代理人从近亲属中确定。

>> **法条链接** >>

《劳动争议调解仲裁法》第二十五条:丧失或者部分丧失民事行为能力的劳动者,由其法定代理人代为参加仲裁活动;无法定代理人的,由劳动争议仲裁委员会为其指定代理人。劳动者死亡的,由其近亲属或者代理人参加仲裁活动。

33. 劳动争议调解仲裁的参与人包括哪些人?

按照《劳动争议调解仲裁法》的规定,劳动争议调解仲裁的参与人包括以下几种人:

(1)当事人。发生劳动争议的劳动者和用人单位为劳动争议仲裁案件的双方当事人。如果劳动者死亡的,由其近亲属或者代理人参加仲裁活动。劳务派遣单位或者用工单位与劳动者发生劳动争议的,劳务派遣单位和用工单位为共同当事人。

(2)第三人。与劳动争议案件的处理结果有利害关系的第三人,可以申请参加仲裁活动或者由劳动争议仲裁委员会通知其参加仲裁活动。

(3)代理人。具体又包括:①委托代理人。当事人可以委托代理人参加仲裁活动。委托他人参加仲裁活动,应当向劳动争议仲裁委员会提交有委托人签名或者盖章的委托书,委托书应当载明委托事项和权限;②法定代理人。丧失或者部分丧失民事行为能力的劳动者,由其法定代理人代为参加仲裁活动;③指定代理人。无法定代理人的,由劳动争议仲裁委员会为其指定代理人。

>> **法条链接** >>

《劳动争议调解仲裁法》第二十二条:发生劳动争议的劳动者和用人单

位为劳动争议仲裁案件的双方当事人。

劳务派遣单位或者用工单位与劳动者发生劳动争议的,劳务派遣单位和用工单位为共同当事人。

《劳动争议调解仲裁法》第二十三条:与劳动争议案件的处理结果有利害关系的第三人,可以申请参加仲裁活动或者由劳动争议仲裁委员会通知其参加仲裁活动。

《劳动争议调解仲裁法》第二十四条:当事人可以委托代理人参加仲裁活动。委托他人参加仲裁活动,应当向劳动争议仲裁委员会提交有委托人签名或者盖章的委托书,委托书应当载明委托事项和权限。

《劳动争议调解仲裁法》第二十五条:丧失或者部分丧失民事行为能力的劳动者,由其法定代理人代为参加仲裁活动;无法定代理人的,由劳动争议仲裁委员会为其指定代理人。劳动者死亡的,由其近亲属或者代理人参加仲裁活动。

34. 法律对劳动争议申请仲裁的时效是如何规定的?

劳动争议申请仲裁的时效是指劳动争议当事人在劳动争议发生后有权向劳动争议仲裁委员会申请仲裁的期限和时间。根据法律规定,劳动争议案件发生后,当事人在一年之内有权向劳动争议仲裁委员会提出要求仲裁的申请。超过一年,当事人就因超过时效而失去了这一权利,不能再就该劳动争议事项向劳动争议仲裁委员会提出申请。劳动争议申请仲裁的时效因法定事项的出现而中断。从中断时起,仲裁时效期间重新计算。

在劳动争议案件中,有时还会发生时效中止的现象。所谓的"时效中止",是指因出现人力不可抗拒或其他正当理由,劳动争议申请仲裁的一年时效期间停止计算。《劳动争议调解仲裁法》规定了两种能够引起劳动争议案件时效中止的情形:一是不可抗力;二是其他正当理由。从中止时效的原因消除之日起,时效期间继续计算,而不是重新计算。另外,劳动关系存续期间因拖欠或者未足额支付劳动报酬发生争议的,劳动者申请仲裁不受一年仲裁时效期间的限制。

≫**法条链接**≫

《劳动争议调解仲裁法》第二十七条:劳动争议申请仲裁的时效期间为一年。仲裁时效期间从当事人知道或者应当知道其权利被侵害之日起计算。

前款规定的仲裁时效,因当事人一方向对方当事人主张权利,或者向有关部门请求权利救济,或者对方当事人同意履行义务而中断。从中断时起,仲裁时效期间重新计算。

因不可抗力或者有其他正当理由,当事人不能在本条第一款规定的仲裁时效期间申请仲裁的,仲裁时效中止。从中止时效的原因消除之日起,仲裁时效期间继续计算。

劳动关系存续期间因拖欠劳动报酬发生争议的,劳动者申请仲裁不受本条第一款规定的仲裁时效期间的限制;但是,劳动关系终止的,应当自劳动关系终止之日起一年内提出。

35. 如何书写劳动争议仲裁申请书?

由于仲裁要坚持当事人自愿原则,所以,劳动争议一方或双方当事人向劳动仲裁机关,就劳动争议事项提出仲裁请求的法律文书是劳动仲裁机关立案的依据和凭证。按照《劳动争议调解仲裁法》的规定,劳动争议当事人认为自己的权利受到侵害,需要向仲裁机关提出申诉,要求劳动仲裁机关予以维护时,就应提供《劳动争议仲裁申请书》。书写《劳动争议仲裁申请书》应当注意以下事项:

(1)写明申请方、被申请方的基本情况。例如,姓名(企业一方除写企业名称外,还要写法定代表人)、性别、出生年月、民族、工作单位、单位地址、家庭地址、电话等。

(2)写明申请事项,也就是申请人想主张的事项。例如,支付拖欠工资,支付经济补偿金、未签订劳动合同的双倍工资等。

(3)写明事实和理由。该部分应叙述双方发生劳动争议的时间、地点、原因、事件、方式、手段和后果等,特别是要把引发双方发生劳动争议的关键性事实客观地交代清楚,应叙述得全面而又简洁。

(4)写清结束语和呈文对象。例如,"特向贵委提出申请,请求依法裁决"、"至此 ×××县(市)劳动争议仲裁委员会"等。

(5)落款,即申请人姓名和日期。

≫劳动争议仲裁申请书范本≫

劳动争议仲裁申请书

申请人:_____,男,汉族,____年____月____日生,现住_____市

_____区_____路_____号。电话：_____。

被申请人：_____有限公司，住所地：_____市_____区_____路_____号。电话：_____。

法定代表人：_____ 职务：_____

请求事项：

一、裁决被申请人向申请人支付解除劳动合同经济补偿金5200元（月平均工资2600元）。

二、裁决被申请人向申请人支付2008年6月至2010年6月加班费共54455.15元，其中：1.延时工作时间加班费18670.34元及25%的经济补偿金4667.58元；2.休息日加班费24893.79元及25%的经济补偿金6223.44元。

以上二项合计：_____元。

事实与理由：

申请人于1995年10月进入被申请人单位工作，任司机一职至今。2007年12月28日，双方签订了无固定期限劳动合同，约定申请人为总务部司机，约定申请人正常工作时间月工资为700元，每日工作8小时、每周工作5天。但事实上，被申请人要求我除每周正常工作5天外，星期六、日还要求我随时出车，平均每月在星期六、日工作3天以上（公司出车均有打卡记录，由公司保管，请仲裁庭要求被申请人提供我的2008年6月至2010年6月间的考勤记录）。另外，休息日也是随时出车加班，我早上6时30分出车接送公司员工上班，直到18时10分接公司员工下班，送完员工需要到20时。除去中午吃饭和休息时间1个小时，平均每日延长工作3个小时以上，同时，非星期一至五晚上随时候命出车加班，具体时间以公司保管的打卡记录为准。我为被申请人加班，但被申请人却没有按《劳动法》的规定给我安排补休，也没有按规定为我支付加班费。从被申请人发给我的工资条可以看出，我的加班时数、加班工资均为零，按照双方劳动合同约定的月工资940元（2008年7月1日双方协商将我的合同工资变更为940元）为基数计算，2008年6月至2010年6月间，被申请人拖欠我延时工作时间加班费18670.34元（940元/21.75×1.5倍×3个小时×4周×12个月×2年）未付、拖欠我休息日工作时间加班费24893.79元（940元/21.75×2倍×8个小时×3天×12个月×2年）未付。为此，我多次找被申请人领导协商要求支付，被申请人均予以拒绝。被申请人的行为严重违反了《劳动法》和《劳动合同法》的规定，根据《劳动合同法》第三十八条第二项和第四十六条第一项的规定，我于____年____月____日以被申请人"未及时足额支付劳动报酬"为由向被申请人提出了解除劳动合同关系,由于被申请人拒绝支付我的加班费和经济补偿金,为维护申请人的合法权益,特向贵会申请仲裁,请求仲裁委在查明事实的基础上支付我的仲裁请求,依法裁决。

　　此致
_____市劳动争议仲裁委员会

申请人:_____(签名)
_____年____月____日

36. 当事人如何提交劳动争议仲裁申请?

　　按照《劳动争议调解仲裁法》的第二十八条、第二十九条规定,仲裁申请人应当提交书面的仲裁申请,并依照被申请人的数量提交副本。申请书应载明法定内容,包括:

　　(1)劳动者的姓名、性别、年龄、职业、工作单位和住所,用人单位的名称、住所和法定代表人或者主要负责人的姓名、职务;

　　(2)仲裁请求和所根据的事实、理由;

　　(3)证据和证据来源、证人姓名和住所。

　　当事人书写仲裁申请确有困难的,可以口头申请,由劳动争议仲裁委员会记入笔录,并告知对方当事人。仲裁委员会在受到申请后五日内作出是否受理的决定,不予受理或五日内不作出任何答复的,申请人可向人民法院起诉。决定受理的,应当制作受理决定并送达申请人,并在受理后五日内将申请书副本送达被申请人。被申请人应当在十日内提交答辩书,但是,不提交答辩书的,不影响案件的仲裁。

37. 对于错误的仲裁裁决,当事人如何救济?

　　按照《劳动争议调解仲裁法》的第四十八条、第四十九条规定,对于仲裁结果显然错误的,单位不能向法院起诉,仅能要求法院撤销仲裁裁决。具体而言,用人单位有证据证明本法第四十七条规定的仲裁裁决有下列情形之一,可以自收到仲裁裁决书之日起三十日内向劳动争议仲裁委员会所在地的中级人民法院申请撤销裁决:

　　(1)适用法律、法规确有错误的;

　　(2)劳动争议仲裁委员会无管辖权的;

　　(3)违反法定程序的;

(4)裁决所根据的证据是伪造的;

(5)对方当事人隐瞒了足以影响公正裁决的证据的;

(6)仲裁员在仲裁该案时有索贿受贿、徇私舞弊、枉法裁决行为的。

人民法院经组成合议庭审查核实裁决有前款规定情形之一的,应当裁定撤销。仲裁裁决被人民法院裁定撤销的,当事人可以自收到裁定书之日起十五日内就该劳动争议事项向人民法院提起诉讼。

≫ **法条链接** ≫

《劳动争议调解仲裁法》第四十七条:下列劳动争议,除本法另有规定的外,仲裁裁决为终局裁决,裁决书自作出之日起发生法律效力:

(一)追索劳动报酬、工伤医疗费、经济补偿或者赔偿金,不超过当地月最低工资标准十二个月金额的争议;

(二)因执行国家的劳动标准在工作时间、休息休假、社会保险等方面发生的争议。

38. 劳动争议仲裁有哪些原则?

劳动争议仲裁原则是指劳动争议仲裁机构在仲裁程序中应遵守的准则,它是劳动争议仲裁特有的原则,反映了劳动争议仲裁的本质要求。按照《劳动争议调解仲裁法》的规定,劳动争议仲裁原则包括以下几项:

(1)一次裁决原则。即劳动争议仲裁实行一个裁级一次裁决制度,一次裁决即为终局裁决。当事人如不服仲裁裁决,只能依法向人民法院起诉,不得向上一级仲裁委员会申请复议或要求重新处理。

(2)合议原则。仲裁庭裁决劳动争议案件的仲裁组织,实行少数服从多数的原则。合议原则是民主集中制在仲裁工作中的体现,其目的是为了保证仲裁裁决的公正性。

(3)强制原则。劳动争议仲裁实行强制原则,主要表现为:当事人申请仲裁无须双方达成一致协议,只要一方申请,仲裁委员会即可受理;在仲裁庭对争议调解不成时,无须得到当事人的同意,可直接行使裁决权;对发生法律效力的仲裁文书,可向人民法院申请强制执行。

39. 劳动争议仲裁组织有哪些?

按照《劳动争议调解仲裁法》的规定,劳动争议仲裁组织有劳动争议仲裁委员会与仲裁庭两种。

（1）劳动争议仲裁委员会是依法成立的，通过仲裁方式处理劳动争议的专门机构，它独立行使劳动争议仲裁权。省、自治区人民政府可以决定在市、县设立；直辖市人民政府可以决定在区、县设立。直辖市、设区的市也可以设立一个或者若干个劳动争议仲裁委员会。劳动争议仲裁委员会不按行政区划层层设立。

劳动争议仲裁委员会应当设仲裁员名册，仲裁员应当公道、正派并符合下列条件之一：曾任审判员的；从事法律研究、教学工作并具有中级以上职称的；具有法律知识、从事人力资源管理或者工会等专业工作满五年的；律师执业满三年的。

劳动争议仲裁委员会负责管辖本区域内发生的劳动争议。劳动争议由劳动合同履行地或者用人单位所在地的劳动争议仲裁委员会管辖。双方当事人分别向劳动合同履行地和用人单位所在地的劳动争议仲裁委员会申请仲裁的，由劳动合同履行地的劳动争议仲裁委员会管辖。

（2）仲裁庭是在仲裁委员会领导下处理劳动争议案件的仲裁组织，实行一案一庭制。仲裁庭由一名首席仲裁员、二名仲裁员组成。简单劳动争议案件，仲裁委员会可以指定一名仲裁员独任处理。仲裁庭的首席仲裁员由仲裁委员会负责人或授权其办事机构负责人指定，另两名仲裁员由仲裁委员会授权其办事机构负责人指定或由当事人各选一名，具体办法由省、自治区、直辖市自行确定。仲裁庭组成不符合规定的，由仲裁委员会予以撤销，重新组成仲裁庭。

≫法条链接≫

《劳动争议调解仲裁法》第十七条：劳动争议仲裁委员会按照统筹规划、合理布局和适应实际需要的原则设立。省、自治区人民政府可以决定在市、县设立；直辖市人民政府可以决定在区、县设立。直辖市、设区的市也可以设立一个或者若干个劳动争议仲裁委员会。劳动争议仲裁委员会不按行政区划层层设立。

《劳动争议调解仲裁法》第十九条：劳动争议仲裁委员会由劳动行政部门代表、工会代表和企业方面代表组成。劳动争议仲裁委员会组成人员应当是单数。

《劳动争议调解仲裁法》第二十条：劳动争议仲裁委员会应当设仲裁员名册。

仲裁员应当公道、正派并符合下列条件之一：

（一）曾任审判员的；

(二)从事法律研究、教学工作并具有中级以上职称的;

(三)具有法律知识、从事人力资源管理或者工会等专业工作满五年的;

(四)律师执业满三年的。

《劳动争议调解仲裁法》第三十一条:劳动争议仲裁委员会裁决劳动争议案件实行仲裁庭制。仲裁庭由三名仲裁员组成,设首席仲裁员。简单劳动争议案件可以由一名仲裁员独任仲裁。

40. 仲裁人员在哪些情形下依法应当回避?

按照《劳动争议调解仲裁法》第三十三条的规定,仲裁委员会组成人员或者仲裁员有下列情形之一的,应当回避。当事人有权以口头或者书面方式申请其回避:

(1)是本案当事人或者当事人、代理人的近亲属的;

(2)与本案有利害关系的;

(3)与本案当事人、代理人有其他关系,可能影响公正裁决的;

(4)私自会见当事人、代理人,或者接受当事人、代理人的请客送礼的。

41.《劳动争议调解仲裁法》对举证责任是如何规定的?

所谓"举证责任",是指当事人对自己提出的请求,有提出证据加以证明的责任,如果当事人提不出证据或所提供的证据不足以证明其主张的,其主张无法获得法律的支持。

按照《劳动争议调解仲裁法》规定,发生劳动争议,当事人对自己提出的主张,有责任提供证据。这是劳动争议举证责任的一般原则,即"谁主张,谁举证"。但同时考虑到用人单位作为用工主体方,掌握和管理着劳动者的档案、工资发放、社会保险费缴纳、劳动保护提供等情况和材料,而劳动者一般无法取得和提供,为了确保举证责任分配的公平,《劳动争议调解仲裁法》规定:"用人单位在指定期限内不提供的,应当承担不利后果。"这实际上就是"举证责任倒置"的规定。所谓"举证责任倒置",是指根据法律规定,将通常情形下本应由提出主张的一方当事人就某种事由负担举证责任,而由他方当事人就该种事实存在或不存在承担举证责任,如果该方当事人不能就此举证证明,则推定原告的事实主张成立的一种举证责任分配制度。

"举证责任倒置"在劳动法领域广泛存在,除了《劳动争议调解仲裁法》有举证责任倒置的规定,其他规范性文件也有类似规定。如最高人民法院《关于审理劳动争议案件适用法律若干问题的解释(一)》第十三条特明确规定:"因用人单位作出的开除、除名、辞退、解除劳动合同、减少劳动报酬、计算劳动者工作年限等决定而发生的劳动争议,用人单位负举证责任。"《工伤保险条例》第十九条规定:"用人单位与劳动者或者劳动者直系亲属对于是否构成工伤发生争议的,由用人单位承担举证责任。"劳动和社会保障部《关于确立劳动关系有关事项的通知》中规定:"工资支付凭证、社保记录、招工招聘登记表、报名表、考勤记录由用人单位负举证责任"。

≫法条链接≫

《劳动争议调解仲裁法》第六条:发生劳动争议,当事人对自己提出的主张,有责任提供证据。与争议事项有关的证据属于用人单位掌握管理的,用人单位应当提供;用人单位不提供的,应当承担不利后果。

《劳动争议调解仲裁法》第二十八条:申请人申请仲裁应当提交书面仲裁申请,并按照被申请人人数提交副本。仲裁申请书应当载明下列事项:

(三)证据和证据来源、证人姓名和住所。

《劳动争议调解仲裁法》第三十九条:当事人提供的证据经查证属实的,仲裁庭应当将其作为认定事实的根据。

劳动者无法提供由用人单位掌握管理的与仲裁请求有关的证据,仲裁庭可以要求用人单位在指定期限内提供。用人单位在指定期限内不提供的,应当承担不利后果。

42. 劳动争议在哪些情况下可以不经过仲裁直接向法院起诉?

按照《劳动法》和《劳动合同法》的规定,劳动争议的当事人不能就劳动纠纷直接向法院起诉,只能在劳动仲裁后,不服劳动仲裁裁决时,才可以向法院起诉,即"劳动仲裁前置"。但也有例外规定,按照《劳动争议调解仲裁法》第四十三条的规定,仲裁庭裁决劳动争议案件,应当自劳动争议仲裁委员会受理仲裁申请之日起四十五日内结束。案情复杂需要延期的,经劳动争议仲裁委员会主任批准,可以延期并书面通知当事人,但是延长期限不得超过十五日。逾期未作出仲裁裁决的,当事人可以就该劳动争议事项向人民法院提起诉讼。

≫法条链接≫

《劳动争议调解仲裁法》第五条:发生劳动争议,当事人不愿协商、协商不成或者达成和解协议后不履行的，可以向调解组织申请调解；不愿调解、调解不成或者达成调解协议后不履行的，可以向劳动争议仲裁委员会申请仲裁；对仲裁裁决不服的，除本法另有规定的外，可以向人民法院提起诉讼。

《劳动法》第七十九条：劳动争议发生后，当事人可以向本单位劳动争议调解委员会申请调解；调解不成，当事人一方要求仲裁的，可以向劳动争议仲裁委员会申请仲裁。当事人一方也可以直接向劳动争议仲裁委员会申请仲裁。对仲裁裁决不服的，可以向人民法院提起诉讼。

43. 哪些劳动争议可以一裁终局？

一裁终局是指案件一次性裁决后，裁决一经作出，立即生效，不准许当事人再次申请仲裁或向法院起诉。为了及时、公正解决劳动争议，《劳动争议调解仲裁法》规定了对部分案件实行有条件的一裁终局。

(1)下列劳动争议，除本法另有规定的外，仲裁裁决为终局裁决，裁决书自作出之日起发生法律效力：①追索劳动报酬、工伤医疗费、经济补偿或者赔偿金，不超过当地月最低工资标准十二个月金额的争议；②因执行国家的劳动标准，在工作时间、休息休假、社会保险等方面发生的争议。

(2)在两种情形下，以上仲裁裁决不是终局裁决：①劳动者对以上仲裁裁决不服的，可以自收到仲裁裁决书之日起十五日内向人民法院提起诉讼；②用人单位有证据证明以上仲裁裁决有下列情形之一，可以自收到仲裁裁决书之日起三十日内向劳动争议仲裁委员会所在地的中级人民法院申请撤销裁决：适用法律、法规确有错误的；劳动争议仲裁委员会无管辖权的；违反法定程序的；裁决所根据的证据是伪造的；对方当事人隐瞒了足以影响公正裁决的证据的；仲裁员在仲裁该案时有索贿受贿、徇私舞弊、枉法裁决行为的。人民法院经组成合议庭审查核实裁决有上述情形之一的，应当裁定撤销。仲裁裁决被人民法院裁定撤销的，当事人可以自收到裁定书之日起十五日内就该劳动争议事项向人民法院提起诉讼。

≫**法条链接**≫

《劳动争议调解仲裁法》第四十七条：下列劳动争议，除本法另有规定的外，仲裁裁决为终局裁决，裁决书自作出之日起发生法律效力：

(一)追索劳动报酬、工伤医疗费、经济补偿或者赔偿金，不超过当地月最低工资标准十二个月金额的争议；

(二)因执行国家的劳动标准在工作时间、休息休假、社会保险等方面发生的争议。

44. 当事人在哪些情况下可以向法院申请支付令？

支付令是指人民法院根据债权人的申请，向债务人发出履行债务的法律文书，以此催促债务人在法定期限内向债权人清偿债务。发出支付令是《民事诉讼法》中督促程序的核心环节。在现实生活中，有许多债务纠纷案件债权债务关系明确，当事人之间并不存在争议，对于此类案件，债权人可不通过常规的诉讼程序提起诉讼，而是直接向人民法院提出申请，请求法院以支付令的方式使债权人取得执行名义，以简便方式及时实现其债权。

按照《民事诉讼法》的规定，申请支付令必须符合以下几个条件：第一，债权人请求债务人给付的标的必须是金钱和汇票、本票、支票以及股票、债券、国库券、可转让的存款单等有价证券。第二，请求给付的金钱或有价证券已到期且数额确定，并写明了请求所根据的事实和证据。第三，债权人与债务人之间不存在相互给付义务，即债权人与债务人没有其他债务纠纷。第四，支付令必须能够送达债务人。此外，如果债务人认为支付令有错误，可以在收到支付令之日起十五日之内向法院提出书面异议，法院会裁定终结督促程序，支付令自行失效，债权人可以另行起诉。

按照《劳动争议调解仲裁法》的规定，因支付拖欠劳动报酬、工伤医疗费、经济补偿或者赔偿金事项达成调解协议，用人单位在协议约定期限内不履行的，劳动者可以持调解协议书依法向人民法院申请支付令。人民法院应当依法发出支付令。

≫**法条链接**≫

《劳动争议调解仲裁法》第十六条：因支付拖欠劳动报酬、工伤医疗费、经济补偿或者赔偿金事项达成调解协议，用人单位在协议约定期限内不履行的，劳动者可以持调解协议书依法向人民法院申请支付令。人民法院应当依法发出支付令。

45. 当事人申请劳动争议仲裁需要交费吗？

在劳动合同法律关系中，劳动者通常被视为弱者，而且劳动纠纷多数属于经济方面的纠纷，因此，为了减轻申请劳动争议仲裁的劳动者的经济负担，同时也为了保障劳动争议仲裁机构工作经费的供给，按照《劳动争议调解仲裁法》的规定,劳动争议仲裁不收费。劳动争议仲裁委员会的经费由财政予以保障。

> **法条链接**

《劳动争议调解仲裁法》第五十三条:劳动争议仲裁不收费。劳动争议仲裁委员会的经费由财政予以保障。

46.《劳动争议调解仲裁法》对劳动争议管辖是如何规定的?

按照《劳动争议调解仲裁法》及相关法规、规章的规定,劳动争议仲裁的管辖如下:

(1)劳动争议仲裁委员会负责管辖本区域内发生的劳动争议。这是明确劳动争议仲裁管辖的地域管辖。由于劳动争议仲裁委员会不是依附于各级政府设立的,因而其地域管辖也不按行政区划划分,而是按照设立时划分的管辖区域,管辖本辖区内发生的劳动争议。

(2)劳动争议由劳动合同履行地或者用人单位所在地的劳动争议仲裁委员会管辖。即发生劳动争议时,申请人可以选择向劳动合同履行地或者用人单位所在地的劳动争议仲裁委员会中的任何一个劳动争议仲裁委员会提起仲裁申请。

(3)双方当事人分别向劳动合同履行地和用人单位所在地的劳动争议仲裁委员会申请仲裁的,由劳动合同履行地的劳动争议仲裁委员会管辖。

> **法条链接**

《劳动争议调解仲裁法》第二十一条:劳动争议仲裁委员会负责管辖本区域内发生的劳动争议。

劳动争议由劳动合同履行地或者用人单位所在地的劳动争议仲裁委员会管辖。双方当事人分别向劳动合同履行地和用人单位所在地的劳动争议仲裁委员会申请仲裁的,由劳动合同履行地的劳动争议仲裁委员会管辖。

47.《劳动争议调解仲裁法》对劳动者作了哪些保护性规定?

《劳动争议调解仲裁法》对劳动者作了如下保护性规定:

(1)申请劳动争议的时效延长。在《劳动争议调解仲裁法》没有制定之前,《劳动法》规定劳动争议案件申请时效为六十日,超过这一时效,当事人即被视作放弃权利。实践中,不少用人单位想方设法拖延劳动者在发生争议后提出仲裁申请的时间,找各种借口把六十日的时效拖过,然后再拒绝承担责任。《劳动争议调解仲裁法》针对这种情况,把劳动争议申请仲裁的时效期间规定为一年,为劳动者维护权益确定了足够的时间。

(2)合理确定了劳动关系双方的举证责任。《劳动争议调解仲裁法》明确规定,发生劳动争议,当事人对自己提出的主张,有责任提供证据。但与争议事项有关的证据属于用人单位掌握管理的,应由用人单位提供;用人单位不提供的,应当承担不利后果。这一规定也是针对在劳动争议处理实践中,有的用人单位拒绝提供对自己不利的相关证据,以逃避其应当承担的法律责任,劳动者则因为不掌握涉及劳动争议事项的相关证据,而处于不利的情形之中。《劳动争议调解仲裁法》在对用人单位举证责任的规定时,明确了其拒绝提供相关证据的法律后果。

(3)劳动者可以依据调解协议书向人民法院申请支付令。按照《劳动争议调解仲裁法》规定,因支付拖欠劳动报酬、工伤医疗费、经济补偿或者赔偿金事项达成调解协议,用人单位在协议约定期限内不履行的,劳动者可以持调解协议书依法向人民法院申请支付令。人民法院应当依法发出支付令。

(4)对部分事实已经清楚的案件可以就该部分先行裁决。按照《劳动争议调解仲裁法》的规定,仲裁庭裁决劳动争议案件时,其中一部分事实已经清楚,可以就该部分先行裁决。之所以规定先行裁决的程序,是考虑到大多数劳动争议案件集中于劳动报酬、福利待遇、经济补偿和赔偿等涉及劳动者切身利益的问题,特别是对拖欠或者克扣劳动者工资的劳动争议案件,用人单位一旦拖欠或克扣劳动者的工资,劳动者的基本生活费便没有着落,如果仍然按照既定的仲裁程序和诉讼程序进行,劳动者需要更长的时间才能拿到工资。

(5)劳动者申请先予执行的,可以不提供担保。在民事诉讼中,当事人申请先予执行时,人民法院可以责令申请人提供担保,申请人不提供担保的,驳回申请。而《劳动争议调解仲裁法》规定,劳动者申请先予执行的,可以不提供担保,从而更有利于保护劳动者。

≫**法条链接**≫

《劳动争议调解仲裁法》第六条:发生劳动争议,当事人对自己提出的主张,有责任提供证据。与争议事项有关的证据属于用人单位掌握管理的,用人单位应当提供;用人单位不提供的,应当承担不利后果。

《劳动争议调解仲裁法》第十六条:因支付拖欠劳动报酬、工伤医疗费、经济补偿或者赔偿金事项达成调解协议,用人单位在协议约定期限内不履行的,劳动者可以持调解协议书依法向人民法院申请支付令。人民法院应当依法发出支付令。

《劳动争议调解仲裁法》第二十七条:劳动争议申请仲裁的时效期间为一年。仲裁时效期间从当事人知道或者应当知道其权利被侵害之日起计算。

《劳动争议调解仲裁法》第四十三条:……仲裁庭裁决劳动争议案件时,其中一部分事实已经清楚,可以就该部分先行裁决。

《劳动争议调解仲裁法》第四十四条:仲裁庭对追索劳动报酬、工伤医疗费、经济补偿或者赔偿金的案件,根据当事人的申请,可以裁决先予执行,移送人民法院执行。

仲裁庭裁决先予执行的,应当符合下列条件:

(一)当事人之间权利义务关系明确;

(二)不先予执行将严重影响申请人的生活。

劳动者申请先予执行的,可以不提供担保。

人民调解法律制度

48. 什么是人民调解,人民调解可以解决哪些纠纷?

人民调解是一种人民群众进行自我管理、自我服务、自我约束、自我教育的群众性自治活动。它是指在人民调解委员会的主持下,通过人民调解员积极地在矛盾双方当事人之间说服、疏导,促使当事人双方平等协商,自愿达成协议。人民调解可以解决的纠纷是民间纠纷,所谓的"民间纠纷"是指公民与公民之间、公民与法人和其他社会组织之间所发生的有关人身、财产权益纠纷和其他日常生活中发生的纠纷。

》**法条链接**》

《人民调解法》第二条:本法所称人民调解,是指人民调解委员会通过说服、疏导等方法,促使当事人在平等协商基础上自愿达成调解协议,解决民间纠纷的活动。

49. 人民调解应当遵守哪些原则?

按照《人民调解法》的规定,人民调解应当遵守以下原则:

(1)自愿平等原则。即在当事人自愿、平等的基础上进行调解。这是人民调解的基础,它贯穿整个人民调解活动的始终。具体内容包括:①当事人可以选择是否接受调解,即使在调解进行的过程中,当事人也可以选择是否继续调解;②当事人对人民调解委员会安排的调解员,也可以自主选择;③当事人可以接受调解员提出的调解方案,也可以自行提出调解方案;④当事人可以自由选择达成书面协议或口头协议等。

(2)合法原则。即人民调解组织及其调解人员不得违背法律、法规和国家政策进行调解。这是人民调解的依据,其主要内容包括:①人民调解必须在法律允许的范围内进行;②进行人民调解必须遵循以事实为依据、以法律为准绳的法定原则;③调解的结果和当事人的权利义务的确定,必须符合法律、法规和国家政策;④调解程序必须符合相关的法律规定。

(3)尊重当事人权利原则。即人民调解组织及其调解人员应尊重当事人的权利,不得因调解而阻止当事人依法通过仲裁、行政、司法等途径维护自己的权利,这是人民调解的保障。调解、仲裁、行政以及诉讼都是当事人可以选择的维权途径。当事人有权利选择利用任何一种合法途径主张权利和维护自身合法利益。当事人有权利选择是否采用调解解决纠纷。

≫**法条链接**≫

《人民调解法》第三条:人民调解委员会调解民间纠纷,应当遵循下列原则:

(一)在当事人自愿、平等的基础上进行调解;

(二)不违背法律、法规和国家政策;

(三)尊重当事人的权利,不得因调解而阻止当事人依法通过仲裁、行政、司法等途径维护自己的权利。

50. 人民调解组织如何设立和组成?

按照《人民调解法》的规定,村民委员会、居民委员会和企事业单位设立的人民调解委员会是人民调解组织的主要形式。其中村民委员会和居民委员会设立的人民调解委员会是人民调解组织的基本设立形式,是人民调解工作的主要组织基础,而企事业单位则根据自身需要灵活掌握,不要求必须设立人民调解委员会。人民调解委员会由委员三至九人组成,其组成人数以单数为宜。

人民调解委员会设主任一人,必要时,可以设副主任若干人。即无论人民调解委员会由多少人员组成,必须设立一名主任。然后可以根据具体情况需要,决定是否设立副主任职位以及设立副主任的人数。另外,按照法律的规定,人民调解委员会应当有妇女成员,多民族居住的地区应当有人数较少民族的成员。即无论人民调解委员会由多少人员组成,必须有至少一名的妇女成员;在多民族聚居地区的人民调解委员会中,应该有人数较少的民族的成员。这里的"人数较少的民族"并非指少数民族,而是指在一定的行政区域内,人数相对较少的民族。

≫**法条链接**≫

《人民调解法》第八条:村民委员会、居民委员会设立人民调解委员会。企业事业单位根据需要设立人民调解委员会。

人民调解委员会由委员三至九人组成,设主任一人,必要时,可以设副主任若干人。

人民调解委员会应当有妇女成员,多民族居住的地区应当有人数较少民族的成员。

51. 担任人民调解员应当具备哪些条件?

按照《人民调解法》的规定,人民调解员的任职条件包括以下几方面:

(1)年龄条件。由于人民调解委员会是我国人民群众自我教育、自我管理、自我服务的群众性自治组织,所以,其成员必须是我国年满十八周岁以上并且具有完全行为能力的成年公民。只有这样,才能保证其有效地承担起社会服务工作。

(2)道德品质条件。人民调解员必须要公道正派,只有具备为人公正的高尚品德和情操,才能为群众所信赖,才能合理、有效地解决纠纷。

(3)工作态度条件。由于人民调解工作是一项艰苦、繁重而又无名无利的工作,有时还有一定的风险,这就要求调解人员必须树立全心全意为公众服务的思想,发扬无私奉献的精神。

(4)文化素质条件。即人民调解员应具有一定文化水平、政策水平和法律知识。依照国家的法律、法规、规章和政策进行调解,是人民调解工作的一项重要原则。这就要求人民调解员应当熟悉和掌握与调解工作直接有关的法律和政策,否则,难以依法调解民间纠纷。

》法条链接》

《人民调解法》第十四条:人民调解员应当由公道正派、热心人民调解工作,并具有一定文化水平、政策水平和法律知识的成年公民担任。

县级人民政府司法行政部门应当定期对人民调解员进行业务培训。

52. 人民调解员如何产生?

为了体现人民调解工作的群众性和民主性等基本要求,按照《人民调解法》的规定,村(居)民委员会的人民调解委员会委员由村(居)民会议或者村(居)民代表会议推选产生。依据《中华人民共和国村民委员会组织法》和《中华人民共和国居民委员会组织法》的相关规定,村(居)民委员会根据需要设人民调解、治安保卫、公共卫生等委员会。村(居)民委员会成员可以兼任下属委员会的成员。人口少的地方的村(居)民委员会可以不设下属委员会,由村民委员会成员分工负责人民调解、治安保卫、公共卫生等工作。

企事业单位人民调解委员会是企事业单位内部通过选举产生的调解民间纠纷的群众性组织。企事业单位设立的人民调解委员会委员的产生方式主要有职工大会推选、职工代表大会推选或者工会组织推选三种。人民调解委员会委员可以连选连任,每届任期三年,与村委会、居委会任期相同。

>> **法条链接** >>

《人民调解法》第九条:村民委员会、居民委员会的人民调解委员会委员由村民会议或者村民代表会议、居民会议推选产生;企业事业单位设立的人民调解委员会委员由职工大会、职工代表大会或者工会组织推选产生。

人民调解委员会委员每届任期三年,可以连选连任。

53. 人民调解员有哪些行为时应当予以罢免或者解聘?

按照《人民调解法》的规定,人民调解员有以下行为之一的,应被罢免或解聘:

(1)偏袒一方当事人。人民调解员做好人民调解工作的基础是不得偏袒一方当事人,以程序上或者形式上的公正让当事人接受调解,以保证调解的顺利进行。人民调解员如果存在偏袒一方当事人的行为,将依法被罢免或解聘。

(2)侮辱一方当事人。人民调解员在调解工作中,应当恪守尊重人格的基本职业道德理念,不得侮辱当事人。否则,将依法被罢免或解聘。

(3)收受当事人财物。人民调解员从事调解工作应当做到公正、勤政廉政、严格自律、自觉抵制外来诱惑,不得向当事人索取、收受财物或者牟取其他不正当利益。否则,将依法被罢免或解聘。

(4)泄露个人隐私或商业秘密。人民调解员在进行民间纠纷的调解过程中,不自觉地会接触到当事人的个人隐私和商业秘密,对此,应遵守保密的法定义务,不得泄露当事人的个人隐私和商业秘密。否则,将依法被罢免或解聘。

>> **法条链接** >>

《人民调解法》第十五条:人民调解员在调解工作中有下列行为之一的,由其所在的人民调解委员会给予批评教育、责令改正,情节严重的,由推选或者聘任单位予以罢免或者解聘:

(一)偏袒一方当事人的;

(二)侮辱当事人的;

(三)索取、收受财物或者牟取其他不正当利益的;

(四)泄露当事人的个人隐私、商业秘密的。

54. 人民调解员有权获得经济补助吗?

按照《人民调解法》的规定,人民调解员从事调解工作,有权获得适当的误工补贴,依法由县级以上人民政府和设立人民调解委员会的村民委员会、居民委员会和企事业单位对人民调解员在从事人民调解工作中的必要开支和直接经济损失给予适当的补贴。

对于在人民调解工作岗位上牺牲的人民调解员,其配偶、子女按照国家规定享受抚恤和优待。因从事调解工作致伤致残,生活发生困难的,当地政府应当提供必要的医疗、生活救助。民政部门是实施抚恤、优待的主体,应按照国家相关规定,依法确定抚恤和优待的范围和标准。

≫**法条链接**≫

《人民调解法》第十六条:人民调解员从事调解工作,应当给予适当的误工补贴;因从事调解工作致伤致残,生活发生困难的,当地人民政府应当提供必要的医疗、生活救助;在人民调解工作岗位上牺牲的人民调解员,其配偶、子女按照国家规定享受抚恤和优待。

55. 人民调解委员会能够主动请求调解民间纠纷吗?

按照《人民调解法》的规定,人民调解组织是一个群众性、民主性、自治性的社会组织,这种组织的性质决定了人民调解工作程序和方式具有灵活性。纠纷发生后,可以由当事人一方或者双方以口头或书面形式向人民调解委员会提出调解申请,也可以由人民调解委员会主动调解。当然,如果纠纷当事人不愿意或者不接受调解的,人民调解委员会无权强制调解。

≫**法条链接**≫

《人民调解法》第十七条:当事人可以向人民调解委员会申请调解;人民调解委员会也可以主动调解。当事人一方明确拒绝调解的,不得调解。

56. 人民调解委员会应当派出几名调解员调解民间纠纷?

人民调解委员会通常由委员三至九人组成,但这并意味着任何民间纠纷都由全体调解员集体调解。由于民事纠纷具有复杂性,案件有繁简之分,为了体现调解的效率,这就要求调解组织的人员组成应当具有灵活性。所以,法律并没有对一个具体的案件究竟由多少调解员组成调解组织作出明确规定。另外,当事人还可以选择自己信任的人民调解员。民事纠纷双方当事人往往各执一词,如果允许当事人自己选择信任的调解员来调解纠纷,有利于消除当事人之间的隔阂,促使民事纠纷得到有效解决。

≫**法条链接**≫

《人民调解法》第十九条:人民调解委员会根据调解纠纷的需要,可以指定一名或者数名人民调解员进行调解,也可以由当事人选择一名或者数名人民调解员进行调解。

57. 人民调解组织调解民间纠纷时可否邀请案外人参与调解?

按照《人民调解法》的规定,人民调解组织调解民间纠纷时,除了双方当事人必须参加外,还可以邀请当事人的亲属、邻居、同事以及具有专门知识、特定经验的社会人士参与调解活动。这是因为民事纠纷往往涉及很多主体的利益,法律关系较为复杂,人民调解员根据需要,可以有选择地邀请特定人士参与,特别是对于一些专业性强,需要鉴定和认证的案件,邀请具有专门知识、经验的人员参与往往能够增强说服力,促进矛盾尽快化解。

≫**法条链接**≫

《人民调解法》第二十条:人民调解员根据调解纠纷的需要,在征得当事人的同意后,可以邀请当事人的亲属、邻里、同事等参与调解,也可以邀请具有专门知识、特定经验的人员或者有关社会组织的人员参与调解。

人民调解委员会支持当地公道正派、热心调解、群众认可的社会人士参与调解。

58. 民间纠纷的当事人在人民调解活动中享有哪些权利?

按照《人民调解法》规定,当事人在参与调解活动的过程中享有广泛的民事权利,具体包括以下几方面:

(1)人民调解员的选择权。即当事人既可以接受人民调解委员指定的调解员,也可以选择自己信任的调解员。

(2)调解程序的处分权。当事人可以接受人民调解委员会的调解,也可以拒绝调解。在调解活动进行过程中,还可以随时要求终止调解,对此,调解组织应充分尊重当事人的意愿。

(3)调解方式决定权。当事人可以自主选择调解的方式是否公开。这主要考虑到民事纠纷和矛盾的复杂性,对于一些涉及个人隐私或当事人不愿意公开调解的案件,需要调解组织尊重当事人对调解方式的选择。例如,按照当事人要求以不公开的方式调解,能够消除因为调解所带来的不利社会效果。

(4)调解的自主表达权。在调解活动中,当事人可以自主表达意愿,这与人民法院审理案件必须遵循法定的程序相比,更具灵活性。调解不要求必须达成协议,能否达成协议,由双方自愿决定。

>> **法条链接** >>

《人民调解法》第二十三条:当事人在人民调解活动中享有下列权利:

(一)选择或者接受人民调解员;

(二)接受调解、拒绝调解或者要求终止调解;

(三)要求调解公开进行或者不公开进行;

(四)自主表达意愿、自愿达成调解协议。

59.民间纠纷的当事人在人民调解活动中应当履行哪些义务?

按照《人民调解法》的规定,在调解活动中,当事人除享有广泛权利外,还应当承担相应的义务,主要包括以下几方面的内容:

(1)当事人应当如实陈述纠纷事实。当事人只有如实表达案件的事实情况,才能方便人民调解员查明事实,明辨是非,使调解工作有效地开展。

(2)当事人应当遵守调解现场秩序,尊重人民调解员。由于多数民间纠纷当事人的思想处于针锋相对的状态,调解过程中难免会出现情绪激动甚至失控的情况。为了保证调解现场的秩序,双方当事人应当自觉遵守现场的秩序,对调解纠纷的人民调解员予以尊重。

(3)尊重对方当事人行使权利。人民调解活动是双方当事人共同参与解决问题的法律活动。离开当事人任何一方的参与,调解都无法进行下去,这就要求当事人应当彼此尊重对方的权利,平心静气,只有这样,才可能使民事纠纷得到有效解决。

>> **法条链接** >>

《人民调解法》第二十四条:当事人在人民调解活动中履行下列义务:

(一)如实陈述纠纷事实;

(二)遵守调解现场秩序,尊重人民调解员;

(三)尊重对方当事人行使权利。

60. 人民调解员在调解纠纷过程中发现矛盾有可能激化或升级时,该如何处理?

按照《人民调解法》的规定,人民调解员在主持调解的过程中,如果发现双方当事人的矛盾可能会因为某些因素而升级,此时,就应当采取有针对性的预防措施,包括事先邀请当地公安机关干警参与调解,预防不必要的事件发生;对双方在调解过程中矛盾冲突异常激烈,甚至出现肢体冲突的案件,可以向当地派出所或社区居委会、街道办、农村村委会、乡镇机关等部门报告,采取相应的预防措施,以避免引起严重的社会治安案件或刑事案件的发生。

≫**法条链接**≫

《人民调解法》第二十五条:人民调解员在调解纠纷过程中,发现纠纷有可能激化的,应当采取有针对性的预防措施;对有可能引起治安案件、刑事案件的纠纷,应当及时向当地公安机关或者其他有关部门报告。

61. 人民调解组织对民间纠纷调解失败后,该如何处理?

按照我国法律的规定,解决民间纠纷的方式除了调解之外,还有和解、仲裁、诉讼等。人民调解是解决民事纠纷的"第一道防线",但不是唯一的方式。对于那些经过人民调解员多次调解仍然无法达成协议的,人民调解员应当终止调解,并依据有关法律、法规的规定,告知当事人可以依法通过仲裁、行政、司法等途径维护自己的权利。

≫**法条链接**≫

《人民调解法》第二十六条:人民调解员调解纠纷,调解不成的,应当终止调解,并依据有关法律、法规的规定,告知当事人可以依法通过仲裁、行政、司法等途径维护自己的权利。

62. 经人民调解委员会调解达成调解协议的,必须制作书面调解协议吗?

按照《人民调解法》的规定,人民调解协议自双方当事人意思表示一致即宣告成立,无需特定的形式,书面和口头均可。当然,为防日后反悔,对于双方当事人达成的调解协议,可以制作调解协议书。人民调解员可以根据情况,询问双方当事人是否需要制作调解协议书。当事人认为无需制作调解协议书的,人民调解员没有必要再制作,但应当记录协议内容。如果双方当事人坚决要求不制作调解协议的,人民调解员不可以勉强。

按照法律的规定,调解协议书可以载明下列事项:

(1)当事人的基本情况;

(2)纠纷的主要事实、争议事项以及各方当事人的责任;

(3)当事人达成调解协议的内容,履行的方式、期限。调解协议书自各方当事人签名、盖章或者按指印,人民调解员签名并加盖人民调解委员会印章之日起生效。调解协议书由当事人各执一份,人民调解委员会留存一份。

>>**法条链接**>>

《人民调解法》第二十八条:经人民调解委员会调解达成调解协议的,可以制作调解协议书。当事人认为无需制作调解协议书的,可以采取口头协议方式,人民调解员应当记录协议内容。

63. 经人民调解委员会调解达成的调解协议具有法律约束力吗?

按照《人民调解法》的规定,经人民调解委员会调解达成的调解协议具有法律约束力,当事人应当按照约定履行。人民调解委员会应当对调解协议的履行情况进行监督,督促当事人履行约定的义务。但是需要说明的是,虽然人民调解协议经双方当事人平等协商订立后就具有法律效力,当事人双方应当履行,但协议并不具有强制力,一方当事人反悔后拒不履行的,人民调解委员会无权强制执行。

>>**法条链接**>>

《人民调解法》第三十一条:经人民调解委员会调解达成的调解协议,具有法律约束力,当事人应当按照约定履行。

64. 什么是人民调解的司法确认制度?

人民调解的司法确认制度是指经过人民调解组织调解达成的协议,经调解组织和调解员签字盖章后,或双方当事人签署协议之后,如果双方认为有必要,共同到人民法院申请确认其法律效力的制度。为了保证民间调解协议的效力和执行力,《人民调解法》规定了调解协议的司法确认制度。双方当事人在达成调解协议后,为防日后反悔打官司,可以自调解协议生效之日起三十日内向人民法院申请司法确认。调解协议一旦被司法机关确认有效,一方当事人拒绝履行或者未全部履行的,对方当事人可以不经诉讼程序直接向人民法院申请强制执行。

但法律同时规定,调解协议被人民法院依法确认无效的,当事人可以通过再次调解变更原调解协议或者达成新的调解协议,也可直接向人民法院提起诉讼。

并不是所有当事人达成的调解协议都能被司法机关确认为有效。

≫法条链接≫

《人民调解法》第三十三条:经人民调解委员会调解达成调解协议后,双方当事人认为有必要的,可以自调解协议生效之日起三十日内共同向人民法院申请司法确认,人民法院应当及时对调解协议进行审查,依法确认调解协议的效力。

人民法院依法确认调解协议有效,一方当事人拒绝履行或者未全部履行的,对方当事人可以向人民法院申请强制执行。

人民法院依法确认调解协议无效的,当事人可以通过人民调解方式变更原调解协议或者达成新的调解协议,也可以向人民法院提起诉讼。

≫司法确认申请书格式范本≫

司法确认申请书

申请人:(申请人的姓名或名称等基本情况)

申请人:(申请人的姓名或名称等基本情况)

申请人_____因_____纠纷,于____年____月____日经(调解组织)主持调解,达成了如下调解协议:

(写明调解协议内容,或者将调解协议作为附件)

现请求_____人民法院依法对上述协议予以确认。

申请人出于解决纠纷的目的自愿达成协议,没有恶意串通、规避法律的行为;如果因为该协议内容而给他人造成损害的,愿意承担相应的民事责任和其他法律责任。

此致

_____人民法院

附:(人民调解协议书及有关证明材料)

  申请人:_____(签章)

  申请人:_____(签章)

_____年____月____日

确认决定书(决定确认用)

( )调确字第 号

申请人:(申请人的姓名或名称等基本情况)

申请人:(申请人的姓名或名称等基本情况)

本院于___年___月___日受理了申请人关于确认调解协议的申请。本院依法指定审判人员审查此案,现已审查完毕。

　　申请人_____因_____纠纷,于___年___月___日经(调解组织)主持调解,达成了如下调解协议:

　　(写明调解协议内容)

　　本院现依法确认上述协议有效。双方当事人应当按照调解协议的约定自觉履行义务。一方当事人拒绝履行或者未全部履行的,对方当事人可以向人民法院申请强制执行。

　　本决定书自即日起发生法律效力。

_____人民法院
_____年___月___日
本件与原本核对无异
审判员:_____
书记员:_____

不予确认决定书(决定不予确认用)

　　(　　　　)调确字第　　号

　　申请人:(申请人的姓名或名称等基本情况)

　　申请人:(申请人的姓名或名称等基本情况)

　　本院于___年___月___日受理了申请人关于确认调解协议的申请。本院依法指定审判人员审查此案,现已审查完毕。

　　经审查,申请人_____于___年___月___日关于纠纷达成的调解协议,因(写明不予确认理由),不符合人民法院确认调解协议的条件。据此,本院作出如下决定:

　　对申请人_____于___年___月___日达成的调解协议效力不予确认。当事人可以通过人民调解方式变更原调解协议或者达成新的调解协议,也可以就相关纠纷向有管辖权的人民法院提起诉讼;当事人之间有仲裁协议的,可以向仲裁机构申请仲裁。

_____人民法院
_____年___月___日
本件与原本核对无异
审判员:_____
书记员:_____

民事诉讼法律制度

65. 什么是民事诉讼，它有哪些特点？

民事诉讼是指人民法院在当事人和其他诉讼参与人的参加下，以审理、裁判、执行等方式解决民事纠纷的活动。与调解、仲裁等非诉讼解决纠纷方式相比，民事诉讼有以下特征：

(1)公权性。民事诉讼是由法院代表国家行使审判权解决民事争议。它既不同于群众自治组织性质的人民调解委员会以调解方式解决纠纷，也不同于具有民间性质的仲裁委员会以仲裁方式解决纠纷。

(2)强制性。民事诉讼的强制性既表现在案件的受理上，又反映在裁判的执行上。调解、仲裁均建立在当事人自愿的基础上，只要有一方不愿意选择上述方式解决争议，调解、仲裁就无从进行。民事诉讼则不同，只要原告起诉符合《民事诉讼法》规定的条件，无论被告是否愿意，诉讼均会发生。同时，若当事人不自动履行生效裁判所确定的义务，法院可以依法强制执行。

(3)程序性。民事诉讼是依照法定程序进行的诉讼活动，无论是法院，还是当事人或者其他诉讼参与人，都应按照《民事诉讼法》设定的程序实施诉讼行为，违反诉讼程序常常会引起一定的法律后果。而人民调解没有严格的程序规则，仲裁虽然也需要按照法定的程序进行，但其程序相当灵活，当事人对程序的选择权也较大。

66. 什么是民事诉讼的辩论原则？

民事诉讼辩论原则是指当事人在民事诉讼活动中，有权就案件所争议的事实和法律问题，在人民法院的主持下进行辩论，各自陈述自己的主张和根据，互相进行反驳与答辩，从而查明案件事实，以维护自己的合法权益。

辩论原则的主要内容包括以下几个方面：

(1)辩论权是当事人的一项重要的诉讼权利。即当事人(包括第三人)对诉讼请求有陈述事实和理由的权利,有对对方当事人的陈述和诉讼请求进行反驳和答辩的权利,以此来维护自己的合法权益。

(2)辩论原则贯穿于民事诉讼的全过程。辩论原则所指的辩论并不完全等同于法庭辩论。辩论原则所指的辩论既包括法庭辩论,也包括法庭审理程序以外程序中进行的辩论;既包括第一审程序中的辩论,也包括二审程序、再审程序等诉讼阶段的辩论。

(3)辩论的表现形式可以是口头形式,也可以是书面形式。口头辩论又称"言辞辩论",主要集中在法庭审理阶段,是最集中、最全面的辩论,也是辩论原则最重要的体现。

(4)辩论的内容既可以是实体方面的问题,也可以是程序方面的问题。首先,凡与案件事实和适用法律无关的问题不是辩论的内容。其次,虽与案件事实和适用法律有关,但双方没有争议的问题也不属于辩论的内容。

(5)人民法院在诉讼过程中应当保障当事人充分行使辩论权。即人民法院的判决必须形成于法庭辩论之后,人民法院对案件事实真相的判断必须充分考虑当事人辩论的结果。只有这样,辩论原则才能发挥人民法院在判断案件事实真相和确保诉讼公正中的作用。也只有这样,当事人才能通过行使辩论权达到证明自己的主张,维护自己的实体权益的目的。

(6)人民法院应当充分保障当事人的辩论权。首先,人民法院应当引导当事人辩论权的行使,使当事人的辩论能够真正发挥作用;其次,法院应当给当事人充分行使辩论权的机会,让当事人能够充分发表自己的主张和意见。

>> **法条链接** >>

《民事诉讼法》第十二条:人民法院审理民事案件时,当事人有权进行辩论。

67. 什么是民事诉讼的诚实信用原则?

民事诉讼中的诚实信用原则是指法院、当事人以及其他诉讼参与人在审理民事案件和进行民事诉讼时必须诚实、善意。这一原则在《民事诉讼法》中的确立主要是基于民事诉讼实践中,普遍存在着当事人滥用诉讼权利,恶意诉讼、虚假诉讼、诉讼中的虚假陈述、拖延诉讼、伪造证据等现象。将诚实信用作为一项原则在《民事诉讼法》中明确规定,其具体要求表现在以下几点:

(1)诚实信用原则对当事人的适用。具体要求包括:①禁止恶意诉讼;②禁止矛盾的诉讼行为;③禁止滥用诉讼权利,例如,为了拖延诉讼而故意申请回避、提出管辖权异议等;④履行真实义务,即陈述要真实,禁止虚假陈述等。

(2)诚实信用原则对法院的适用。具体要求包括:①禁止法官滥用自由裁量权;②禁止突袭裁判等。

(3)诚实信用原则对其他诉讼参与人的适用。例如,诉讼代理人在诉讼中不得滥用诉讼权利或超越诉讼代理权;证人不得作虚假陈述;鉴定人不得作虚假鉴定等。

≫**法条链接**≫

《民事诉讼法》第十三条:民事诉讼应当遵循诚实信用原则。……

68. 什么是民事诉讼的处分原则?

处分原则是指民事诉讼当事人有权在法律规定的范围内,处分自己的民事权利和诉讼权利。在民事诉讼中,按照当事人处分权利的性质不同,处分权的行使包括处分民事实体权利和处分诉讼权利两种。按照《民事诉讼法》的规定,现就处分原则解读如下:

(1)对实体权利的处分。主要表现在三个方面:①诉讼主体在起诉时可以自由地确定请求司法保护的范围和选择保护的方法。在民事权利发生争议或受到侵犯后,权利主体有权决定自己请求司法保护的范围。不仅如此,权利主体还可以在一定程度上自行选择所受保护的方法。例如,在侵害财产所有权的纠纷中,被损害者有权就全部损害提出赔偿要求,也有权就部分损害的赔偿提出诉讼主张;同时,有权请求返还原物,也有权要求侵权人作价赔偿;②诉讼开始后,原告可以变更诉讼请求,即将诉讼请求部分或全部撤回,代之以另一诉讼请求;也可以扩大(追加)或缩小(部分放弃)原来的请求范围;③在诉讼中,原告可全部放弃其诉讼请求,被告可部分或全部承认原告的诉讼请求;④当事人双方可以达成或拒绝达成调解协议;⑤在判决未执行完毕之前,双方当事人随时可就实体问题自行和解。

(2)对诉讼权利的处分。主要体现在以下四个方面:①诉讼发生后,当事人可依自己的意愿决定是否行使起诉权。当事人在其实体权利受到侵犯或就某一实体权利与他人发生争议时,是否诉诸法院,由当事人自行决定;②在诉讼过程中,原告可以申请撤回起诉,从而要求人民法院终止已经进行的诉讼,也就是放弃请求法院司法保护的诉讼权利。被告也有权决定是否提出反诉来主张自己的实体权利,借以对抗原告的诉讼请求。当事人双方都有权请求法院进行调解,请求以调解方式解决纠纷;当事人还可以依其意愿决定是否行使提供证据的权利。当事人双方都有权进行辩论,承认或否认对方提出的事实。这些权利是否行使由当事人自己决定;③在第一审判决作出后,当事人可以对尚未生效的判决提起上诉或不提起上诉;对于已生效的判决或调解书认为确有错误时,当事人有权提出申请,请求再审,由法院决定是否再审;对生效判决或者其他具有执行力的法律文书享有权利的当事人,有权决定是否申请强制执行。这些诉讼权利是否行使由当事人自行决定;④在执行过程中,申请执行人可以撤回其申请,是否行使这一诉讼权利由自己决定。

≫**法条链接**≫

《民事诉讼法》第十三条:……当事人有权在法律规定的范围内处分自己的民事权利和诉讼权利。

69. 什么是民事诉讼中的支持起诉原则?

支持起诉的原则是指机关、团体、企事业单位对损害国家、集体或者个人民事权益的行为,支持受害者起诉,以帮助其维护合法权益。按照《民事诉讼法》的规定,支持起诉既有形式上的条件,又有实质上的要求。

(1)形式上的条件。第一,支持者只能是机关、社会团体、企业事业单位,被支持者是受损害的单位或者个人。第二,必须是受损害的单位或者个人基于某种原因未向人民法院起诉,如果受害者已向人民法院提起诉讼,就没有必要予以支持。

(2)实质上的条件。第一,加害人的行为必须是侵权行为,不构成侵权行为,不存在支持他人起诉的问题。第二,被支持者,不论是单位,还是个人,必须是因侵权行为,而使其民事合法权益受到侵犯的受害者。形式上的条件和实质上的条件应当同时具备,否则,不论是机关、社会团体、还是企事业单位,都不宜和不应支持他人向人民法院起诉。

≫**法条链接**≫

《民事诉讼法》第十五条:机关、社会团体、企业事业单位对损害国家、集体或者个人民事权益的行为,可以支持受损害的单位或者个人向人民法院起诉。

70. 民事诉讼中回避制度有哪些内容?

民事诉讼中的回避制度是指人民法院审判民事案件的审判人员或其他相关人员,遇有法律规定的情形,应当主动退出本案的审理,当事人及其代理人也有权请求更换上述人员的制度。这项诉讼制度的内容包括以下几方面:

(1)回避适用的对象。根据《民事诉讼法》的相关规定,适用回避的人员包括审判人员(包括审判员和人民陪审员)、书记员、翻译人员、鉴定人员、勘验人员等。

(2)适用回避的情形。按照《民事诉讼法》的规定,有下列情形之一的必须回避:是本案当事人、诉讼代理人的近亲属(如父母、子女及兄弟姐妹等);与本案有利害关系(如鉴定人员是本案争议标的的所有人之一);与本案当事人有其他关系,可能影响对案件的公正审理。这里所指的"其他关系",是指除与本案有利害关系及与当事人有近亲属关系之外的亲密或仇恨关系等,足以影响案件的公正审理,例如,审判人员是案件一方当事人的最亲密的朋友。

(3)回避的提出。回避的提出可以是当事人提出申请,也可以是审判人员或者其他参与诉讼的人员主动提出。回避应当在案件审理时提出,回避事由在案件开始审理后知道的,可以在法庭辩论终结前提出。

(4)回避的决定。回避申请提出后,是否准许,由法院决定,具体程序为:审判人员的回避,由法院院长决定;其他人员的回避,由审判长决定。法院对当事人提出的回避申请,应当在申请提出三日内,以口头或者书面形式作出决定,申请人对决定不服的,可以在接到决定时申请复议一次。

(5)回避的效力。从当事人提出回避申请到法院作出是否同意申请的决定期间,除案件需要采取紧急措施外,被申请回避的人员应当暂停执行有关本案的职务。法院决定同意申请人回避申请的,被申请回避的人应退出本案的审理或诉讼;法院决定驳回回避申请,而当事人申请复议的,复议期间,被申请回避的人员不停止参与本案的审判或诉讼。

≫法条链接≫

《民事诉讼法》第四十四条:审判人员有下列情形之一的,应当自行回避,当事人有权用口头或者书面方式申请他们回避:

(一)是本案当事人或者当事人、诉讼代理人近亲属的;

(二)与本案有利害关系的;

(三)与本案当事人、诉讼代理人有其他关系,可能影响对案件公正审理的。

审判人员接受当事人、诉讼代理人请客送礼,或者违反规定会见当事人、诉讼代理人的,当事人有权要求他们回避。

审判人员有前款规定的行为的,应当依法追究法律责任。

前三款规定,适用于书记员、翻译人员、鉴定人、勘验人。

《民事诉讼法》第四十五条:当事人提出回避申请,应当说明理由,在案件开始审理时提出;回避事由在案件开始审理后知道的,也可以在法庭辩论终结前提出。

被申请回避的人员在人民法院作出是否回避的决定前,应当暂停参与本案的工作,但案件需要采取紧急措施的除外。

《民事诉讼法》第四十六条:院长担任审判长时的回避,由审判委员会决定;审判人员的回避,由院长决定;其他人员的回避,由审判长决定。

71. 法院依法不能公开审理哪些民事案件?

公开审判制度是指法院对民事案件的审理过程和判决结果向群众、社会公开的制度。依照法律的规定,除不予公开和可以不公开审理的案件外,一律依法公开审理,同时,不论是否公开审理的案件,宣判时一律公开进行。

公开审理不是绝对的,按照《民事诉讼法》的规定,下列案件不公开审理:

(1)涉及国家秘密的案件;
(2)涉及个人隐私的案件;
(3)离婚案件、涉及商业秘密、当事人申请不公开审理的案件;
(4)在法院调解过程中,当事人申请不公开进行调解的,人民法院应当准许。
(5)法律另有规定的案件。

≫**法条链接**≫

《民事诉讼法》第一百三十四条:人民法院审理民事案件,除涉及国家秘密、个人隐私或者法律另有规定的以外,应当公开进行。

离婚案件,涉及商业秘密的案件,当事人申请不公开审理的,可以不公开审理。

72. 什么是法院的民事诉讼管辖?

法院的民事诉讼管辖是指当事人在遇到诉讼时,应到哪个法院去打官司。管辖分为级别管辖和地域管辖,前者确定了四级人民法院在审理案件上的分工原则,后者则是指案件应由何地的法院负责审理。一般来讲,民事案件由被告住所地或常住地法院负责管辖;因不动产纠纷提起的诉讼,由不动产所在地人民法院管辖;因港口作业中发生纠纷提起的诉讼,由港口所在地人民法院管辖;因继承遗产纠纷提起的诉讼,由被继承人死亡时住所地或者主要遗产所在地人民法院管辖。两个以上人民法院都有管辖权的诉讼,原告可以向其中一个人民法院起诉;原告向两个以上有管辖权的人民法院起诉的,由最先立案的人民法院管辖。相比较而言,刑事案件由犯罪地的法院行使管辖权,行政案件由最初作出具体行政行为的行政机关所在地人民法院管辖。铁路、海事、海商等案件由相应专门法院管辖。经复议的案件,复议机关改变了原具体行政行为的,也可以以复议机关为被告,由复议机关所在地人民法院管辖。

73. 什么是民事诉讼的级别管辖,法律是如何规定的?

级别管辖是指按照人民法院组织系统划分,上下级人民法院之间受理第一审民事案件的分工和权限。我国有基层人民法院、中级人民法院、高级人民法院和最高人民法院四级法院,这些法院都可以受理第一审民事案件,但受理案件的范围不同,按照我国法律的规定,级别管辖的内容如下:

(1)基层人民法院。基层人民法院(指县级、不设区的市级、市辖区的法院)管辖第一审民事案件,法律另有规定的除外。这就是说,一般民事案件都由基层法院管辖,或者说除了法律规定由中级法院、高级法院、最高法院管辖的第一审民事案件外,其余一切民事案件都由基层法院管辖。

(2)中级人民法院。中级人民法院管辖下列第一审民事案件:①重大涉外案件(包括涉港、澳、台地区的案件)。即具有重要的涉外因素的民事案件,如原告或被告是外国人,涉及的财产在外国等。所谓"重大涉外案件",是指争议标的额大、案情复杂,或者居住在国外的当事人人数众多或当事人分属多国国籍的涉外案件;②在本辖区有重大影响的案件。主要是指在政治上或经济上有重大影响的案件。在政治上有重大影响的案件主要是指诉讼当事人或诉讼标的及标的物涉及的人或事在政治上有重大影响,如当事人是党、政、军界要员等。在经济上有重大影响的案件主要是指诉讼标的金额较大、争议的法律关系涉及国家经济政策等类的案件;③最高人民法院确定由中级人民法院管辖的案件。主要包括海事和海商案件、专利纠纷案件、商标侵权案件等。

(3)高级人民法院。高级人民法院管辖的案件是在本辖区内有重大影响的第一审民事案件。

(4)最高人民法院。最高人民法院管辖的案件包括：一是在全国范围内案件性质比较严重、案情特别复杂、影响重大的案件，当然这类案件为数极少；二是最高人民法院认为应当由本院审理的案件，即只要最高人民法院认为某一案件应当由其审理，不论该案属于哪一级、哪一个法院管辖，它都有权将案件提上来自己审判，从而取得对案件的管辖权。

>> **法条链接** >>

《民事诉讼法》第十七条：基层人民法院管辖第一审民事案件，但本法另有规定的除外。

《民事诉讼法》第十八条：中级人民法院管辖下列第一审民事案件：

(一)重大涉外案件；

(二)在本辖区有重大影响的案件；

(三)最高人民法院确定由中级人民法院管辖的案件。

《民事诉讼法》第十九条：高级人民法院管辖在本辖区有重大影响的第一审民事案件。

《民事诉讼法》第二十条：最高人民法院管辖下列第一审民事案件：

(一)在全国有重大影响的案件；

(二)认为应当由本院审理的案件。

74. 什么是民事诉讼的地域管辖，法律是如何规定的？

民事诉讼中的地域管辖是指同级人民法院之间按照各自的辖区在审理第一审民事案件上的分工。这一制度的规定解决了或者告诉当事人要提起民事诉讼时，应当向哪个地区法院起诉的问题。按照我国《民事诉讼法》的规定，地域管辖分为一般地域管辖和特殊地域管辖。

(1)一般地域管辖。是指以当事人所在地与法院辖区之间的隶属关系所确定的管辖。

按照法律的规定，一般地域管辖的原则是"原告就被告"，即案件由被告所在地的人民法院管辖。具体而言，对某一公民作为被告提起民事诉讼时，应当向被告住所地人民法院起诉。如果被告住所地与经常居住地不一致的，由经常住居地人民法院管辖，对法人或其他组织提起的民事诉讼，由被告住所地人民法院管辖。

当事人所在地包括当事人的住所地和经常居住地。住所地是指公民的户籍所在地,对于法人和其他组织来说是指法人和其他组织的主要营业地或主要办事机构所在地。经常居住地是公民离开住所地至起诉时已连续居住一年以上的地方,但公民住院就医的地方除外。除此之外,针对一些特殊的被告所在地情况,最高人民法院在《关于适用〈中华人民共和国民事诉讼法〉若干问题的意见》(以下简称《适用意见》)中作了如下补充性的规定:

①双方当事人均被注销城镇户口的,由被告居住地的人民法院管辖;②双方当事人都是被监禁或被劳动教养的,由被告原住所地人民法院管辖。被告被监禁或被劳动教养一年以上的,由被告被监禁地或被劳动教养地人民法院管辖;③离婚诉讼双方当事人都是军人的,由被告住所地或者被告所在团级以上单位驻地的人民法院管辖;④夫妻双方离开住所地超过一年,一方起诉离婚的案件,由被告经常居住地的人民法院管辖;⑤当事人的户籍迁出后尚未落户,但有经常居住地的,由其原户籍所在地人民法院管辖。没有经常居住地,户籍迁出不足一年的,由户籍所在地人民法院管辖;超过一年的,由其居住地人民法院管辖;⑥对没有办事机构的公民合伙、合伙型联营体提起的诉讼,由实际注册登记地人民法院管辖。没有注册登记,几个被告又不在同一辖区的,各被告住所地的人民法院都有管辖权。

"原告就被告"的原则,也有一些例外规定或补充,下列民事诉讼由原告住所地人民法院管辖,原告住所地与经常居住地不一致的,由原告经常居住地人民法院管辖:①不在中华人民共和国领域内居住的人提起的有关身份关系的诉讼。其中的身份关系,指个人之间发生的与人身有关的法律关系,如因婚姻、血缘等产生的婚姻关系、收养关系、亲子关系等;②下落不明或者宣告失踪的人提起的有关身份关系的诉讼;③正在被劳动教养的人提起的诉讼;④正在被监禁的人提起的诉讼。

除此之外,最高人民法院在《适用意见》中对下列特殊情况作了补充规定:①被告一方被注销城镇户口的,由原告所在地人民法院管辖;②不服指定监护或者变更监护关系的案件,由被监护人住所地人民法院管辖;③追索赡养费案件的几个被告住所地不在同一辖区的,可以由原告所在地人民法院管辖;④非军人对军人提出的离婚诉讼,如果军人一方为非文职军人,由原告住所地人民法院管辖;⑤夫妻一方离开住所地超过一年,另一方起诉离婚的案件,由原告住所地人民法院管辖。夫妻双方离开住所地超过一年，一方起诉离婚的案件，被告无经常居住地的，由原告起诉时居住地的人民法院管辖；⑥在国内结婚并定居国外的华侨，定居国法院以离婚诉讼须由婚姻缔结地法院管辖为由不予受理的，当事人向人民法院提出离婚诉讼，由婚姻缔结地或一方在国内的最后居住地人民法院管辖；⑦在国外结婚并定居国外的华侨，如定居国法院以离婚诉讼须由国籍所属国法院管辖为由不予受理，当事人向人民法院提出离婚诉讼的，由一方原住所地或在国内的最后居住地人民法院管辖；⑧中国公民一方居住在国外，一方居住在国内，不论哪一方向人民法院提起离婚诉讼，国内一方住所地的人民法院都有权管辖。例如，国外一方在居住国法院起诉，国内一方向人民法院起诉的，由国内受诉人民法院有权管辖；⑨中国公民双方在国外但未定居，一方向人民法院起诉离婚的，应由原告或者被告原住所地人民法院管辖。

（2）特殊地域管辖。特殊地域管辖，又称"特别管辖"或"特殊管辖"，是以被告住所地、诉讼标的或者引起法律关系发生、变更、消灭的法律事实所在地为标准而确定的管辖法院。特殊地域管辖是相对于一般地域管辖而言的，针对案件的特殊情况，由法律所确定的有两个以上的法院对案件有管辖权的特殊地域管辖方式。因具体内容较多，而且专业性较强，此处不一一解读。

≫法条链接≫

《民事诉讼法》第二十一条：对公民提起的民事诉讼，由被告住所地人民法院管辖；被告住所地与经常居住地不一致的，由经常居住地人民法院管辖。

对法人或者其他组织提起的民事诉讼，由被告住所地人民法院管辖。

同一诉讼的几个被告住所地、经常居住地在两个以上人民法院辖区的，各该人民法院都有管辖权。

《民事诉讼法》第二十二条：下列民事诉讼，由原告住所地人民法院管辖；原告住所地与经常居住地不一致的，由原告经常居住地人民法院管辖：

（一）对不在中华人民共和国领域内居住的人提起的有关身份关系的诉讼；

（二）对下落不明或者宣告失踪的人提起的有关身份关系的诉讼；

（三）对被采取强制性教育措施的人提起的诉讼；

（四）对被监禁的人提起的诉讼。

75. 因合同纠纷提起民事诉讼时,应向哪个法院起诉?

按照《民事诉讼法》的规定,对有关合同管辖法院问题解读如下:

(1)因合同纠纷提起的诉讼,由被告住所地或者合同履行地人民法院管辖。这是合同纠纷管辖法院的一般性规定。合同履行地一般由合同当事人在合同中明确约定,如果当事人没有在合同中约定或约定不明确的,适用法律推定。对此,《合同法》第六十二条规定:"履行地点不明确,给付货币的,在接受货币一方所在地履行;交付不动产的,在不动产所在地履行;其他标的,在履行义务一方所在地履行。"

另外,针对合同履行地的复杂性,最高人民法院的司法解释作了如下进一步的补充:①如果合同没有实施履行,当事人双方住所地又都不在合同约定的履行地的,应由被告住所地人民法院管辖;②购销合同的双方当事人在合同中对交货地点有约定的,以约定的交货地点为合同的履行地;没有约定的,依交货方式确定合同履行地。采用送货方式的,以货物送达地为合同履行地;采用自提方式的,以提货地为合同履行地;代办托运或按木材、煤炭送货办法送货的,以货物发运地为合同履行地。购销合同的实际履行地点与合同中约定的交货地点不一致的,以实际履行地点为合同履行地;③加工承揽合同以加工地为合同履行地,但合同中对履行地有约定的除外;④财产租赁合同、融资租赁合同以租赁物使用地为合同履行地,但合同中对履行地有约定的除外;⑤补偿贸易合同以接受投资一方主要业务履行地为合同履行地;⑥借款合同以贷款方所在地为合同履行地,但当事人另有约定的除外;⑦对于联营合同、法人型联营合同由其主要办事机构所在地人民法院管辖;合伙型联营合同,由其注册地人民法院管辖;协作型联营合同,由被告所在地人民法院管辖。如果主要办事机构所在地或注册地人民法院管辖确有困难的,由被告住所地人民法院管辖。

(2)因保险合同纠纷提起的诉讼,由被告住所地或者保险标的物所在地人民法院管辖。其中,保险标的物为运输工具或运输中的货物的,由被告住所地或者运输工具登记注册地、运输目的地、保险事故发生地的人民法院管辖。

(3)因铁路、公路、水上、航空运输和联合运输合同纠纷提起的诉讼,由运输始发地、目前地或被告住所地人民法院管辖。根据最高人民法院司法解释的规定,水上运输或水陆联合运输合同纠纷发生在我国海事法院辖区的,由海事法院管辖;铁路运输合同由铁路运输法院管辖;其他运输合同纠纷由始发地、目的地或被告住所地人民法院管辖。

>>法条链接>>

《民事诉讼法》第二十三条:因合同纠纷提起的诉讼,由被告住所地或者合同履行地人民法院管辖。

《民事诉讼法》第二十四条:因保险合同纠纷提起的诉讼,由被告住所地或者保险标的物所在地人民法院管辖。

《民事诉讼法》第二十七条:因铁路、公路、水上、航空运输和联合运输合同纠纷提起的诉讼,由运输始发地、目的地或者被告住所地人民法院管辖。

76. 什么是民事诉讼的专属管辖,法律是如何规定的?

专属管辖是指法律强制规定某些特殊类型的案件只能由特定的人民法院管辖,其他法院无管辖权,当事人也不得协议变更管辖法院。专属管辖是一种强制性管辖,具有管辖上的排他性,既排除了任何外国法院对属于我国法院专属管辖案件的管辖权,又排除诉讼当事人以协议方式选择国内的其他法院管辖或一般地域管辖和特殊地域管辖。按照《民事诉讼法》的规定,下列三类案件属于专属管辖:

(1)因不动产纠纷提起的诉讼,由不动产所在地人民法院管辖。不动产是指不能移动或移动后会降低或丧失其性能和使用价值的地面附着物,如土地、矿山、建筑物等。将因不动产纠纷提起的诉讼规定为专属管辖,是各国民事诉讼立法的通行惯例。

(2)因港口作业发生纠纷提起的诉讼由港口所在地人民法院管辖。港口作业是指船舶进出港口进行调度、装卸货物、排除障碍等作业。港口作业所造成的纠纷,由港口所在地人民法院(指海事法院)管辖,有利于法院调查、勘验、了解情况,以便及时、正确地裁判。

(3)因继承遗产纠纷提起的诉讼,由被继承人死亡之时住所地或者主要遗产所在地人民法院管辖。遗产是死者生前个人所有的合法财产,包括动产和不动产。在确定"主要遗产"时,一般以不动产所在地作为主要遗产地,动产有多项的,则以价值高的动产所在地作为主要遗产地。

>>法条链接>>

《民事诉讼法》第三十三条:下列案件,由本条规定的人民法院专属管辖:

(一)因不动产纠纷提起的诉讼,由不动产所在地人民法院管辖;

(二)因港口作业中发生纠纷提起的诉讼,由港口所在地人民法院管辖;

(三)因继承遗产纠纷提起的诉讼,由被继承人死亡时住所地或者主要遗产所在地人民法院管辖。

77. 当事人可以协商选择审理案件的法院吗?

可以,按照《民事诉讼法》关于管辖制度的规定,这实际上就是协议管辖。协议管辖又称"合意管辖"或者"约定管辖",是指双方当事人在合同纠纷或者财产权益纠纷发生之前或发生之后,以协议的方式选择解决他们之间纠纷的管辖法院。按照《民事诉讼法》的规定,合同的双方当事人可以在书面合同中协议选择被告住所地、合同履行地、合同签订地、原告住所地、标的物所在地等与争议有实际联系的地点的人民法院管辖,但不得违反本法对级别管辖和专属管辖的规定。协议管辖必须符合以下几个条件:

(1)当事人协议管辖的案件。具体包括合同或者其他财产权益纠纷。

(2)当事人协议选择管辖法院的范围,包括可以选择被告住所地、合同履行地、合同签订地、原告住所地、标的物所在地等与争议有实际联系的地点的人民法院管辖。如果当事人选择了与合同没有实际联系地点的人民法院,该协议无效。合同签订地是指合同双方在书面合同上签字和盖章的地点。

(3)以书面协议选择管辖法院。书面协议可以采取合同书的形式,包括书面合同中的协议管辖条款,也可以采取信件和数据电文(包括电报、电传、传真、电子数据交换和电子邮件)等可以有形地表现当事人双方协议选择管辖法院意思表示的形式,或者是诉讼前双方当事人达成的管辖协议。

(4)当事人必须进行确定的、单一的选择。当事人必须在上述五个法院中选择其一。根据最高人民法院《关于适用〈中华人民共和国民事诉讼法〉若干问题的意见》第二十四条的规定,合同的双方当事人选择管辖的协议不明确或者选择民事诉讼法第三十四条规定的人民法院中的两个以上人民法院管辖的,选择管辖的协议无效。

(5)协议管辖不得违反《民事诉讼法》关于级别管辖和专属管辖的规定。

78. 什么是民事诉讼中的管辖权异议?

管辖权异议是指当事人认为受诉法院或受诉法院向其移送案件的法院对案件无管辖权时,而向受诉法院或受移送案件的法院提出的不服管辖的意见或主张。

提出管辖权异议,应当具备下列条件:

(1)人民法院已经受理案件,但尚未进行实体审理。没有受理的案件或者已经进入实体审理的,不得提出管辖权异议。具体而言,管辖权异议应当在提交答辩状期间提出,其时限为十五日。

(2)管辖权异议只能对第一审法院提出,对于第二审法院不得提出管辖权异议。

(3)提出管辖权异议的主体,必须是本案的当事人,通常是被告,因原告在起诉时总是向自己认为有管辖权的法院提起,所以,原告在法院受理案件后再提出管辖权异议的情况很少。但这并不等于原告不享有提出管辖权异议的权利。

≫**法条链接**≫

《民事诉讼法》第一百二十七条:人民法院受理案件后,当事人对管辖权有异议的,应当在提交答辩状期间提出。人民法院对当事人提出的异议,应当审查。异议成立的,裁定将案件移送有管辖权的人民法院;异议不成立的,裁定驳回。

当事人未提出管辖异议,并应诉答辩的,视为受诉人民法院有管辖权,但违反级别管辖和专属管辖规定的除外。

79. 什么是民事诉讼中的共同诉讼?

共同诉讼是指当事人一方或者双方为二人以上,其诉讼标的是共同的,或者诉讼标的是同一种类,人民法院认为可以合并审理并经当事人同意的诉讼。按照《民事诉讼法》的规定,共同诉讼分为必要的共同诉讼和普通的共同诉讼。

(1)必要的共同诉讼。是指当事人一方或者双方为二人以上,诉讼标的是共同的,法院必须合并审理并在裁判中对诉讼标的合并确定的诉讼。这种共同诉讼的条件或特征包括:①当事人一方或双方为二人以上的多数当事人;②多数当事人之间的诉讼标的是共同的。正是由于诉讼标的是共同的,所以,多数当事人才必须一同起诉或应诉,法院才有必要追加其一同起诉或应诉;③法院必须合并审理多数当事人之间的诉讼,并在裁判中合并确定诉讼标的,对多数当事人之间的权利义务作出内容相同的裁判;④其中一人的诉讼行为经其他共同诉讼人承认,对其他共同诉讼人发生效力。

(2)普通的共同诉讼。是指当事人一方或者双方为二人以上,其诉讼标的是同一种类,法院认为可以合并审理,当事人也同意合并审理的诉讼。这种共同诉讼的条件或特征为:①两个以上的当事人就同一种类诉讼标的的案件向同一法院起诉;②归同一法院管辖,适用同一诉讼程序;③合并审理符合共同诉讼的目的;④法院认为可以合并审理;⑤当事人同意合并审理;⑥由于不同的诉讼当事人对诉讼标的没有共同权利义务的,其中一人的诉讼行为对其他共同诉讼人不发生效力。

≫**法条链接**≫

《民事诉讼法》第五十二条:当事人一方或者双方为二人以上,其诉讼标的是共同的,或者诉讼标的是同一种类、人民法院认为可以合并审理并经当事人同意的,为共同诉讼。

共同诉讼的一方当事人对诉讼标的有共同权利义务的,其中一人的诉讼行为经其他共同诉讼人承认,对其他共同诉讼人发生效力;对诉讼标的没有共同权利义务的,其中一人的诉讼行为对其他共同诉讼人不发生效力。

80. 什么是代表人诉讼?

代表人诉讼是指当事人一方人数众多,其诉讼标的是同一种类,由其中一人或数人代表全体相同权益人进行诉讼,法院判决效力及于全体相同权益人的诉讼。其意义在于解决当事人一方众多而难以甚至无法都参加法庭审判的问题,并能够避免法院在同类问题上作出相矛盾的判决,以平等保护当事人的权益。

在同一案件中,当事人一方或双方为十人以上的民事诉讼,就属于人数众多的诉讼,依法需要确定诉讼代表人。代表人诉讼可分为人数确定的代表人诉讼和人数不确定的代表人诉讼两种。

(1)人数确定的诉讼代表人。人数确定的诉讼代表人指的是共同诉讼中一方当事人人数众多,在起诉时就能确定,由该群体的全体成员推选其中一个或不超过五个本方当事人,授权其代为起诉或应诉的人。代表人放弃诉讼请求,或者承认对方当事人的诉讼请求,进行和解,必须经被代表的当事人同意。人民法院制作的裁判发生法律效力后,其效力不仅及于诉讼代表人本人,而且也及于他所代表的未直接参与诉讼活动的本案其他当事人。

(2)人数不确定的诉讼代表人。人数不确定的诉讼代表人指的是在诉讼标的是同一种类、当事人一方人数众多且在起诉时人数尚未确定的群体诉讼中,经推选或商定,代表群体起诉或应诉的人。在诉讼标的是同一种类的案件中,同一方当事人人数众多的,既可以由各当事人一同分别起诉,人民法院依法合并在一个案件中审理,也可以由当事人推举的代表人代表所有当事人起诉。根据我国《民事诉讼法》的规定,人民法院受理诉讼标的是同一种类、人数众多、人数不确定的案件后,可以发出公告,说明案件情况和诉讼请求,通知权利人在一定期限内向人民法院登记。公告期内向人民法院登记的权利人即为本案的诉讼当事人。超过公告期,法院就可以进行审理并作出裁判。

对于人数不确定的诉讼代表人诉讼,代表人的诉讼行为对其所代表的当事人发生效力,但代表人变更、放弃诉讼请求或者承认对方当事人的诉讼请求,进行和解,必须经被代表的当事人同意。人民法院作出的判决、裁定,对参加登记的全体权利人发生效力。未参加登记的权利人在诉讼时效期间提起诉讼的,适用该判决、裁定。

≫法条链接≫

《民事诉讼法》第五十三条:当事人一方人数众多的共同诉讼,可以由当事人推选代表人进行诉讼。代表人的诉讼行为对其所代表的当事人发生效力,但代表人变更、放弃诉讼请求或者承认对方当事人的诉讼请求,进行和解,必须经被代表的当事人同意。

《民事诉讼法》第五十四条:诉讼标的是同一种类、当事人一方人数众多在起诉时人数尚未确定的,人民法院可以发出公告,说明案件情况和诉讼请求,通知权利人在一定期间向人民法院登记。

向人民法院登记的权利人可以推选代表人进行诉讼;推选不出代表人的,人民法院可以与参加登记的权利人商定代表人。

代表人的诉讼行为对其所代表的当事人发生效力,但代表人变更、放弃诉讼请求或者承认对方当事人的诉讼请求,进行和解,必须经被代表的当事人同意。

人民法院作出的判决、裁定,对参加登记的全体权利人发生效力。未参加登记的权利人在诉讼时效期间提起诉讼的,适用该判决、裁定。

81. 什么是民事诉讼中的第三人?

民事诉讼第三人是指对他人争议的诉讼标的有独立请求权,或者虽无独立的请求权,但案件的处理结果与其有法律上的利害关系,而参加到原告、被告已经开始的诉讼中进行诉讼的人。按照《民事诉讼法》的规定,第三人分为有独立请求权的第三人和无独立请求权的第三人。

(1)有独立请求权的第三人。这种第三人是指对他人之间正在争议的诉讼标的有独立的请求权,或者他人之间的诉讼可能给自己的利益带来损失,以本诉中的原告和被告为被告提出独立的诉讼请求,以加入到已经开始的诉讼中来的当事人。有独立请求权的第三人是以起诉的方式参加诉讼。

有独立请求权的第三人参加诉讼主要有两种根据:一是对他人之间未决案件的诉讼标的有独立的请求权,这是有独立请求权的第三人参加诉讼的最主要的原因;二是主张诉讼结果可能使自己的权利受到损害。

(2)无独立请求权的第三人。这种第三人是指对当事人双方的诉讼标的没有独立请求权,但是案件处理结果同他有法律上的利害关系,申请参加诉讼或者由人民法院通知他参加诉讼的人。所谓"法律上的利害关系",是指无独立请求权第三人与本诉讼的当事人存在另一个法律关系,而且本诉讼当事人争议的法律关系和该第三人与本诉讼当事人之间的法律关系具有一定的牵连性,如果人民法院确认本诉讼的当事人应当承担法律责任,该法律责任最终可能由该第三人承担。

由于对其他当事人正在争议的诉讼标的没有独立的请求权,所以,无独立请求权的第三人在诉讼中不是完全独立的诉讼当事人。按照《民事诉讼法》和相关司法解释的规定,无独立请求权的第三人参加诉讼的方式主要有以下两种:一是申请参加诉讼。虽然对当事人正在争议的诉讼标的没有独立的请求权,但案件的处理结果与其有法律上的利害关系,无独立请求权的第三人为了维护自己的利益,依法申请参加诉讼的,人民法院自然应当准许;二是经人民法院通知参加诉讼。无独立请求权的第三人与案件处理结果之间的利害关系,通常是因他与被告之间存在法律上的利害关系。此时,人民法院也可能会通知该第三人作为无独立请求权的第三人参加诉讼。

≫法条链接≫

《民事诉讼法》第五十六条:对当事人双方的诉讼标的,第三人认为有独立请求权的,有权提起诉讼。

对当事人双方的诉讼标的,第三人虽然没有独立请求权,但案件处理结果同他有法律上的利害关系的,可以申请参加诉讼,或者由人民法院通知他参加诉讼。人民法院判决承担民事责任的第三人,有当事人的诉讼权利义务。

前两款规定的第三人，因不能归责于本人的事由未参加诉讼，但有证据证明发生法律效力的判决、裁定、调解书的部分或者全部内容错误，损害其民事权益的，可以自知道或者应当知道其民事权益受到损害之日起六个月内，向作出该判决、裁定、调解书的人民法院提起诉讼。人民法院经审理，诉讼请求成立的，应当改变或者撤销原判决、裁定、调解书；诉讼请求不成立的，驳回诉讼请求。

82.《民事诉讼法》规定了哪些证据？

根据《民事诉讼法》规定的民事诉讼证据的表现形式为标准，我国民事诉讼证据分为书证、物证、视听资料、证人证言、电子数据、当事人陈述、鉴定意见、勘验笔录八种。

(1)当事人陈述。该种证据是指当事人在诉讼中就与本案有关的事实，向法院所作的陈述。当事人是民事诉讼法律关系的主体，其与诉讼结果有着直接的利害关系，这就决定了当事人陈述具有真实与虚假并存的特点。因此，审判人员在运用这一证据时应注意防止将虚假的证据作为认定案件事实的根据，对于当事人的陈述应结合本案的其他证据进行审查核实。

(2)书证。该种证据是指以文字、符号、图形等所记载的内容或表达的思想来证明案件真实的证据。书证的表现形式是多种多样的，从书证的表达方式上来看，有书写、打印的，也有刻制的等；从书证的载体上来看，有纸张、竹木、布料以及石块等；从具体的表现形式上来看，常见的有合同、文书、票据、商标图案等。书证在民事诉讼中是普遍被应用的一种证据，在民事诉讼中起着非常重要的作用。

(3)物证。该种证据是指以其存在的形状、质量、规格、特征等来证明案件事实的证据。物证是通过其外部特征和自身所体现的属性来证明案件的真实情况，它不受人们主观因素的影响和制约。常见的物证有争议的标的物(房屋、物品等)；侵权行为所损害的物体(物品、衣物等)；遗留的痕迹(印记、指纹)等。

(4)视听资料。该种证据是指利用录音、录像、电子计算机储存的资料和数据等来证明案件事实的一种证据。它包括录像带、录音片、传真资料、电影胶卷、微型胶卷、电话录音、雷达扫描资料和电脑贮存数据和资料等。视听资料是通过图像、音响等来再现案件事实的，其特征具有生动逼真、便于使用、易于保管等特点。它为人民法院的审判活动以及当事人和其他诉讼参与人的诉讼活动提供了更多的方便。

(5)电子数据。该种证据是指基于计算机应用、通信和现代管理技术等电子化技术手段形成的文字、图形符号、数字、字母等客观资料。这是我国《刑事诉讼法》、《民事诉讼法》2012年新增加的一种证据,也可以说是一种科技型证据。

(6)证人证言。该种证据是指知晓案件事实并应当事人的要求和法院的传唤到法庭作证的人就案件事实向法院所作的陈述。

(7)鉴定意见。该种证据是指那些接受聘请或指派的鉴定人凭借自己的专门知识对案件中的疑难问题进行科学研究并作出具有法律效力意见。这种证据过去很长时间被法律规定为"鉴定意见",2012年《民事诉讼法》修改时更改为"鉴定意见",现在的称谓显然更合适些。

(8)勘验笔录。该种证据是指人民法院审判人员,为了查明一定的案件事实,对与案件争议有关的现场、物品或物体,亲自进行或指定有关人员进行查验、拍照、测量所形成的证据形式。

>> **法条链接** >>

《民事诉讼法》第六十三条:证据包括:

(一)当事人的陈述;

(二)书证;

(三)物证;

(四)视听资料;

(五)电子数据;

(六)证人证言;

(七)鉴定意见;

(八)勘验笔录。

证据必须查证属实,才能作为认定事实的根据。

83. 民事诉讼中的举证责任由谁承担?

按照《民事诉讼法》的规定,民事诉讼中的举证规则如下:

(1)一般举证责任规则为谁主张谁举证。具体而言,①原告起诉的,应当提交符合起诉条件的相应的证据材料;②被告反诉的,应当提交支持反诉的证据材料;③当事人对自己提出的诉讼请求所依据的事实或者反驳对方诉讼请求所依据的事实有责任提供证据加以证明;④没有证据或者证据不足以证明当事人的事实主张的,由负有举证责任的当事人承担不利后果。

(2)举证倒置。举证倒置是指基于法律规定,将通常情形下本应由提出主张的一方当事人(一般是原告)就某种事由负担举证责任,而由他方当事人(一般是被告)就该种事实存在或不存在承担举证责任,如果该方当事人不能就此举证证明,则推定原告主张成立的一种举证责任分配制度。按照最高人民法院相关司法解释的规定,适用举证责任倒置的情形如下:

①高度危险作业致人损害的,由加害人就受害人故意造成损害的事实承担举证责任。

②因环境污染引起的损害赔偿诉讼,由加害人就法律规定的免责事由及其行为与损害结果之间不存在因果关系承担举证责任。

③建筑物或者其他设施以及建筑物上的搁置物、悬挂物发生倒塌、脱落、坠落致人损害的侵权诉讼,由所有人或者管理人对其无过错承担举证责任。

④饲养动物致人损害的侵权诉讼,由动物饲养人或者管理人就受害人有过错或者第三人有过错承担举证责任。

⑤因产品缺陷致人损害的侵权诉讼,由产品的生产者就法律规定的免责事由承担举证责任。

⑥因共同危险行为致人损害的侵权诉讼,由实施危险行为的人就其行为与损害结果之间不存在因果关系承担举证责任。

⑦因医疗行为引起的侵权诉讼,由医疗机构就医疗行为与损害结果之间不存在因果关系以及不存在医疗过错承担举证责任。

⑧因新产品制造方法发明专利引起的专利侵权诉讼,由制造同样产品的单位或者个人对其产品制造方法不同于专利方法承担举证责任。

≫**法条链接**≫

《民事诉讼法》第六十四条:当事人对自己提出的主张,有责任提供证据。

84. 当事人对于哪些事实不需要拿出证据加以证明?

虽然《民事诉讼法》规定了谁主张谁举证的一般举证原则,但并不是当事人对自己所提出的所有事实都得提供证据给法院,根据最高人民法院《关于适用〈中华人民共和国民事诉讼法〉若干问题的意见》第七十五条规定,对于下列事实,当事人无需举证:

(1)一方当事人对另一方当事人陈述的案件事实和提出的诉讼请求,明确表示承认的；

(2) 众所周知的事实和自然规律及定理；

(3) 根据法律规定或已知事实,能推定出的另一事实；

(4) 已为人民法院发生法律效力的裁判所确定的事实；

(5) 已为有效公证书所证明的事实。

85. 民事诉讼中证人必须出庭作证吗？

按照最高人民法院制定的《民事诉讼证据规则》第五十五条、第五十六条的规定,证人应当出庭作证,接受当事人的质询。证人在人民法院组织双方当事人交换证据时出席陈述证言的,可视为出庭作证。证人确有困难不能出庭的,经人民法院许可,证人可以提交书面证言或者视听资料或者通过双向视听传输技术手段作证。不能出庭是指有下列情形之一的：

(1) 年迈体弱或者行动不便无法出庭的；

(2) 特殊岗位确实无法离开的；

(3) 路途特别遥远,交通不便难以出庭的；

(4) 因自然灾害等不可抗力的原因无法出庭的；

(5) 其他无法出庭的特殊情况。

≫ **法条链接** ≫

《民事诉讼法》第七十三条：经人民法院通知,证人应当出庭作证。有下列情形之一的,经人民法院许可,可以通过书面证言、视听传输技术或者视听资料等方式作证：

(一) 因健康原因不能出庭的；

(二) 因路途遥远,交通不便不能出庭的；

(三) 因自然灾害等不可抗力不能出庭的；

(四) 其他有正当理由不能出庭的。

86. 证人出庭作证可以获得补偿吗？

证人出庭作证不可避免会因为交通、住宿、就餐等支出相关的费用,对此,应给予合理的补偿,否则,证人处于不公平的状态,并可能影响其出庭作证的积极性。事实上,获得一定的经济补偿也是证人履行证人义务时应当享有的权利。按照法律规定,证人因出庭作证而支出的合理费用,由提供证人一方当事人先行支付,由败诉的一方当事人承担。由败诉的当事人承担用于补偿证人的作证费用也是警戒、惩罚民事违法当事人的一种客观需要。在具体的操作规范上,法律规定,当事人申请证人作证的,由该当事人先行垫付;当事人没有申请,人民法院通知证人作证的,由人民法院先行垫付。

>>**法条链接**>>

《民事诉讼法》第七十四条:证人因履行出庭作证义务而支出的交通、住宿、就餐等必要费用以及误工损失,由败诉一方当事人负担。当事人申请证人作证的,由该当事人先行垫付;当事人没有申请,人民法院通知证人作证的,由人民法院先行垫付。

87. 当事人应当向人民法院交纳的诉讼费用有哪些?

按照《诉讼费用交纳办法》第六条至第八条的规定,当事人应当向人民法院交纳的诉讼费用包括:

(1)案件受理费;

(2)申请费;

(3)证人、鉴定人、翻译人员、理算人员在人民法院指定日期出庭发生的交通费、住宿费、生活费和误工补贴。

案件受理费包括:

(1)第一审案件受理费;

(2)第二审案件受理费;

(3)再审案件中,依照本办法规定需要交纳的案件受理费。

对于下列案件不交纳案件受理费:

(1)依照民事诉讼法规定的特别程序审理的案件;

(2)裁定不予受理、驳回起诉、驳回上诉的案件;

(3)对不予受理、驳回起诉和管辖权异议裁定不服,提起上诉的案件;

(4)行政赔偿案件。

88. 民事诉讼的案件受理费交纳标准是什么?

按照《诉讼费用交纳办法》第十三条的规定,案件受理费的标准如下:

(1)财产案件根据诉讼请求的金额或者价额,按照下列比例分段累计交纳:①不超过1万元的,每件交纳50元;②超过1万元至10万元的部分,按照2.5%

交纳;③超过10万元至20万元的部分,按照2%交纳;④超过20万元至50万元的部分,按照1.5%交纳;⑤超过50万元至100万元的部分,按照1%交纳;⑥超过100万元至200万元的部分,按照0.9%交纳;⑦超过200万元至500万元的部分,按照0.8%交纳;⑧超过500万元至1000万元的部分,按照0.7%交纳;⑨超过1000万元至2000万元的部分,按照0.6%交纳;⑩超过2000万元的部分,按照0.5%交纳。

(2)非财产案件按照下列标准交纳:①离婚案件每件交纳50元至300元。涉及财产分割,财产总额不超过20万元的,不另行交纳;超过20万元的部分,按照0.5%交纳;②侵害姓名权、名称权、肖像权、名誉权、荣誉权以及其他人格权的案件,每件交纳100元至500元。涉及损害赔偿,赔偿金额不超过5万元的,不另行交纳;超过5万元至10万元的部分,按照1%交纳;超过10万元的部分,按照0.5%交纳;③其他非财产案件每件交纳50元至100元。

(3)知识产权民事案件,没有争议金额或者价额的,每件交纳500元至1000元;有争议金额或者价额的,按照财产案件的标准交纳。

(4)劳动争议案件每件交纳10元。

需要说明的是,省、自治区、直辖市人民政府可以结合本地实际情况在本条第(2)项、第(3)项规定的幅度内制定具体交纳标准。

89. 民事诉讼中的申请费交纳标准是什么?

按照《诉讼费用交纳办法》第十四条的规定,申请费分别按照下列标准交纳:

(1)依法向人民法院申请执行人民法院发生法律效力的判决、裁定、调解书,仲裁机构依法作出的裁决和调解书,公证机关依法赋予强制执行效力的债权文书,申请承认和执行外国法院判决、裁定以及国外仲裁机构裁决的,按照下列标准交纳:①没有执行金额或者价额的,每件交纳50元至500元;②执行金额或者价额不超过1万元的,每件交纳50元;超过1万元至50万元的部分,按照1.5%交纳;超过50万元至500万元的部分,按照1%交纳;超过500万元至1000万元的部分,按照0.5%交纳;超过1000万元的部分,按照0.1%交纳;③符合民事诉讼法第五十五条第四款规定,未参加登记的权利人向人民法院提起诉讼的,按照本项规定的标准交纳申请费,不再交纳案件受理费。

(2)申请保全措施的,根据实际保全的财产数额按照下列标准交纳:①财产数额不超过1000元或者不涉及财产数额的,每件交纳30元;②超过1000元至

10万元的部分,按照1%交纳;③超过10万元的部分,按照0.5%交纳。但是,当事人申请保全措施交纳的费用最多不超过5000元。

(3)依法申请支付令的,比照财产案件受理费标准的1/3交纳。

(4)依法申请公示催告的,每件交纳100元。

(5)申请撤销仲裁裁决或者认定仲裁协议效力的,每件交纳400元。

(6)破产案件依据破产财产总额计算,按照财产案件受理费标准减半交纳,但是,最高不超过30万元。

90. 民事诉讼中的司法鉴定费由谁负担?

按照《诉讼费用交纳办法》第十二条的规定,诉讼过程中因鉴定、公告、勘验、翻译、评估、拍卖、变卖、仓储、保管、运输、船舶监管等发生的依法应当由当事人负担的费用,人民法院根据谁主张、谁负担的原则,决定由当事人直接支付给有关机构或者单位,人民法院不得代收代付。由此可见,在诉讼中当事人申请鉴定的,费用当事人自己负担。当然,如果是通过司法救助方式进行诉讼的,则由国家负担。

需要说明的是,按照《诉讼费用交纳办法》第二十九条的"诉讼费用由败诉方负担"的规定,申请司法鉴定的一方当事人如果胜诉了,其可以要求败诉方承担鉴定费。

91. 在哪些情况下法院只收取一半的诉讼费?

按照《诉讼费用交纳办法》第十五条、第十六条和第十八条的规定,以下三种情况下,诉讼费用减半收取:

(1)以调解方式结案或者当事人申请撤诉的,减半交纳案件受理费;

(2)适用简易程序审理的案件减半交纳案件受理费;

(3)被告提起反诉、有独立请求权的第三人提出与本案有关的诉讼请求,人民法院决定合并审理的,分别减半交纳案件受理费。

92. 法院审理民事案件必须要进行调解吗?

除离婚等极个别案件外,调解不是法院审理案件的必经程序。这就需要正确认识法院调解。法院调解是指在人民法院审判人员的主持下,对双方当事人进行教育规劝,促其就民事争议通过自愿协商,达成协议的活动。调解案件时,当事人应当出庭;如果当事人不出庭,可以由经过特别授权的委托代理人到场协商。调解可以由审判员一人主持,也可以由合议庭主持。

除法律规定的特殊原因外,一般应当公开调解。在法院调解中,被邀请的单位和个人,应当协助人民法院进行调解。在审判人员的主持下,双方当事人自愿、协商达成调解协议,协议内容符合法律规定的,应予批准。调解达成协议的,人民法院应当制作调解书。调解书应当写明诉讼请求、案件的事实和调解结果,并由审判人员、书记员署名,加盖人民法院印章,送达双方当事人签收后,即具有法律效力。调解不成功时,法院应当及时进行判决;调解成功则可审结案件。法院调解只是其审结案件的一种方式。

≫法条链接≫

《民事诉讼法》第一百二十二条:当事人起诉到人民法院的民事纠纷,适宜调解的,先行调解,但当事人拒绝调解的除外。

93. 法院调解应当遵循哪些原则?

按照《民事诉讼法》的规定,法院调解应当遵循以下原则:

(1)自愿原则。该原则是指无论是调解活动的进行,还是调解协议的形成,都要建立在当事人自愿的基础上。该项原则的具体要求是:①在程序上,是否以调解的方式解决纠纷,须当事人自愿;②在实体上,是否达成调解协议,须尊重当事人的意愿。

(2)合法原则。该原则是指法院调解在程序上要遵循法律程序,形成的调解协议不可违反国家的法律规定的原则。该项原则的具体要求是:①法院进行调解活动,程序上要合法。当事人不愿进行调解或不愿继续进行调解的,不应强迫当事人进行调解;调解未成的,不应久调不决,而应及时判决;②法院进行调解,调解协议内容应当不违反国家的法律规定。依据法律的规定,调解应当是当事人自愿且应当合法。调解合法是指在调解的程序上要符合法律规定,在调解协议的达成上不违反法律的规定。调解协议的合法是指调解协议的内容不违反法律,而不要求调解协议的内容要完全符合法律。

(3)查明事实,分清是非的原则。该原则是指法院调解应当在事实已经基本清楚、当事人之间的权利义务关系已经基本明了的基础上进行。该项原则的具体要求是法院进行调解活动时,必须在查明案件基本事实,分清当事人是非责任的基础上进行。

>>**法条链接**>>

《民事诉讼法》第九十三条:人民法院审理民事案件,根据当事人自愿的原则,在事实清楚的基础上,分清是非,进行调解。

94. 法院调解成功后一定要制作调解书吗?

调解书是由人民法院制作的、以调解协议为主要内容的法律文书。制作调解书的目的是为了明确当事人之间的权利义务关系,同时也表明人民法院对当事人之间的协议予以认可。因此,法律规定,人民法院通过调解活动,当事人自愿达成调解协议的,一般应制作调解书。但是在某些特殊情况下,当事人达成调解协议的,法律规定不需制作调解书。

按照《民事诉讼法》的规定,不需制作调解书的案件有:

(1)调解和好的离婚案件;

(2)调解维持收养关系的案件;

(3)能够即时履行的案件;

(4)其他不需要制作调解书的案件。

对于不需要制作调解书的调解协议,应当记入笔录,由双方当事人、审判人员、书记员签名或盖章。履行完上述法律手续的调解协议与生效的调解书具有同等的法律效力。

>>**法条链接**>>

《民事诉讼法》第九十八条:下列案件调解达成协议,人民法院可以不制作调解书:

(一)调解和好的离婚案件;

(二)调解维持收养关系的案件;

(三)能够即时履行的案件;

(四)其他不需要制作调解书的案件。

对不需要制作调解书的协议,应当记入笔录,由双方当事人、审判人员、书记员签名或者盖章后,即具有法律效力。

95. 法院调解书的效力与法院判决书的效力一样吗?

按照《民事诉讼法》的规定,调解书经双方当事人签收后,就具有法律效力,

其效力与判决相同。调解协议或调解书生效后,与生效判决具有同等的法律效力,具体表现在以下几方面:

(1)诉讼结束,当事人不得以同一事实和理由再行起诉。

(2)一审的调解协议或调解书发生效力后,当事人不得上诉。

(3)当事人在诉讼中争议的法律关系中的争议归于消灭,当事人之间实体上的权利义务关系依调解协议的内容予以确定。

(4)具有给付内容的调解书,具有强制执行力。当负有履行调解书义务的一方当事人未按调解书履行义务时,权利人可以根据调解书向人民法院申请强制执行。

≫法条链接≫

《民事诉讼法》第九十七条:调解达成协议,人民法院应当制作调解书。调解书应当写明诉讼请求、案件的事实和调解结果。

调解书由审判人员、书记员署名,加盖人民法院印章,送达双方当事人。

调解书经双方当事人签收后,即具有法律效力。

96. 法院调解成功后当事人可以反悔吗?

在民事诉讼调解过程中,时常出现调解达成协议后一方当事人反悔的情况。按照《民事诉讼法》及司法解释的相关规定,在调解协议发生法律效力之前,当事人可以反悔。具体而言,当事人一方拒绝签收调解书的,调解书不发生法律效力,人民法院要及时通知对方当事人,在此情况下,也就意味着调解失败,人民法院应当及时判决。

当事人在调解书送达前或者签字前都享有反悔权,但也有例外情况,具体如下:

(1)案件达成调解协议后,不需要制作调解书的案件不得反悔。按照《民事诉讼法》的规定,对于当事人达成调解协议后不需要制作调解书的案件,人民法院将调解协议记入笔录,由双方当事人、审判人员、书记员签名或盖章后,即具有法律效力。如果当事人请求制作调解书的,人民法院应当制作调解书送交当事人,当事人拒收调解书的,不影响调解协议的效力,一方当事人不履行调解协议的,另一方当事人可以持调解书向法院申请执行。

(2)当事人双方达成调解协议后,当即履行完毕且不要求制作调解书的案件不得反悔。双方当事人达成调解协议后当即履行完毕,不要求制作调解书的,人民法院将调解协议内容记入笔录,在双方当事人、合议庭、书记员签名或盖章后,即具有法律效力。

(3)按照简易程序审理的案件,双方当事人同意调解协议经双方签名或捺印生效的,不得反悔,该调解协议自双方签名或捺印之日起发生法律效力。人民法院应当另行制作调解书,调解协议生效后一方不履行的,另一方可以持民事调解书申请强制执行。

97. 什么是民事诉讼中的财产保全?

财产保全是指人民法院在诉讼开始后,或者在诉讼开始前,为保证将来判决的顺利执行,面对争议财产或与案件有关的财产,依法采取的各种强制性保护措施的总称。《民事诉讼法》规定这项制度的目的是为了保证将来依法作出的生效判决能够顺利地得到执行,既能保护胜诉一方当事人的合法权益,又能维护生效判决的严肃性和权威性。按照《民事诉讼法》的规定,财产保全分为诉讼中财产保全和诉前财产保全两种。

(1)诉前财产保全,是指在紧急情况下,法院不立即采取财产保全措施,利害关系人的合法权利会受到难以弥补的损害,因此,法律赋予利害关系人在起诉前有权申请人民法院采取财产保全措施。诉前财产保全的适用条件是:

①需要采取诉前财产保全的申请必须具有给付内容,即申请人将来提起案件的诉讼请求具有财产给付内容。

②情况紧急,如果不立即采取相应的保全措施,可能使申请人的合法权益受到难以弥补的损失。

③由利害关系人提出诉前财产保全申请。利害关系人,即与被申请人发生争议,或者认为权利受到被申请人侵犯的人。

④诉前财产保全申请人必须提供担保。申请人如不提供担保,人民法院驳回申请人在起诉前提出的财产保全申请。

(2)诉讼中财产保全,是指人民法院在受理案件之后、作出判决之前,对当事人的财产或者争执标的物采取限制当事人处分的强制措施。采用诉讼中财产保全应当具备如下条件:

①需要对争议的财产采取诉讼中财产保全的案件必须是给付之诉。即该案的诉讼请求具有财产给付内容。

②将来的生效判决因为主观或者客观因素导致不能执行或者难以执行。

③诉讼中财产保全发生在民事案件受理后、法院尚未作出生效判决前。如果法院的判决已经生效,当事人可以申请强制执行,但不得申请财产保全。

④诉讼中财产保全一般应当由当事人提出书面申请。

⑤法院可以责令当事人提供担保。法院依据申请人的申请,在采取诉讼中财产保全措施前,可以责令申请人提供担保。申请人不提供担保的,人民法院可以驳回申请。

≫法条链接≫

《民事诉讼法》第一百条:人民法院对于可能因当事人一方的行为或者其他原因,使判决难以执行或者造成当事人其他损害的案件,根据对方当事人的申请,可以裁定对其财产进行保全、责令其作出一定行为或者禁止其作出一定行为;当事人没有提出申请的,人民法院在必要时也可以裁定采取保全措施。

98. 什么是民事诉讼中的先予执行?

先予执行是指人民法院在作出正式判决之前,为解决权利人生活或生产经营的急需,依法裁定义务人预先履行一定数额的金钱或者财物等措施的制度。需要先予执行的,应当满足下列条件:

(1)当事人之间的纠纷事实基本清楚、权利义务关系明确,不先予执行将严重影响申请人的生活或生产经营的。先予执行是预先实现权利人的权利,如果当事人之间谁享有权利谁承担义务不明确,也就无所谓预先实现权利的问题。

(2)申请人有实现权利的迫切需要。即如果申请人不预先实现诉讼请求上的权利,其生活或生产就难以持续下去。

(3)当事人向人民法院提出了申请,案件的诉讼请求属于给付之诉。即先予执行的要求应当由当事人主动向人民法院提出,人民法院不能主动依职权裁定采取先予执行的措施。

(4)被申请人有履行的能力。只有被申请人具有履行的能力,申请人的申请才可能实现,否则,法院难以裁定让对方当事人预先履行义务。

《民事诉讼法》规定的先予执行的适用是有案件范围限制的,具体包括:

(1)追索赡养费、扶养费、抚育费、抚恤金、医疗费用的案件;

(2)追索劳动报酬的案件;

(3)因情况紧急需要先予执行的案件。按照有关司法解释的规定,情况紧急是指下列情况：①需要立即停止侵害，排除妨碍的；②需要立即制止某项行为的；③需要立即返还用于购置生产原料、生产工具款的；④追索恢复生产、经营急需的保险理赔费等。

≫法条链接≫

《民事诉讼法》第一百零六条：人民法院对下列案件，根据当事人的申请，可以裁定先予执行：

（一）追索赡养费、扶养费、抚育费、抚恤金、医疗费用的；

（二）追索劳动报酬的；

（三）因情况紧急需要先予执行的。

《民事诉讼法》第一百零七条：人民法院裁定先予执行的，应当符合下列条件：

（一）当事人之间权利义务关系明确，不先予执行将严重影响申请人的生活或者生产经营的；

（二）被申请人有履行能力。

人民法院可以责令申请人提供担保，申请人不提供担保的，驳回申请。申请人败诉的，应当赔偿被申请人因先予执行遭受的财产损失。

99. 妨害民事诉讼的行为会受到哪些制裁？

按照《民事诉讼法》的规定，妨害民事诉讼的行为会受到以下几种制裁：

(1)拘传。拘传是对于必须到庭的被告，经人民法院两次传票传唤，无正当理由拒绝出庭的，人民法院派出司法警察，强制被传唤人到庭参加诉讼活动的一种措施。

(2)训诫。训诫是人民法院对妨害民事诉讼秩序行为较轻的人，以口头方式予以严肃地批评教育，并指出其行为的违法性和危害性，责令其以后不得再犯的一种强制措施。

(3)责令退出法庭。责令退出法庭是指人民法院对于违反法庭规则的人，强制其离开法庭的措施。

(4)罚款。罚款是人民法院对实施妨害民事诉讼行为情节比较严重的人，责令其在规定的时间内，交纳一定数额的金钱。依照《民事诉讼法》的规定，对个人的罚款金额，为人民币1000元以下；对单位的罚款金额，为人民币1000元以上3万元以下。

(5)拘留。拘留是人民法院对实施妨害民事诉讼行为情节严重的人,将其留置在特定的场所,在一定期限内限制其人身自由的强制措施,拘留期限为十五日以下。

除上述强制措施外,《民事诉讼法》还规定,妨害民事诉讼行为情节特别严重,依法构成犯罪的,应当追究行为人刑事责任。

≫**法条链接**≫

《民事诉讼法》第一百零九条:人民法院对必须到庭的被告,经两次传票传唤,无正当理由拒不到庭的,可以拘传。

《民事诉讼法》第一百一十条:诉讼参与人和其他人应当遵守法庭规则。

人民法院对违反法庭规则的人,可以予以训诫,责令退出法庭或者予以罚款、拘留。

人民法院对哄闹、冲击法庭,侮辱、诽谤、威胁、殴打审判人员,严重扰乱法庭秩序的人,依法追究刑事责任;情节较轻的,予以罚款、拘留。

100. 提起民事诉讼应当具备哪些条件?

按照《民事诉讼法》的规定,提起民事诉讼应当具备以下条件:

(1)原告是与本案有直接利害关系的公民、法人或者其他组织。与本案有直接利害关系,是指民事纠纷直接影响到作为原告方的公民、法人或者其他组织的民事权益。间接受本案影响的人,非依法律规定,不得向纠纷的一方当事人提起诉讼。比如,婚姻纠纷,夫或妻都可以提起离婚诉讼,但他们的子女或者父母不得以自己的名义对其父母或子女提起离婚诉讼。

(2)有明确的被告。即原告必须指出被诉对象是谁,是某公民的,姓名、住址等详细信息必须清楚无疑;是单位的,单位名称、法定代表人、住所地等信息同样需要具体明确。

(3)有具体的诉讼请求和事实理由。诉讼请求指当事人通过诉讼要追求的目标,包括:①请求人民法院确认某种法律关系或者法律事实,例如,请求确认双方的父子关系等;②请求对方当事人履行给付义务,例如,请求对方返还借款和利息;③请求变更或者消灭一定的民事法律关系,例如,请求离婚等。

(4)属于人民法院受理民事诉讼的范围和受诉人民法院管辖。属于人民法院的受理民事诉讼的范围,是指提起的诉讼是平等主体的公民、法人和其他组织之间,以及他们相互之间财产关系或者人身关系的诉讼。属于受诉人民法院管辖,是指受理案件的人民法院对该案有审判权。公民、法人和其他组织应当向对纠纷有管辖的人民法院提起诉讼。

除上述条件外,起诉还应当向人民法院递交民事起诉状,并按照被告人数提出副本。如果当事人书写起诉状确有困难的,也可以口头起诉,并由人民法院记入笔录,但应当告知对方当事人。

≫法条链接≫

《民事诉讼法》第一百一十九条:起诉必须符合下列条件:

(一)原告是与本案有直接利害关系的公民、法人和其他组织;

(二)有明确的被告;

(三)有具体的诉讼请求和事实、理由;

(四)属于人民法院受理民事诉讼的范围和受诉人民法院管辖。

《民事诉讼法》第一百二十条:起诉应当向人民法院递交起诉状,并按照被告人数提出副本。

书写起诉状确有困难的,可以口头起诉,由人民法院记入笔录,并告知对方当事人。

101. 民事起诉状应当包括哪些内容?

民事起诉状是指公民、法人或其他组织,在认为自己的合法权益受到侵害或者与他人发生争议时或者需要确权时,向人民法院提交的请求人民法院依法裁判的法律文书。

民事起诉书的内容和结构由首部、正文、尾部组成。有时还需要"附项"。具体内容阐述如下:

首部。这一部分内容包括以下两项:

(1)标题文书上部正中写"民事起诉书"。

(2)当事人基本情况。在原告和被告栏目内,分别写明原告和被告的姓名、性别、年龄、民族、籍贯、文化程度、职业和住址。当事人的书写顺序是:①原告,有几个,依次写几个。原告如有代理人,就写在被代理原告的下一行;②后写被告,有几个,依次写几个;③第三人,有几个,依次写几个。原被告如果是企事业单位、机关、团体时,就在原、被告栏内写明单位名称、地址,并写清法定代表人姓名、职务。有委托代理人的,注明委托代理人姓名、单位和职务。

正文。正文是民事起诉书的主要部分,包括请求事项、事实和理由。

(1)请求事项。即诉讼请求,起诉书要简明扼要地写出请求法院解决的民事权益的争议问题,也就是案由。即请求法院依法解决原告一方要求的有关民事权益争议的具体事项。例如,请求赔偿、偿还债务、履行合同等。

(2)事实。即双方争议的具体问题,要把争议的起因、经过、现状,特别是争议的焦点,具体地写清楚。叙述案情时,必须实事求是,如实反映案件事实,叙事要明确,与争议事实有直接关系的事实,要详细叙述,与案件事实关系不大的,但又必须交代清楚的,可以简要概括。

(3)理由。即诉讼请求的根据,主要是列举证据,说明证据来源,证人姓名和住址,同时,根据事实,依照法律有关规定,分析论证。

写正文部分时要注意以下几个问题:①请求目的必须明确具体;②提出的要求合情、合理、合法;③写事实和理由时,应当着重写争议的焦点和实质性重点,阐明因果关系,写过程尽量概括,力避拖沓、空洞;分析必须有根据,引用法律必须准确。

尾部。在正文之后,另起一行写明致送机关,在其右下方,由具状人签名或盖章,注明具状的年、月、日。

附项。这是民事起诉书的附加部分。应具体写明民事起诉书副本的份数和证据的种类、名称、数量以及证人的姓名、住址等。

≫法条链接≫

《民事诉讼法》第一百二十一条:起诉状应当记明下列事项:

(一)原告的姓名、性别、年龄、民族、职业、工作单位、住所、联系方式,法人或者其他组织的名称、住所和法定代表人或者主要负责人的姓名、职务、联系方式;

(二)被告的姓名、性别、工作单位、住所等信息,法人或者其他组织的名称、住所等信息;

(三)诉讼请求和所根据的事实与理由;

(四)证据和证据来源,证人姓名和住所。

≫起诉状范本≫

(1)自然人为原告时起诉状格式模板

民事起诉状

原告:姓名、性别、出生年月、民族、工作单位、职业

住所地:住址

身份证号:

联系方式:电话或者手机号

被告:姓名、性别、出生年月、民族、工作单位、职业

住所地:住址

联系方式:电话或者手机号

案由:(按最高人民法院"民事案件案由规定"确定)

请求事项:(写明向法院起诉所要达到的目的)

事实和理由:(写明起诉或提出主张的事实依据和法律依据,包括证据情况和证人姓名及联系地址)

此致

＿＿＿＿人民法院

原告人:(签名按手印)
＿＿＿＿年＿＿月＿＿日

附件:

1. 本诉状一式＿＿份(按被告人数确定)

2. 证据＿＿份

3. 其他材料＿＿份

(2)原告为法人时起诉状格式模板

民事起诉状

原告:名称(全称)

住所地:地址

法定代表人:姓名、职务

联系方式:办公电话或者手机

委托代理人:姓名、性别、年龄、民族、职务、工作单位、住址、联系方式

被告:名称(全称)

住所地:地址

法定代表人:姓名、职务

联系方式:办公电话或者手机

案由:(按最高人民法院"民事案件案由规定"确定)

诉讼请求:(写明向法院起诉所要达到的目的)

事实和理由:(写明起诉或提出主张的事实依据和法律依据,包括证据情况和证人姓名及联系地址)
此致
_____人民法院

             原告人:(公章)
             法定代表人:(签名)
           _____年___月___日

附件:
1. 本诉状一式____份(按被告人数确定)
2. 证据____份
3. 其他材料____份

书写注意事项:
1. 当事人信息要注明自然情况。自然人要列出姓名、性别、年龄、民族、工作单位、住址。法人或其他组织要列出名称、住所地、法定代表人或负责人姓名、职务,填写要准确,特别是姓名(名称)不能有任何错字。地址要尽量详实,具体到门牌号,最好注明邮编及通讯方式。
2. 案由主要写明当事人之间的诉讼法律关系,按照最高人民法院"民事案件案由规定"填写。
3. 诉讼请求主要写明请求解决争议的权益和争议的事实,以及请求人民法院依法解决原告一方要求的有关民事权益争议的具体事项。
4. 事实和理由部分要全面反映案件事实的客观真实情况。
5. 在起诉状尾部,当事人是自然人的,要由本人签字,是法人或其他组织的,由法定代表人或负责人签字并加盖单位公章。日期要填写准确。

102. 当事人起诉后还能撤回起诉吗?

当事人起诉后可以依法撤回起诉,这种行为被称之为撤诉。撤诉是指原告在案件立案后审判前,申请撤回起诉或上诉的诉讼行为。

撤诉是当事人对其诉讼权利行使处分权的行为。但这种权利也不是随意行使的,申请撤诉必须符合下列条件,人民法院才能批准:

(1)申请人必须是原告、上诉人及其法定代理人,以及原告特别授权的诉讼代理人。有独立请求权的第三人,参加诉讼后处于同原告相同地位,也可申请撤诉,但他的撤诉并不影响原告和被告之间诉讼的正常进行。

(2)撤诉必须是原告自愿的。

(3)撤诉必须合法。一是有权申请者提出撤诉;二是宣判之前提出撤诉;三是撤诉不得有规避法律的行为,不能违反现行法律、法规和政策的规定,不得有损于国家、集体和他人的利益。

(4)必须撤销全部诉讼请求。

(5)必须在法院宣判之前提出。

(6)必须经人民法院作出裁定。

除了上述申请撤诉的情形外,还有一种撤诉被称之为按撤诉处理。按照《民事诉讼法》和司法解释的规定,以下几种情况按撤诉处理:

(1)原告或上诉人未按期交纳诉讼费用的,可按撤诉处理。

(2)原告经传票传唤,无正当理由拒不到庭的,可按撤诉处理。

(3)原告未经法庭许可中途退庭的,可按撤诉处理。

(4)原告应预交而未预交案件受理费,人民法院应当通知其预交,通知后仍不交纳,或申请缓、减、免未获人民法院批准仍不交纳诉讼费用的,按撤诉处理。

(5)无民事行为能力的原告的法定代理人,经法院传票传唤无正当理由拒不到庭的,可按撤诉处理。

(6)有独立请求权的第三人经法院传票传唤,无正当理由拒不到庭的,或未经法庭许可中途退庭的,可按撤诉处理;无独立请求权的第三人,无正当理由拒不到庭的,或未经法庭许可中途退庭的,不影响案件的审理;依法可以按撤诉处理的案件,如果当事人有违法行为需要依法处理的,法院可以不按撤诉处理。

≫**法条链接**≫

《民事诉讼法》第一百四十五条:宣判前,原告申请撤诉的,是否准许,由人民法院裁定。

≫**撤诉申请书范本**≫

民事撤诉申请书

申请人:_____,男(女),____年____月____日生,汉族,____省____市____县____乡____村____村民组人,现住_____。身份证号码:_____。联系电话:_____。

被申请人:_____,男(女),____年____月____日生,汉族,____省____市

____县____乡____村____村民组人,现住_____。身份证号码:_____。联系电话:_____。

起诉案由:_____诉_____纠纷。案号_____。

申请人_____于____年____月____日向贵院起诉_____纠纷一案,贵院已经受理,案件号为:_____,现申请人_____和被申请人_____已经达成和解协议并执行。因自身合法权益已经得到维护,诉讼目的已经达到,申请人特依据《中华人民共和国民事诉讼法》第一百四十五条之规定,决定撤回起诉,请贵院予以批准。

此致
_____人民法院

申请人:_____
_____年____月____日

103. 什么是反诉?

反诉是指在一个已经开始的民事诉讼(诉讼法上称为本诉)程序中,本诉的被告以本诉原告为被告,向受诉法院提出的与本诉有牵连的独立的反请求。提起反诉除了应当具备起诉的一般条件外,反诉的其他条件具体包括:

(1)反诉只能是本诉被告向本诉原告提起,而不能对原告以外其他人提起;

(2)反诉只能向受理本诉的法院提起;

(3)反诉与本诉必须适用同种诉讼程序;

(4)反诉不属于其他法院专属管辖;

(5)反诉与本诉的诉讼请求必须在事实或法律上有牵连;

(6)提起的期限。按照司法解释的规定,提起反诉的,应当在举证期限届满前提出。

≫法条链接≫

《民事诉讼法》第五十一条:原告可以放弃或者变更诉讼请求。被告可以承认或者反驳诉讼请求,有权提起反诉。

≫反诉状格式≫

民事反诉状

反诉人(本诉被告人):(写明姓名、性别、年龄、民族、籍贯、职业或者工作单位和职务、住址)

被反诉人(本诉原告):(写明姓名、性别、年龄、民族、籍贯、职业或者工作单位和职务、住址)

反诉请求:(写明请求的具体内容)

事实和理由:(写明具体的时间、地点、经过、见证人等)

证据和证据来源(如有证人,应当写明证人姓名和住址)

此致

_____人民法院

附:本反诉书副本____份

具状人:(签字或者盖章)

_____年___月___日

104. 什么是缺席判决?

缺席判决是指开庭审理案件时,只有一方当事人到庭,人民法院依法对案件进行审理之后所作出的判决。缺席判决是相对于对席判决而言的。开庭审理时,只有一方当事人到庭,人民法院仅就到庭的一方当事人进行询问、核对证据、听取意见,在审查核实未到庭一方当事人提出的起诉状或答辩状和证据后,可以依法作出的判决,这种判决即是缺席判决。按照《民事诉讼法》的规定,缺席判决适用于下列情况:

(1)原告不出庭或中途退庭按撤诉处理,被告提出反诉的;

(2)被告经传票传唤,无正当理由拒不到庭的,或未经法庭许可中途退庭的;

(3)法院裁定不准撤诉的,原告经传票传唤,无正当理由拒不到庭的;

(4)无民事行为能力的被告人的法定代理人,经传票传唤无正当理由拒不到庭的;

(5)在借贷案件中,债权人起诉时,债务人下落不明的,人民法院受理案件后公告传唤债务人应诉。公告期限届满,债务人仍不应诉,借贷关系明确的,经审理后可缺席判决。在审理中债务人出走,下落不明,借贷关系明确的,可以缺席判决。

≫法条链接≫

《民事诉讼法》第一百四十三条:原告经传票传唤,无正当理由拒不到庭的,或者未经法庭许可中途退庭的,可以按撤诉处理;被告反诉的,可以缺席判决。

《民事诉讼法》第一百四十四条：被告经传票传唤，无正当理由拒不到庭的，或者未经法庭许可中途退庭的，可以缺席判决。
　　《民事诉讼法》第一百四十五条：……人民法院裁定不准许撤诉的，原告经传票传唤，无正当理由拒不到庭的，可以缺席判决。

105. 民事诉讼在哪些情形下应当中止审理？

　　中止审理是指人民法院在受理案件后，作出判决之前，出现了某些使审判在一定期限内无法继续进行的情况时，决定暂时停止案件审理，待有关情形消失后，再行恢复审判的活动。
　　按照《民事诉讼法》第一百五十条的规定，有下列情形之一的，中止诉讼：
　　(1) 一方当事人死亡，需要等待继承人表明是否参加诉讼的；
　　(2) 一方当事人丧失诉讼行为能力，尚未确定法定代理人的；
　　(3) 作为一方当事人的法人或者其他组织终止，尚未确定权利义务承受人的；
　　(4) 一方当事人因不可抗拒的事由，不能参加诉讼的；
　　(5) 本案必须以另一案的审理结果为依据，而另一案尚未审结的；
　　(6) 其他应当中止诉讼的情形。
　　中止诉讼的原因消除后，恢复诉讼。

106. 民事诉讼在哪些情形下应当予以终结？

　　诉讼终结是指在诉讼程序进行中，因出现某种特殊情况不得已结束诉讼的制度。诉讼终结与诉讼结束不同，诉讼终结是非正常结束诉讼活动的一种法定形式，而诉讼结束是诉讼活动的正常结束，即诉讼活动达到了预定目标，顺利结束活动；诉讼终结是诉讼程序尚未完毕，而诉讼结束则是诉讼程序已经进行完毕；诉讼终结时，人民法院对当事人实体权利义务关系不作结论，诉讼结束时，人民法院必须对当事人双方实体权利义务关系作出评判；诉讼终结只能采用裁定书，而诉讼结束则采用判决书、裁定书或调解书。
　　诉讼终结也不同于诉讼中止。诉讼终结是彻底结束诉讼活动，诉讼程序不再恢复或启动；而诉讼中止只是暂时停止，一旦符合法定诉讼条件或开庭条件，诉讼活动应当予以恢复。
　　按照《民事诉讼法》第一百五十一的规定，诉讼终结的情形有四种：(1) 原告死亡,没有继承人或者继承人放弃诉讼权利的;(2)被告死亡,没有遗产也没有应当承担义务的人的;(3)离婚案件一方当事人死亡的;(4)追索赡养费、扶养费、抚育费以及解除收养关系案件的一方当事人死亡的。

107. 民事诉讼简易程序的适用条件有哪些?

简易程序是指基层人民法院及其派出法庭审理简单民事或经济案件所适用的比普通程序更为简易的审判程序。简易程序的特点有:①起诉方式简便;②受理案件的程序简便;③传唤或通知当事人或其他诉讼参与人的方式简便;④审判组织简单;⑤开庭审理程序简便;⑥审理期限简短。

法律对简易程序的适用作出了较为具体的规定,内容阐释如下:

(1)简易程序只能由基层人民法院和它的派出法庭适用。

(2)简易程序只能适用于人民法院审理第一审民事案件。

(3)适用简易程序的案件只能是事实清楚、权利义务关系明确、争议不大的简单民事案件。其中,事实清楚是指当事人双方对争议的事实陈述基本一致,并能提供可靠的证据,无须人民法院调查收集证据即可判明事实、分清是非;权利义务关系明确是指谁是责任的承担者,谁是权利的享有者,具体明确;争议不大是指当事人对案件的是非、责任以及诉讼标的争执无原则分歧。

(4)基层人民法院适用第一审普通程序审理的民事案件,如果当事人自愿选择适用简易程序,经人民法院审查同意的,可以适用简易程序进行审理。人民法院不得违反当事人自愿原则,将普通程序转化为简易程序。

按照最高人民法院《简易程序规定》第一条的规定,下列情形不得适用简易程序:

(1)起时被告下落不明的案件。对于被告下落不明的案件,需要适用公告送达的方式,即需要公告送达起诉状副本与开庭传票,一次公告就需要六十天,而整个简易程序的审限才三个月并且不得延长,因此,这种类型的案件不适合用简易程序审理。

(2)发回重审的案件。发回重审的案件往往在事实认定或者诉讼程序方面存在错误,为保证案件的审判质量,不能适用简易程序审理。

(3)共同诉讼中一方或者双方当事人人数众多的案件。该类诉讼因涉及人数众多的一方或者双方当事人的民事权益,因此,不适宜适用程序较为简化的简易程序进行审理。

(4)法律规定应当适用特别程序、审判监督程序、督促程序、公示催告程序和企业法人破产还债程序审理的案件。

(5)人民法院认为不宜适用简易程序进行审理的案件。

≫法条链接≫

《民事诉讼法》第一百五十七条:基层人民法院和它派出的法庭审理事实清楚、权利义务关系明确、争议不大的简单的民事案件,适用本章规定。

基层人民法院和它派出的法庭审理前款规定以外的民事案件,当事人双方也可以约定适用简易程序。

《民事诉讼法》第一百五十八条:对简单的民事案件,原告可以口头起诉。

当事人双方可以同时到基层人民法院或者它派出的法庭,请求解决纠纷。基层人民法院或者它派出的法庭可以当即审理,也可以另定日期审理。

《民事诉讼法》第一百五十九条:基层人民法院和它派出的法庭审理简单的民事案件,可以用简便方式传唤当事人和证人、送达诉讼文书、审理案件,但应当保障当事人陈述意见的权利。

108. 什么是小额诉讼程序?

小额诉讼程序是指基层法院及其派出法庭审理数额较小的案件时所适用的一种比普通的简易程序更加简易化的诉讼程序。适用小额诉讼程序应当符合以下几个基本条件:

(1)案件范围的限制。即适用小额诉讼程序的案件必须是事实清楚、权利义务关系明确、争议不大的单一金钱给付案件,主要有以下几类案件:①借贷、买卖、租赁、借用纠纷案件;②责任明确、损失金额确定的道路交通事故损害赔偿和其他人身损害赔偿纠纷案件;③劳动关系清楚,仅在劳动报酬的给付数额和时间上存在争议的劳动纠纷案件;④身份关系清楚,仅在给付数额、时间上存在争议的抚养费、赡养费、扶养费纠纷案件;⑤拖欠水、电、暖、天然气费及物业管理费纠纷案件;⑥普通消费服务纠纷案件等。另外,对于涉及身份关系的案件、确权纠纷的案件、当事人变更诉讼请求、追加当事人或提起反诉的案件以及知识产权纠纷的案件不能适用小额诉讼程序。

(2)案件标的的限制。按照法律的规定,适用小额诉讼程序审理的案件,标的额为各省、自治区、直辖市上年度就业人员年平均工资百分之三十以下。

(3)适用法院的限制。即可以适用小额诉讼程序审理简单民事案件的人民法院仅限于基层人民法院以及它派出的人民法庭。换言之,中级以上人民法院审理第一审民事案件时,不得适用小额诉讼程序。

(4)审级的限制。适用小额诉讼程序审理案件实行一审终审制,即基层人民法院以及它派出的人民法庭适用小额诉讼程序作出的判决或裁定为发生法律效力的裁判,当事人不得提起上诉。

≫**法条链接**≫

《民事诉讼法》第一百六十二条:基层人民法院和它派出的法庭审理符合本法第一百五十七条第一款规定的简单的民事案件,标的额为各省、自治区、直辖市上年度就业人员年平均工资百分之三十以下的,实行一审终审。

109. 当事人对第一审法院的裁判不服,如何提起上诉?

按照《民事诉讼法》的规定,当事人不服第一审法院裁判的,可以依法提起上诉,上诉必须符合法定条件,上诉的条件包括以下几项:

(1)上诉人是第一审程序中的当事人。即第一审程序中的原告、被告或者依法享有上诉权的第三人。

(2)上诉的对象必须是依法可以上诉的判决和裁定。按照《民事诉讼法》的规定,第一审法院所作出的判决或裁定可以被提起上诉,但极少数的一审裁判一经作出就生效,不准许当事人上诉,例如,依特别程序作出的判决不得上诉。

(3)在法定的上诉期限内提起。对判决不服,提起上诉的时间为十五天;对裁定不服,提起上诉的期限为十天。只有当双方的上诉期都届满,均未提起上诉的,裁判才发生法律效力。

(4)须递交上诉状。上诉应提交上诉状,当事人口头表示上诉的,也应在上诉期内补交上诉状。上诉状的内容应当包括当事人的姓名、法人的名称及其法定代表人的姓名或者其他组织的名称及其主要负责人的姓名;原审人民法院名称、案件的编号和案由;上诉的请求和理由。

≫**法条链接**≫

《民事诉讼法》第一百六十四条:当事人不服地方人民法院第一审判决的,有权在判决书送达之日起十五日内向上一级人民法院提起上诉。

当事人不服地方人民法院第一审裁定的,有权在裁定书送达之日起十日内向上一级人民法院提起上诉。

《民事诉讼法》第一百六十五条：上诉应当递交上诉状。上诉状的内容，应当包括当事人的姓名，法人的名称及其法定代表人的姓名或者其他组织的名称及其主要负责人的姓名；原审人民法院名称、案件的编号和案由；上诉的请求和理由。

≫上诉状格式范本≫

民事上诉状

上诉人：名称：＿＿＿＿ 住所：＿＿＿＿ 电话：＿＿＿＿
法定代表人：名称：＿＿＿＿＿＿ 职务：＿＿＿＿＿
委托代理人：姓名：＿＿＿＿ 性别：＿＿＿＿ 年龄：＿＿＿＿
民族：＿＿＿＿ 职务：＿＿＿＿ 工作单位：＿＿＿＿
住所：＿＿＿＿ 电话：＿＿＿＿
上诉人因＿＿＿＿一案，不服＿＿＿＿法院于＿＿年＿＿月＿＿日＿＿字第＿＿号判决，现提出上诉。
上诉理由及请求：＿＿＿＿＿＿＿＿＿＿＿＿＿＿＿＿＿＿
此致
＿＿＿＿＿人民法院

上诉人：（签章）
法定代表人：（签章）
＿＿＿＿年＿＿月＿＿日

附：1. 本上诉状副本＿＿＿＿份。
  2. 有关证明材料＿＿＿＿件。

说明：
① 上诉理由应全面陈述对第一审人民法院在认定事实和适用法律上的不当或错误，提出所根据的事实和理由，包括在一审程序中未提供的事实、理由和证据。上诉的请求包括要求全部或部分撤销、变更原判决。
② 当事人不服法院一审判决的，有权在判决书送达之日起十五日内向一上级人民法院提起上诉。

110. 当事人不服生效的裁判，如何进行司法救济？

当事人不服已经生效的裁判，只能申请再审，也有的人称之为申诉。按照

《民事诉讼法》第二百条的规定,当事人的申请符合下列情形之一的,人民法院应当再审:

(1)有新的证据,足以推翻原判决、裁定的;

(2)原判决、裁定认定的基本事实缺乏证据证明的;

(3)原判决、裁定认定事实的主要证据是伪造的;

(4)原判决、裁定认定事实的主要证据未经质证的;

(5)对审理案件需要的主要证据,当事人因客观原因不能自行收集,书面申请人民法院调查收集,人民法院未调查收集的;

(6)原判决、裁定适用法律确有错误的;

(7)审判组织的组成不合法或者依法应当回避的审判人员没有回避的;

(8)无诉讼行为能力人未经法定代理人代为诉讼或者应当参加诉讼的当事人,因不能归责于本人或者其诉讼代理人的事由,未参加诉讼的;

(9)违反法律规定,剥夺当事人辩论权利的;

(10)未经传票传唤,缺席判决的;

(11)原判决、裁定遗漏或者超出诉讼请求的;

(12)据以作出原判决、裁定的法律文书被撤销或者变更的;

(13)审判人员审理该案件时有贪污受贿,徇私舞弊,枉法裁判行为的。

111. 如何向法院申请宣告公民失踪?

宣告失踪是指公民离开自己的住所或居所,没有任何音信达两年,处于生死不明的状态,经利害关系人申请,法院在查明事实后,依法宣告该自然人为失踪人,以结束失踪人财产关系上的不确定状态的法律制度。法律设定这项制度的目的就是消除失踪公民处境不确定的状态,结束失踪人财产关系的不确定状态,保护失踪人的利益,兼及利害关系人的利益。

按照《民事诉讼法》和相关法律的规定,申请公民失踪必须符合以下条件:

(1)经利害关系人申请。有权申请宣告公民失踪的利害关系人包括被申请宣告失踪人的配偶、父母、子女、兄弟姐妹、祖父母、外祖父母、孙子女、外孙子女以及其他与被申请人有民事权利义务关系的人。

(2)被申请人下落不明满一定期间。按照法律的规定,公民下落不明满二年的,利害关系人可以向人民法院申请宣告他为失踪人。战争期间下落不明,下落不明的时间从战争结束之日起计算。

(3)由人民法院经过法定程序宣告公民失踪。按照法律的规定,人民法院受理宣告公民失踪的案件后,应当发出寻找下落不明人的公告,宣告失踪的公告期间为三个月。公告期间届满,人民法院应当根据被宣告失踪的事实是否得到确认,作出宣告公民失踪的判决或者驳回申请的判决。

≫**法条链接**≫

《民事诉讼法》第一百八十三条:公民下落不明满二年,利害关系人申请宣告其失踪的,向下落不明人住所地基层人民法院提出。

申请书应当写明失踪的事实、时间和请求,并附有公安机关或者其他有关机关关于该公民下落不明的书面证明。

《民事诉讼法》第一百八十五条:人民法院受理宣告失踪案件后,应当发出寻找下落不明人的公告。宣告失踪的公告期间为三个月。……

≫**宣告失踪申请书格式范本**≫

宣告失踪申请书

申请人:_____(姓名、性别、年龄、籍贯、住址)

申请事由:请求人民法院宣告_____(失踪人姓名)失踪

事实和理由:

申请人_____与被申请人_____系_____(写明双方的关系,是夫妻,还是父子、母子等)关系,因其_____(写明失踪的原因),至今已下落不明满二年。根据《中华人民共和国民法通则》之规定,特向贵院提出申请,请求宣告_____为失踪。

此致

_____人民法院

申请人:_____(签名或者盖章)
____年___月___日

附:公安机关或者其他有关机关关于公民下落不明的书面证明

112. 如何向法院申请宣告公民死亡?

宣告死亡是指自然人离开住所,下落不明达到法定期限,经利害关系人申请,由人民法院宣告其死亡的法律制度。按照《民事诉讼法》和《民法通则》的规

定,向法院申请宣告公民死亡应当符合以下条件:

(1)自然人下落不明须达到法定期限。下落不明是指自然人离开最后居住地没有音讯的状况。按照《民法通则》的规定,在一般情况下,自然人下落不明满四年,或者因意外事故,从事故发生之日起满两年的,即达到了规定的宣告死亡的期限。

(2)宣告死亡的申请须由利害关系人提出。宣告失踪人死亡,必须由与失踪人有利害关系的人提出申请。没有利害关系人的申请,人民法院不得对失踪人作出死亡宣告。申请宣告死亡的利害关系人的范围和顺序是:①配偶;②父母、子女;③兄弟姐妹、祖父母、外祖父母、孙子女、外孙子女;④其他有民事权利义务关系的人。

(3)死亡宣告须由人民法院作出。宣告死亡必须由人民法院作出,才具有法律效力,任何单位和个人都无权宣告公民死亡。人民法院受理宣告死亡案件后,应当发出寻找下落不明人的公告,宣告死亡的公告期间为一年。因意外事故下落不明,经有关机关证明该公民不可能生存的,宣告死亡的公告期间为三个月。

≫法条链接≫

《民事诉讼法》第一百八十四条:公民下落不明满四年,或者因意外事故下落不明满二年,或者因意外事故下落不明,经有关机关证明该公民不可能生存,利害关系人申请宣告其死亡的,向下落不明人住所地基层人民法院提出。

申请书应当写明下落不明的事实、时间和请求,并附有公安机关或者其他有关机关关于该公民下落不明的书面证明。

《民事诉讼法》第一百八十五条:人民法院受理宣告死亡案件后,应当发出寻找下落不明人的公告。……宣告死亡的公告期间为一年。因意外事故下落不明,经有关机关证明该公民不可能生存的,宣告死亡的公告期间为三个月。

≫宣告死亡申请书格式范本≫

宣告死亡申请书

申请人:_____(姓名、性别、年龄、职业、住址)

申请事由:

请求人民法院宣告_____(死亡人姓名)死亡

事实和理由:

被申请人_____(写明姓名、性别、年龄、籍贯、职业、原住址)

申请人_____与被申请人_____系_____(写明双方的关系,是夫妻,还是父子、母子等)关系,因其_____(写明原因),至今已下落不明满四年。根据《中华人民共和国民法通则》之规定,特向贵院提出申请,请求宣告_____为死亡。

此致

_____人民法院

申请人:_____(签名或者盖章)
_____年____月____日

113. 认定财产无主的程序是如何规定的?

认定财产无主的程序是《民事诉讼法》中规定的专门认定财产无主的特别司法程序。所谓的"认定财产无主案件",是指对于所有人不明或者所有人不存在的财产,法院根据申请人的申请,查证属实后,作出判决,将其收归国家或集体所有的民事案件。按照《民事诉讼法》的规定,认定财产无主案件的条件和程序如下:

(1)财产所有人确已不存在或者不知谁是财产所有人的,权利的归属问题无法确定,需要通过法律程序加以解决。

(2)须由申请人提出书面申请,然后由法院审理认定。一切公民、法人或不具备法人条件的其他组织发现财产没有所有人或者所有人不明的,都有权提出申请,请求法院认定财产无主。申请书应当写明申请人的姓名或名称、住所;财产的种类、数量、形状、所在地以及请求认定财产无主的根据。

(3)认定财产无主的案件由财产所在地的基层法院管辖,其目的在于为法院调查事实以及对财产作出临时性的保护措施提供便利。

(4)法院接受申请后,应进行审查,认为申请不符合条件,或者财产有主的,裁定驳回申请;申请符合条件的,应当立案受理。

(5)发布财产认领公告。法院受理申请后,经审查核实财产所有人已消失或者去向不明,应当发出财产认领公告,公告期为一年。

公告满一年无人认领财产的,法院应作出财产无主的判决,同时,根据财产的不同情况,收归国家或集体所有。

》法条链接》

《民事诉讼法》第一百九十一条:申请认定财产无主,由公民、法人或者其他组织向财产所在地基层人民法院提出。

申请书应当写明财产的种类、数量以及要求认定财产无主的根据。

《民事诉讼法》第一百九十二条：人民法院受理申请后，经审查核实，应当发出财产认领公告。公告满一年无人认领的，判决认定财产无主，收归国家或者集体所有。

≫认定财产无主申请书范例≫

认定财产无主申请书

申请人：_____省_____县_____乡_____村村民委员会。

代表人：_____，村委会主任。

请求事项：

请求认定位于_____乡_____村_____组原属_____所有的5间瓦房为无主财产，并判归申请人所有。

事实与理由：

_____原系我村村民，位于我村_____组的5间瓦房系其祖传。____年，_____外出谋生，外出时嘱托邻居_____方代为看护，此外未对房屋作安排。_____外出后便再无音讯。_____的房屋在_____刚外出的5年里由_____居住，此后村委会因需存放杂物，请_____将房屋腾出，后又因种种用途，一直占用至今。

_____村委会对此房屋使用近30年，对房屋也进行了多次修缮。

_____离村30多年，一直没有消息，_____也没有亲属继承此房屋。

因此，请求人民法院依法认定这5间瓦房为无主财产，并判归申请人所有。

此致

_____县人民法院

申请人：_____（公章）
代表人：_____（签字）
____年___月___日

114. 什么是民事诉讼中的督促程序，它有哪些特点？

督促程序是指人民法院根据债权人提出的，要求债务人给付一定的金钱或者有价证券的申请，向债务人发出附条件的支付令，以催促债务人限期履行义务,如果债务人在法定期间内不提出异议,该支付令即具有执行力的一种程序。

与其他民事审判程序相比较,督促程序的特点有以下几点:

(1)非讼性。即督促程序不以当事人之间存在实体上的债权债务纠纷为前提,当事人不直接进行对抗。债权人是申请人而不是原告,其权利请求仅限于向人民法院申请以支付令的方式催促债务人履行到期债务。督促程序因债权人的申请而开始,没有对立双方当事人参加诉讼的过程。由于该程序不同于传统的有原告、有被告的诉讼程序,因此具有非讼性。

(2)特定性。即督促程序仅适用于请求给付金钱和有价证券的案件。所谓"有价证券",是指汇票、本票、支票、股票、债券、国库券以及可以转让的存单。

(3)可选择性。即法律并没有强制规定这类案件必须适用督促程序,当事人可以选择诉讼程序或督促程序来解决,只是选择诉讼程序时间更长,不利于问题的快捷简便解决。如果当事人选择了普通的诉讼程序,就不能再选择督促程序。

(4)简捷性。即法院适用督促程序审理案件,仅对债权人提出的申请和债权债务关系的事实和证据进行书面审查,不传唤债务人,也无需开庭审理。对符合条件的,人民法院直接发出支付令;不符合条件的,人民法院驳回债权人的申请,并且当事人不能提出上诉,因此督促程序具有快捷性的特点。

》法条链接》

《民事诉讼法》第二百一十四条:债权人请求债务人给付金钱、有价证券,符合下列条件的,可以向有管辖权的基层人民法院申请支付令:

(一)债权人与债务人没有其他债务纠纷的;

(二)支付令能够送达债务人的。

申请书应当写明请求给付金钱或者有价证券的数量和所根据的事实、证据。

115. 适用督促程序处理案件分为哪几个阶段?

按照《民事诉讼法》规定,督促程序分为申请、审理、提出异议和执行四个阶段。

(1)申请。按照《民事诉讼法》的规定,督促程序由债权人向人民法院申请支付令开始。申请支付令应当符合下列条件:①债权人与债务人没有其他债务纠纷,即申请人对被申请人没有给付金钱等其他债务,只存在被申请人未向申请人给付金钱或者有价证券的情形;②支付令能够送达到债务人。债务人不在我国领域内,或者债务人下落不明需要公告送达,都属于不能送达,在这两种情况下,不能申请支付令;③申请支付令,应当提交申请书,写明请求给付金钱或者有价证券的数量和所根据的事实和证据。

(2)审理。债权人提出申请后,人民法院应当在五日内通知债权人是否受理。对符合《民事诉讼法》规定的申请条件的,应当受理。为迅速解决债务争议,人民法院受理申请后,仅审查债权人提供的事实和证据,不需要询问债务人及开庭审理。人民法院经审查,认为债权债务关系明确、合法,应当在受理之日起十五日内直接向债务人发出支付令;申请不成立的,应当裁定予以驳回。申请不成立包括债权债务关系不明确及债权债务不合法等。

(3)异议的提出。人民法院发布支付令前仅审查了申请人提出的事实和证据,没有接触被申请人,没有让被申请人对申请人的请求进行答辩。为了平等地保护当事人双方的合法权益,《民事诉讼法》规定,债务人自收到支付令之日起十五日内可以提出书面异议。人民法院收到债务人提出的书面异议后,应当裁定终结督促程序,支付令自行失效。在这种情况下,申请人如果认为有必要,只能按照普通诉讼程序向法院起诉。

(4)执行。债务人收到人民法院的支付令后,如果认为债权债务关系存在,没有异议,应当自收到支付令之日起十五日内向债权人清偿债务;如果债务人自收到支付令之日起十五日内既不履行支付令又不提出异议的,申请人可以申请人民法院强制执行。

≫法条链接≫

《民事诉讼法》第二百一十五条:债权人提出申请后,人民法院应当在五日内通知债权人是否受理。

《民事诉讼法》第二百一十六条:人民法院受理申请后,经审查债权人提供的事实、证据,对债权债务关系明确、合法的,应当在受理之日起十五日内向债务人发出支付令;申请不成立的,裁定予以驳回。

债务人应当自收到支付令之日起十五日内清偿债务,或者向人民法院提出书面异议。

债务人在前款规定的期间不提出异议又不履行支付令的,债权人可以向人民法院申请执行。

《民事诉讼法》第二百一十七条:人民法院收到债务人提出的书面异议后,经审查,异议成立的,应当裁定终结督促程序,支付令自行失效。

支付令失效的,转入诉讼程序,但申请支付令的一方当事人不同意提起诉讼的除外。

116. 民事执行应当遵循哪些原则?

民事执行是指人民法院的执行组织依照法定的程序,行使司法执行权,强制义务人履行已经发生法律效力的人民法院的判决、裁定或其他法律文书所确定的义务的活动。按照《民事诉讼法》和司法解释的有关规定,执行应当遵循以下五项原则:

(1)执行合法原则。即法院的执行应当按照《民事诉讼法》和有关法律规定进行,具体要求是:①执行必须以生效的法律文书为根据;②执行必须以法定方式开始,除人民法院依职权主动执行的情况外,绝大多数案件均须当事人申请才能启动执行程序;③执行必须以法定的程序和步骤进行。

(2)执行标的有限原则。执行标的,也称执行对象,就是民事执行活动所指向的客体。执行标的有限原则的基本内容是:①执行标的限于财产或行为,义务人的人身不能作为执行对象;②执行公民财物时,要兼顾被执行人的利益,保留本人和所扶养家属必需的生活费用和生活用品;执行法人或其他组织的财产,应当兼顾被执行人的生产和经营。

(3)执行当事人不平等原则。即执行法律关系中债权人和债务人的地位不平等,双方的权利、义务有差别。在审判程序中,为了保证当事人充分行使诉讼权利,法律规定了当事人平等的诉讼原则;但在民事执行程序中,当事人之间的民事权利义务已经确定,民事执行的目的就是为了迅速实现债权人的权利。

(4)全面保护当事人合法权益原则。即民事执行不仅要全部实现债权人的权利,同时,也应当照顾执行义务人的实际需要。具体而言,第一,对申请人的合法权益要保护,但不得超出执行依据所确定的范围;第二,在采取执行措施时,要保留被执行人及其所扶养家属的生活必需费用和生活必需用品,对被执行人的人权应当予以保障;第三,在采取查封、扣押、强制迁出房屋或者强制退出土地等强制措施时,应当通知被执行人或者他的成年家属到场,以免损害被执行人的合法权益。

(5)执行及时原则。即民事执行程序要尽量缩短办案周期,在执行实践中,要尽可能迅速地满足债权人的利益。具体而言,第一,法院执行机构对执行债权人的执行申请或审判人员移送执行的案件,应当及时审查,符合有关规定的,应及时立案,开始执行;第二,法院在执行程序的各个阶段,各项执行行为要在法定的期间内进行和完成,不能久拖不执;第三,当事人必须在法定期限内申请执行,否则,法院不予强制执行。

(6)执行穷尽原则。即人民法院根据债权人的请求,为了实现生效法律文书所确定的权利,应穷尽各种执行方法、措施和途径,对被执行人的财产进行必要的调查、审计,依法采取查封、扣押、冻结、拍卖、变卖等执行行为,在履行了这些程序后仍不能满足债权人权利的,法院才能裁定终结执行程序。

117.《民事诉讼法》规定了哪些强制执行措施?

按照《民事诉讼法》第二百四十一条至第二百五十五条的规定,法院强制执行措施或手段包括查询、冻结、划拨被申请执行人的存款;扣留、提取被申请执行人的收入;查封、扣押、拍卖、变卖被申请执行人的财产;搜查被申请执行人隐匿的财产;强制被申请执行人交付法律文书所指定的财物;强制被申请执行人迁出房屋或者退出土地;强制执行法律文书指定的行为;强制加倍支付迟延履行期间的迟延履行金;强制办理有关财产权证书转移手续等,具体内容解读如下:

(1)执行存款。具体包括查询、冻结、划拨被申请执行人的存款。查询是指人民法院向银行、信用合作社等单位调查询问或审查追问有关被申请人存款情况的活动。冻结是指人民法院在进行诉讼保全或强制执行时,对被申请执行人在银行、信用合作社等金融单位的存款所采取的不准其提取或转移的一种强制措施。划拨是指人民法院通过银行或者信用合作社等单位,将作为被申请执行人的法人或其他组织的存款,按人民法院协助执行通知书规定的数额划入申请执行人的账户内的执行措施。

(2)执行收入。即被申请执行人未按执行通知履行法律文书确定的义务,人民法院有权扣留、提取被申请执行人应当履行义务部分的收入,但应当保留被申请执行人及其所扶养家属的生活必需费用。人民法院扣留、提取收入时,应当作出裁定,并发出协助执行通知书,被执行人所在单位、银行、信用合作社和其他有储蓄业务的单位必须办理。

(3)执行财产。包括查封、扣押、拍卖、变卖被申请执行人应当履行义务部分的财产。查封是指人民法院对被申请执行人的有关财产贴上封条,就地封存,不准任何人转移和处理的执行措施。拍卖是人民法院以公开的形式、竞争的方式,按最高的价格当场成交,出售被申请执行人的财产。变卖是指强制出卖被申请执行人的财产,以所得价款清偿债务的措施。

(4)搜查财产。即被申请执行人不履行义务,并隐匿财产的,人民法院有权发出搜查令,对被申请执行人及其住所或者隐匿的财产进行搜查。

(5)强制交付。即生效判决书、裁定书、调解书以及其他法律文书指定一方当事人交付财物或者票证的,执行人员有权传唤双方当事人到庭或到指定场所,直接交付申请执行人签收,也可以交由执行人员转交。对当事人以外的公民个人持有该项财物或票证的,人民法院应通知其交出。经教育仍不交出的,人民法院就依法强制执行并予以罚款,并可以建议有关单位给予其纪律处分。

(6)迁出房屋或退出土地。人民法院执行机构强制搬迁被申请执行人在房屋内或特定土地上的财物、腾出房屋或土地,交给申请执行人的一种执行措施。

(7)执行行为。由人民法院执行人员按照法律文书的规定,强制被申请执行人完成指定的行为。

(8)迟延履行。具体内容是:第一,被申请执行人的义务是交付金钱的,在依法强制其履行义务交付金钱的同时,对其拖延履行义务期间的债务利息,要在原有债务利息的基础上增加一倍,按银行同期贷款最高利率计付,从判决、裁定和其他法律文书指定交付日届满的次日起计算,直至其履行义务之日止;第二,被申请执行人未按判决、裁定和其他法律文书指定的期间履行非金钱给付义务的,因为拖延履行已给申请执行人造成损失,应当支付迟延履行金。

(9)证照手续。在执行中,需要办理有关财产权证照转移手续的,人民法院可以向有关单位发出协助执行通知书,有关单位必须办理。

刑事诉讼法律制度

118. 公安机关在刑事诉讼中有哪些职权？

在刑事诉讼中，除了刑事自诉案件外，一般刑事案件的侦查、拘留、执行逮捕、预审，由公安机关负责。公安机关在刑事诉讼中享有的法定职权包括以下几方面：

(1)立案和撤销案件。对于确有犯罪事实发生，符合立案条件，需要追究刑事责任的刑事案件，公安机关有权立案。立案后，如果发现所立案件不符合法律规定的立案条件的，可以直接撤销案件。

(2)侦查。侦查内容包括对犯罪嫌疑人进行讯问；询问证人、被害人；勘验检查；扣押物证、书证；组织鉴定；组织辨认；侦查实验；通缉等。

(3)依法采取强制措施。公安机关有权依法对犯罪嫌疑人进行拘留、拘传、监视居住和取保候审等；有权对依法需要逮捕的犯罪嫌疑人，经人民检察院批准后实施逮捕；有权对在押犯罪嫌疑人进行看管等。

(4)移送起诉。公安机关有权将侦查终结的案件移送给人民检察院，并提出起诉意见，由人民检察院决定起诉。

(5)要求复议和提出复核。公安机关认为人民检察院不批准逮捕、不起诉的决定有错误的，有权要求复议；如果复议意见不被接受，还有权向上一级人民检察院提请复核。

(6)执行。人民法院判处的刑事罪犯，大多数是通过公安机关交付执行的，然后，由监狱部门负责监管。另外，公安机关具体负责对判处管制、拘役、余刑在三个月以下的有期徒刑、剥夺政治权利等刑罚的执行。

≫法条链接≫

《刑事诉讼法》第三条：对刑事案件的侦查、拘留、执行逮捕、预审，由公安机关负责。……

119. 人民检察院在刑事诉讼中有哪些职权？

人民检察院是国家的法律监督机关，在刑事诉讼中负责检察、批准逮捕、检察机关直接受理的案件的侦查、提起公诉等重要的诉讼职能。按照《刑事诉讼法》的规定，人民检察院享有的诉讼职权包括以下几方面：

(1)侦查阶段的职权。人民检察院享有部分案件的立案侦查权，在侦查过程中，检察院有权实施的侦查行为有：讯问犯罪嫌疑人；询问证人、被害人；勘验、检查；搜查扣押物证、书证；组织鉴定；向有关单位和个人收集和调取证据；决定对犯罪嫌疑人进行逮捕、拘传、监视居住、取保候审等强制措施等。

(2)公诉阶段的职权。按照《刑事诉讼法》的规定，凡是要提起公诉的案件，一律由人民检察院审查决定。在审查起诉过程中，人民检察院有权对公安机关审查终结移送起诉的案件进行审查，决定起诉或不起诉；对公安机关审查终结的案件，有权退回，要求补充侦查或自行补充侦查；对事实清楚、证据确凿、充分，依法应追究刑事责任的案件提起公诉；对符合《刑事诉讼法》第十五条规定的情形之一的，有权作出不起诉的决定。

(3)审判阶段的职权。在审判阶段中，人民检察院派员出庭，既以公诉人的身份行使公诉职权，又以法律监督者的身份，对人民法院的审判活动行使监督职权。在法庭上，经法庭许可，有权讯问被告人；询问证人、被害人和鉴定人员；参加法庭辩论；对法庭违法审判提出纠正意见；对法院确有错误的裁定、判决有权依法进行抗诉；对自诉案件也有权派员出庭，监督法庭审判活动。

(4)执行阶段的职权。人民检察院在执行阶段的职权主要表现为对执行机关的执行活动进行法律监督。具体表现在：在执行时，有权派员赴执行现场监督死刑的执行；对判处死刑缓期执行、拘役、管制、缓刑、无罪不予刑事处分的判决、裁定的执行情况以及监外执行的情况进行监督；有权对监狱、看守所等执行场所的执行活动进行监督，如果有违法情况的，有权通知执行机关纠正；对减刑假释活动进行监督等。

≫**法条链接**≫

《刑事诉讼法》第三条：检察、批准逮捕、检察机关直接受理的案件的侦查、提起公诉，由人民检察院负责。

120. 什么是公诉案件和自诉案件？

公诉案件是指由各级检察机关依照法律相关规定，代表国家追究被告人的刑事责任而提起诉讼的诉讼活动。公诉案件是相对于自诉案件而言的,所谓的"自诉",是指被害人,或其法定代理人、近亲属为追究被告人的刑事责任,直接向法院提起诉讼的行为。自诉案件仅限于法律和司法解释规定的几种刑事案件,除此之外,一般的刑事案件都是公诉案件,只能由人民检察院代表国家,以公诉人的身份向法院起诉。

自诉案件包括以下三个类型:

(1)告诉才处理的案件。所谓"告诉才处理的案件",是指只有被害人或其法定代理人提出控告和起诉,人民法院才予以受理并审判的案件。当然,如果被害人因受到强制、威吓,无法而告诉的,人民检察院或者被害人的近亲属也可以告诉。根据我国刑法的规定,告诉才处理的案件包括:①侮辱案;②诽谤案;③暴力干涉婚姻自由案;④虐待案;⑤侵占案。

(2)被害人有证据证明的轻微的刑事案件。具体案件包括:①故意伤害案(轻伤);②重婚案;③遗弃案;④妨害通信自由案;⑤非法侵入他人住宅案;⑥生产、销售伪劣商品案(严重危害社会秩序和国家利益的除外);⑦侵犯知识产权案(严重危害社会秩序和国家利益的除外);⑧属于刑罚分则第四章(侵犯公民人身权利、民主权利罪)、第五章(侵犯财产罪)规定的,对被告人可以判处三年以下有期徒刑刑罚的其他轻微刑事案件等。

(3)被害人有证据证明对被告人侵犯自己人身、财产权利的行为应当依法追究刑事责任,而公安机关或者人民检察院已作出不予追究的书面决定的案件,即"公诉转自诉"的案件。

>> **法条链接** >>

《**刑事诉讼法**》第二百零四条:自诉案件包括下列案件:

(一)告诉才处理的案件;

(二)被害人有证据证明的轻微刑事案件;

(三)被害人有证据证明对被告人侵犯自己人身、财产权利的行为应当依法追究刑事责任,而公安机关或者人民检察院不予追究被告人刑事责任的案件。

121. 所有的刑事案件都公开审判吗?

公开审理是《刑事诉讼法》确立的一项审判原则,它是指人民法院审理案件时,应当对社会公开,允许群众旁听,准许新闻记者采访报道。无论是基层人民法院管辖的普通刑事案件,中级人民法院管辖的危害国家安全的案件以及可能判处无期徒刑、死刑的普通刑事案件,外国人犯罪的刑事案件,还是高级人民法院管辖的全省性的重大刑事案件和最高人民法院管辖的全国性重大刑事案件,除法律另有规定以外,都应当公开进行。

按照法律的规定,不公开审理的刑事案件包括:

(1)有关国家秘密的案件;

(2)有关个人隐私的案件;

(3)有关商业秘密的案件;

(4)有关未成年人犯罪的案件。

≫**法条链接**≫

《刑事诉讼法》第一百八十三条:人民法院审判第一审案件应当公开进行。但是有关国家秘密或者个人隐私的案件,不公开审理;涉及商业秘密的案件,当事人申请不公开审理的,可以不公开审理。

不公开审理的案件,应当当庭宣布不公开审理的理由。

《刑事诉讼法》第二百七十四条:审判的时候被告人不满十八周岁的案件,不公开审理。但是,经未成年被告人及其法定代理人同意,未成年被告人所在学校和未成年人保护组织可以派代表到场。

122. 如何理解犯罪嫌疑人、被告人有权获得辩护原则?

按照《刑事诉讼法》的规定,犯罪嫌疑人、被告人有权获得辩护,这是刑事诉讼活动的一项基本原则,其内容主要包括两个方面:

(1)犯罪嫌疑人、被告人在刑事诉讼中享有辩护权。辩护权是犯罪嫌疑人、被告人针对指控进行申辩和辩解,以表明自己无罪、罪轻或者应当减轻、从轻、免除处罚,以维护自己合法权益的权利。辩护权是犯罪嫌疑人、被告人在刑事诉讼中依法享有的最重要的诉讼权利,他们享有的其他诉讼权利,都同辩护权密切相关。如果辩护权得不到保障,其他诉讼权利的行使,也不可能得到保障。

(2)人民法院及公安机关、检察院有义务保证犯罪嫌疑人、被告人行使辩护权。具体要求是:①在侦查和起诉阶段,应当给犯罪嫌疑人、被告人进行申辩和解释的机会,并应认真听取;②从讯问犯罪嫌疑人时起,就应当告知他享有辩护等诉讼权利,对于需要法律援助的,公安机关、检察院应当通知法律援助机构指派律师帮助;③从案件移送审查起诉之日起,人民检察院应当在法定期限内,告知犯罪嫌疑人有权委托辩护人；④法庭应在开庭前将起诉书副本送达被告人,让被告人有足够时间准备辩护；⑤法庭应告知被告人享有辩护权,并告知其可以委托辩护人出庭为其辩护,对于需要法律援助的,法院应当通知法律援助机构指派律师帮助；⑥法庭在庭审中认真听取被告人及其辩护人的辩护；⑦第一审判决作出后,法庭应告知当事人享有上诉权等。

>>**法条链接**>>

《刑事诉讼法》第十四条：人民法院、人民检察院和公安机关应当保障犯罪嫌疑人、被告人和其他诉讼参与人依法享有的辩护权和其他诉讼权利。

123. 如何理解未经法院依法判决不得确定有罪原则？

未经人民法院依法判决,对任何人都不得确定有罪,这是我国《刑事诉讼法》确立的一项基本原则。该原则的基本含义包括以下几方面：

(1)确定被告人有罪的权力由人民法院统一行使,其他任何机关、团体和个人都无权行使。判定被告人是否有罪、应否处罚,是审判权的应有之义。法院作为审判机关,代表国家统一行使刑事审判权,其他任何主体均无权越位行使。

(2)人民法院判决被告人有罪,必须严格依照法定程序,组成合格的、独立的法庭进行公正、公开的审理,并保证被告人充分行使辩护权。

(3)未经人民法院依法判决,对任何人都不得确定有罪。具体要求是：①在刑事诉讼中,证明责任由公诉人或自诉人承担,除巨额财产来源不明罪外,被告人没有证明自己无罪的义务；②对于证据不足、指控罪名不能成立的案件,人民法院应当作出证据不足、指控犯罪不能成立的无罪判决。

>>**法条链接**>>

《刑事诉讼法》第十二条：未经人民法院依法判决,对任何人都不得确定有罪。

124. 在哪些情形下,依法不得追究行为人的刑事责任？

按照《刑事诉讼法》的规定,有以下几种情形之一的,不得追究刑事责任：

(1)情节显著轻微、危害不大,不认为是犯罪的。即根据《刑法》规定,不构成犯罪的情形,既然不构成犯罪,当然不能追究刑事责任。

(2)犯罪已过追诉时效期限的。按照我国《刑法》的规定,对于刑事犯罪的追诉是有期间限制的,法定最高刑为不满五年有期徒刑的,经过五年；法定最高刑为五年以上不满十年有期徒刑的,经过十年;法定最高刑为十年以上有期徒刑的,经过十五年;法定最高刑为无期徒刑、死刑的,经过二十年,都不得追究行为人的刑事责任。

(3)经特赦令免除刑罚的。按照《宪法》的规定,全国人民代表大会常务委员会有权决定特赦。对某一犯罪嫌疑人或被告一经决定特赦,对犯罪行为不得再予追究。

(4)依照刑法告诉才处理的犯罪,没有告诉或者撤回告诉的。根据我国《刑法》的规定,告诉才处理的案件包括:①侮辱案;②诽谤案;③暴力干涉婚姻自由案;④虐待案;⑤侵占案。对这几种犯罪的追究,以被害人等的告诉为必要条件,如果没有法定人员告诉,或者告诉以后又撤诉的,不得追究刑事责任。

(5)犯罪嫌疑人、被告人死亡的。如果犯罪嫌疑人、被告人死亡,就意味着刑事诉讼追究的对象不存在了,缺少了一个关键的诉讼主体,追究刑事责任已经没有意义,因此,不予追究刑事责任。

(6)其他法律规定免予追究刑事责任的。

针对上述情形,公安、司法机关应根据不同的诉讼阶段作出不同的处理。在立案程序中,发现有上述情形之一的,如果属于自诉案件,人民法院不应受理。如果属于公诉案件,公安机关和人民检察院应作出不立案的决定。已经立案追究的,在侦查程序中,侦查机关应当撤销案件。在审查起诉阶段,人民检察院应当作出不起诉的决定。在审判阶段,对于第一种情形,人民法院应当以判决宣告无罪,对于其他几种情形,应当以裁定终止审理。根据最高人民法院司法解释,被告人死亡,但根据已经查明的案件事实和认定的证据材料,能够确认被告人无罪的,应当判决宣告被告人无罪。

≫法条链接≫

《刑事诉讼法》第十五条:有下列情形之一的,不追究刑事责任,已经追究的,应当撤销案件,或者不起诉,或者终止审理,或者宣告无罪:

(一)情节显著轻微、危害不大,不认为是犯罪的;

(二)犯罪已过追诉时效期限的;

(三)经特赦令免除刑罚的;

(四)依照刑法告诉才处理的犯罪,没有告诉或者撤回告诉的;

(五)犯罪嫌疑人、被告人死亡的;

(六)其他法律规定免予追究刑事责任的。

125. 人民检察院直接受理的刑事案件有哪些？

按照《刑事诉讼法》和最高人民检察院司法解释的规定，人民检察院直接受理的案件包括以下种类：

(1)贪污贿赂犯罪案件。即《刑法》分则规定的第八类犯罪。

(2)国家工作人员的渎职犯罪案件。修订后的《刑法》已将渎职罪的主体修改为国家机关工作人员，渎职犯罪案件具体包括滥用职权案；玩忽职守案；故意泄露国家秘密案；过失泄露国家秘密案；枉法追诉、裁判案；民事、行政枉法裁判案；私放在押人员案；失职致使在押人员脱逃案；徇私舞弊减刑、假释、暂予监外执行案；徇私舞弊不移交刑事案件案；滥用管理公司、证券职权案；徇私舞弊不征、少征税款案；徇私舞弊发售发票、抵扣税款、出口退税案；违法提供出口退税凭证案；国家机关工作人员签订、履行合同失职被骗案；违法发放林木采伐许可证案；环境监管失职案；传染病防治失职案；非法批准征用、占用土地案；非法低价出让国有土地使用权案；放纵走私案；商检徇私舞弊案；商检失职案；动植物检疫徇私舞弊案；动植物检疫失职案；放纵制售伪劣商品犯罪行为案；办理偷越国(边)境人员出入境证件案；放行偷越国(边)境人员案；不解救被拐卖、绑架妇女、儿童案；阻碍解救被拐卖、绑架妇女、儿童案；帮助犯罪分子逃避处罚案；招收公务员、学生徇私舞弊案；失职造成珍贵文物损毁、流失案。

(3)国家机关工作人员利用职权实施的侵犯公民人身权利和民主权利的犯罪案件。这类案件包括非法拘禁案；非法搜查案；刑讯逼供案；暴力取证案；虐待被监管人案；报复陷害案；破坏选举案。

(4)其他需由人民检察院直接受理的，国家机关工作人员利用职权实施的重大的犯罪案件。该类案件必须具备以下条件：一是国家机关工作人员利用职权实施的；二是上述三类犯罪案件以外的重大的犯罪案件；三是需要由人民检察院直接受理；四是经过省级以上人民检察院决定。

≫法条链接≫

《刑事诉讼法》第十八条：刑事案件的侦查由公安机关进行，法律另有规定的除外。

贪污贿赂犯罪，国家工作人员的渎职犯罪，国家机关工作人员利用职权实施的非法拘禁、刑讯逼供、报复陷害、非法搜查的侵犯公民人身权利的犯罪以及侵犯公民民主权利的犯罪，由人民检察院立案侦查。对于国家机关工作人员利用职权实施的其他重大的犯罪案件，需要由人民检察院直接受理的时候,经省级以上人民检察院决定,可以由人民检察院立案侦查。

自诉案件,由人民法院直接受理。

126. 哪些刑事案件由中级人民法院进行第一审审判?

按照《刑事诉讼法》的规定,由中级人民法院进行第一审审判的案件包括以下几种:

(1)危害国家安全的案件。按照《刑法》的规定,这种案件包括背叛国家罪;分裂国家罪;煽动分裂国家罪;武装叛乱、暴乱罪;颠覆国家政权罪;煽动颠覆国家政权罪;资助危害国家安全犯罪活动罪;投敌叛变罪、叛逃罪;间谍罪;为境外窃取、刺探、收买、非法提供国家秘密、情报罪;资敌罪等。

(2)恐怖活动的案件。恐怖活动犯罪案件是指以制造社会恐慌、危害公共安全或者胁迫国家机关、国际组织为目的,采取暴力、破坏、恐吓等手段,造成或者意图造成人员伤亡、重大财产损失、公共设施损害、社会秩序混乱等严重社会危害的犯罪案件,以及煽动、资助或者以其他方式协助实施上述活动的犯罪案件。

(3)可能判处无期徒刑、死刑的案件。这里的死刑案件包括判处死刑和死刑缓期两年执行的案件。

≫法条链接≫

《刑事诉讼法》第二十条:中级人民法院管辖下列第一审刑事案件:

(一)危害国家安全、恐怖活动案件;

(二)可能判处无期徒刑、死刑的案件。

127. 刑事诉讼中哪些人员遇有法定情形应当回避?

刑事诉讼中的回避是指侦查人员、检察人员、审判人员等因与案件或案件的当事人具有某种利害关系或其他特殊关系,可能影响刑事案件的公正处理,不得参加办理案件的一项诉讼制度。

根据《刑事诉讼法》以及最高人民法院、最高人民检察院司法解释的规定,适用回避制度的人员包括审判人员、检察人员、侦查人员以及参与侦查、起诉、审判活动的人民陪审员、书记员、翻译人员、鉴定人、司法警察、勘验人员、执行员。

按照《刑事诉讼法》的规定,上述人员依法应当回避的情形或理由如下:

(1)是本案的当事人或者是当事人的近亲属的。《刑事诉讼法》规定的当事人包括夫、妻、父、母、子、女及同胞兄弟姐妹。

（2）本人或者他的近亲属和本案有利害关系的。如果侦查、检察或审判人员本人或者他们的近亲属与本案有着某种利害关系，案件的处理结果会直接影响到他们及其近亲属的利益，因此，上述人员依法应当回避。

（3）担任过本案的证人、鉴定人、辩护人或者诉讼代理人的。曾担任过证人、鉴定人、辩护人或诉讼代理人的人，对案件事实或案件的实体结局已产生先入为主的预断，如果让他们办理案件，难以公正地对待案件，因此，有必要回避。

（4）违反规定会见当事人及其委托人或接受其请客送礼的。按照最高人民法院司法解释的规定，审判人员具有下列情形之一的，当事人及其法定代理人有权要求其回避：①未经批准，私下会见本案一方当事人及其代理人、辩护人的；②为本案当事人推荐、介绍代理人、辩护人，或者为律师、其他人员介绍办理该案件的；③接受本案当事人及其委托人的财物、其他利益，或者要求当事人及其委托的人报销费用的；④接受本案当事人及其委托人的宴请，或者参加由其支付费用的各项活动的；⑤向本案当事人及其委托的人借款、借用交通工具、通讯工具或者其他物品，或者接受当事人及其委托的人购买商品、装修住房以及其他方面给予的好处的。对于检察人员和侦查人员，虽没有相关法律文件规定适用这几种回避情形，但可以参照执行。

（5）与本案当事人有其他关系，可能影响案件公正处理的。最高人民法院《关于审判人员严格执行回避制度的若干规定》第一条规定："与本案的诉讼代理人、辩护人有夫妻、父母、子女或者同胞兄弟姐妹关系的审判人员，应当回避。"

≫**法条链接**≫

《刑事诉讼法》第二十八条：审判人员、检察人员、侦查人员有下列情形之一的，应当自行回避，当事人及其法定代理人也有权要求他们回避：

（一）是本案的当事人或者是当事人的近亲属的；

（二）本人或者他的近亲属和本案有利害关系的；

（三）担任过本案的证人、鉴定人、辩护人、诉讼代理人的；

（四）与本案当事人有其他关系，可能影响公正处理案件的。

《刑事诉讼法》第二十九条：审判人员、检察人员、侦查人员不得接受当事人及其委托的人的请客送礼，不得违反规定会见当事人及其委托的人。

审判人员、检察人员、侦查人员违反前款规定的，应当依法追究法律责任。当事人及其法定代理人有权要求他们回避。

128. 犯罪嫌疑人何时可以委托辩护人？

按照《刑事诉讼法》第三十三条的规定，犯罪嫌疑人自被侦查机关第一次讯问或者采取强制措施之日起，有权委托辩护人；在侦查期间，只能委托律师作为辩护人。被告人有权随时委托辩护人。侦查机关在第一次讯问犯罪嫌疑人或者对犯罪嫌疑人采取强制措施的时候，应当告知犯罪嫌疑人有权委托辩护人。人民检察院自收到移送审查起诉的案件材料之日起三日以内，应当告知犯罪嫌疑人有权委托辩护人。

人民法院自受理案件之日起三日以内，应当告知被告人有权委托辩护人。犯罪嫌疑人、被告人在押期间要求委托辩护人的，人民法院、人民检察院和公安机关应当及时转达其要求；犯罪嫌疑人、被告人在押的，也可以由其监护人、近亲属代为委托辩护人。辩护人接受犯罪嫌疑人、被告人委托后，应当及时告知办理案件的机关。

129. 犯罪嫌疑人、被告人因经济困难请不起律师时，该怎么办？

可以申请法律援助。法律援助是指由政府设立的法律援助机构根据当事人的申请或公安机关、人民检察院、人民法院的通知，指派法律援助人员，为经济困难或特殊案件的人给予减、免收费提供法律服务的一项法律保障制度。按照《刑事诉讼法》和相关法律、法规的规定，有下列情形之一的，公民可以向法律援助机构申请法律援助，或者由公安、司法机关通知法律援助机构指派律师援助：

(1)犯罪嫌疑人在被侦查机关第一次讯问后或者采取强制措施之日起，因经济困难没有聘请律师的；

(2)公诉案件中的被害人及其法定代理人或者近亲属，自案件移送审查起诉之日起，因经济困难没有委托诉讼代理人的；

(3)自诉案件的自诉人及其法定代理人，自案件被人民法院受理之日起，因经济困难没有委托诉讼代理人的；

(4)公诉人出庭公诉的案件，被告人因经济困难或者其他原因没有委托辩护人，人民法院为被告人指定辩护时，法律援助机构应当提供法律援助；

(5)被告人是盲、聋、哑人或者未成年人而没有委托辩护人的，或者被告人可能被判处死刑而没有委托辩护人的，人民法院为被告人指定辩护时，法律援助机构应当提供法律援助，无需对被告人进行经济状况的审查。

》法条链接》

《刑事诉讼法》第三十四条：犯罪嫌疑人、被告人因经济困难或者其他原因没有委托辩护人的，本人及其近亲属可以向法律援助机构提出申请。对符合法律援助条件的，法律援助机构应当指派律师为其提供辩护。

犯罪嫌疑人、被告人是盲、聋、哑人，或者是尚未完全丧失辨认或者控制自己行为能力的精神病人，没有委托辩护人的，人民法院、人民检察院和公安机关应当通知法律援助机构指派律师为其提供辩护。

犯罪嫌疑人、被告人可能被判处无期徒刑、死刑，没有委托辩护人的，人民法院、人民检察院和公安机关应当通知法律援助机构指派律师为其提供辩护。

130. 哪些人可以担任犯罪嫌疑人、被告人的辩护人？

辩护人是指接受犯罪嫌疑人、被告人的委托或法律援助机构指派，根据事实和法律，提出犯罪嫌疑人、被告人无罪、罪轻或者减轻、免除其刑事责任的材料和意见，维护犯罪嫌疑人、被告人的诉讼权利和其他合法权益的人。按照《刑事诉讼法》的规定，可以担任犯罪嫌疑人、被告人辩护人的包括：

(1) 律师。律师是指依照法定程序取得律师资格，并且经过登记注册，为社会提供法律服务的执业人员。

(2) 人民团体或者犯罪嫌疑人、被告人所在单位推荐的人。主要是工会、妇联、共青团、学联等群众性团体以及犯罪嫌疑人、被告人所在单位，可以推荐公民担任刑事案件的辩护人。

(3) 犯罪嫌疑人、被告人的监护人、亲友，也可以接受犯罪嫌疑人、被告人的委托，作他的辩护人。

律师、人民团体、被告人所在单位推荐的人以及被告人的监护人、亲友，被委托为辩护人的，人民法院应当核实其身份证明和辩护委托书。

另外，按照《刑事诉讼法》和最高人民法院司法解释的规定，下列人员不得被犯罪嫌疑人、被告人委托担任辩护人：

(1) 被宣告缓刑和刑罚尚未执行完毕的人；

(2) 依法被剥夺、限制人身自由的人；

(3) 无行为能力或限制行为能力的人；

(4) 人民法院、人民检察院、公安机关、国家安全机关、监狱的现职人员；

(5) 审理案件法院的人民陪审员；

(6)与本案审理结果有利害关系的人;

(7)外国人或者无国籍的人;

(8)法官、检察官,从人民法院、人民检察院离任后,二年内,不得以律师身份担任诉讼代理人或者辩护人;

(9)法官、检察官,从人民法院、人民检察院离任后,不得担任原职法院或者检察院办理案件的诉讼代理人或者辩护人;

(10)法官、检察官的配偶、子女不得担任该法官或是检察官所任职法院或者监察员办理案件的诉讼代理人或者辩护人;

(11)律师在担任各级人大常委会委员期间不得担任。

上述第(4)、(5)、(6)、(7)项规定的人员,如果是被告人的近亲属或者监护人,由被告人委托辩护人的,人民法院可以准许。

≫**法条链接**≫

《刑事诉讼法》第三十二条:犯罪嫌疑人、被告人除自己行使辩护权以外,还可以委托一至二人作为辩护人。下列的人可以被委托为辩护人:

(一)律师;

(二)人民团体或者犯罪嫌疑人、被告人所在单位推荐的人;

(三)犯罪嫌疑人、被告人的监护人、亲友。

正在被执行刑罚或者依法被剥夺、限制人身自由的人,不得担任辩护人。

131. 刑事诉讼证据有哪些种类?

在刑事诉讼中,凡是可以用于证明案件事实的材料,都是证据。按照《刑事诉讼法》的规定,刑事诉讼证据的种类包括以下八种:

(1)物证。该种证据是指以其外部特征,存在场所和物质属性证明案件事实的实物和痕迹。

(2)书证。该种证据是指以文字、符号、图画等记载的内容和表达的思想来证明案件事实的书面材料和其他物品。

(3)证人证言。是指证人就自己所知道的案件情况向公安司法机关所作的陈述。

(4)被害人陈述。该种证据是指犯罪行为的直接受害者就其了解的案件有关情况,向公安司法机关所作的陈述。

(5)犯罪嫌疑人、被告人的供述和辩解。该种证据是指犯罪嫌疑人、被告人就其被指控的犯罪事实以及其他案件事实向公安司法机关所作的陈述。

(6)鉴定意见。该种证据公安、司法机关为了解决案件中某些专门问题,指派或聘请具有这方面专门知识和技能的人,进行鉴定后作出的书面意见。

(7)勘验、检查、辨认、侦查实验等笔录。勘验笔录是指办案人员对与犯罪有关的场所、物品、尸体进行的勘查、检验后所作的记录。就其内容,可分为现场勘验笔录、物体检验笔录、尸体检验笔录等。检查笔录是指办案人员为确定被害人、犯罪嫌疑人、被告人的某些特征、伤害情况和生理状态,对他们的人身进行检验和观察后所作的客观记载。辨认笔录是指在侦查人员的主持下,由被害人、证人、犯罪嫌疑人对犯罪嫌疑人、与案件有关的物品、尸体、场所进行识别认定而形成的一种证据材料。侦查实验笔录是公安机关侦查人员在进行侦查实验时,如实记载实验的过程和结果的文书。

(8)视听资料。该种证据是指以录音、录像、电子计算机以及其他高科技设备储存的信息证明案件情况的资料。

132. 刑事诉讼的举证责任由谁承担?

刑事诉讼举证责任是指控诉方对自己提出的主张有收集和提供证据的义务,并有运用该证据证明被告人的犯罪行为成立且依法应当受到刑罚制裁,否则,将承担败诉的风险。按照我国《刑事诉讼法》的规定,刑事公诉案件由检察院承担着举证责任;在刑事自诉案件中,被害人及其法定代理人、近亲属承担举证责任;在刑事附带民事诉讼中,附带民事诉讼原告人是举证责任的主体;除法律另有规定外,被告人不承担证明自己无罪的责任,不能成为举证责任的主体。这里的"法律另有规定",主要就是《刑法》规定的巨额财产来源不明罪的案件,在该案件中,被告人有义务举证证明收入来源的合法性,否则,将被推定有罪。

≫**法条链接**≫

《刑事诉讼法》第四十九条:公诉案件中被告人有罪的举证责任由人民检察院承担,自诉案件中被告人有罪的举证责任由自诉人承担。

133. 刑事诉讼中的证人必须出庭作证人吗?

证人出庭作证对于查明案情、核实证据、正确判决具有重要意义。在司法实践中,证人应当出庭作证,但由于各种原因,证人不出庭的问题比较突出,并影响了审判的公正性。对此,我国2012年修改后的《刑事诉讼法》规定,如果公诉人、当事人或者辩护人、诉讼代理人对证人证言有异议,而且某一证人的证言对案件定罪量刑有重大影响,在此情况下,人民法院认为证人有必要出庭作证的,证人就应当出庭作证。为了保证证人必须出庭作证,法律还规定了惩罚性的措施,即证人没有正当理由拒绝出庭或者出庭后拒绝作证的,对其予以训诫,情节严重的,经院长批准,处以十日以下的拘留。

》法条链接》

《刑事诉讼法》第一百八十七条:公诉人、当事人或者辩护人、诉讼代理人对证人证言有异议,且该证人证言对案件定罪量刑有重大影响,人民法院认为证人有必要出庭作证的,证人应当出庭作证。

《刑事诉讼法》第一百八十八条:证人没有正当理由拒绝出庭或者出庭后拒绝作证的,予以训诫,情节严重的,经院长批准,处以十日以下的拘留。

134. 法律规定了哪些保护证人权益的措施?

按照《刑事诉讼法》第六十一条至第六十三条的规定,对证人权益保护体现在以下几方面:

(1)人民法院、人民检察院和公安机关应当保障证人及其近亲属的安全。对证人及其近亲属进行威胁、侮辱、殴打或者打击报复,构成犯罪的,依法追究刑事责任;尚不够刑事处罚的,依法给予治安管理处罚。

(2)对于危害国家安全犯罪、恐怖活动犯罪、黑社会性质的组织犯罪、毒品犯罪等案件,证人因在诉讼中作证,本人或者其近亲属的人身安全面临危险的,人民法院、人民检察院和公安机关应当采取以下一项或者多项保护措施:①不公开真实姓名、住址和工作单位等个人信息;②采取不暴露外貌、真实声音等出庭作证措施;③禁止特定的人员接触证人、鉴定人、被害人及其近亲属;④对人身和住宅采取专门性保护措施;⑤其他必要的保护措施。

证人认为因在诉讼中作证,本人或者其近亲属的人身安全面临危险的,可以向人民法院、人民检察院、公安机关请求予以保护。人民法院、人民检察院、公安机关依法采取保护措施,有关单位和个人应当配合。

(3)证人因履行作证义务而支出的交通、住宿、就餐等费用,应当给予补助。证人作证的补助列入司法机关业务经费,由同级政府财政予以保障。有工作单位的证人作证,所在单位不得克扣或者变相克扣其工资、奖金及其他福利待遇。

135. 取保候审的适用条件有哪些？

取保候审是指人民法院、人民检察院或公安机关责令某些犯罪嫌疑人、被告人提出保证人或者交纳保证金，保证随传随到的强制措施。人民法院、人民检察院和公安机关对有下列情形之一的犯罪嫌疑人、被告人，可以取保候审，最长期限为十二个月。

(1)可能判处管制、拘役或者独立适用附加刑的。根据犯罪嫌疑人或者被告人的行为性质、犯罪情节和相关证据，初步判断可能判处管制、拘役等较轻的刑罚，采取取保候审的风险不大时，对犯罪嫌疑人、被告人可以采取取保候审。

(2)可能判处有期徒刑以上刑罚，采取取保候审不致发生社会危险性的。根据公安、司法机关已经查明的涉嫌犯罪事实，尽管可以认定行为人所犯罪行比较严重并可能判处有期徒刑以上刑罚的，但根据案情，也可以适用取保候审。

(3)患有严重疾病、生活不能自理、怀孕或者正在哺乳自己婴儿的妇女，采取取保候审不致发生社会危险性的。这一条件的设定是基于人道主义或保护人权的考虑。

(4)羁押期限届满，案件尚未办结，需要采取取保候审的。即侦查、审查起诉、审判活动无法按照法律规定的羁押犯罪嫌疑人、被告人的期间完成相应的诉讼任务，从而采取取保候审这一变通性强制措施。

按照《刑事诉讼法》的规定，有权利申请取保候审的主体是犯罪嫌疑人、被告人及其法定代理人、近亲属或者辩护人。人民法院、人民检察院和公安机关收到申请后，应当在三日以内作出决定；不同意变更强制措施的，应当告知申请人，并说明不同意的理由。

取保候审的方式可以分为保证人保证和保证金保证，具体内容阐释如下：

(1)保证人保证。即公安机关、人民检察院和人民法院责令犯罪嫌疑人、被告人提出保证人并出具保证书，由其以个人身份保证被保证人在取保候审期间不逃避和妨碍侦查、起诉和审判，并随传随到的保证方式。保证人必须符合下列条件：①与本案无牵连；②有能力履行保证义务；③享有政治权利，人身自由未受到限制；④有固定的住处和收入。不符合这些条件的人不能成为保证人。

(2)保证金保证。这种取保候审是指公安机关、人民检察院和人民法院责令犯罪嫌疑人、被告人交纳保证金并出具保证书，保证在取保候审期间，不逃避和妨碍侦查、起诉和审判，并随传随到的保证方式。

≫法条链接≫

《刑事诉讼法》第六十五条：人民法院、人民检察院和公安机关对有下列情形之一的犯罪嫌疑人、被告人，可以取保候审：

（一）可能判处管制、拘役或者独立适用附加刑的；

（二）可能判处有期徒刑以上刑罚，采取取保候审不致发生社会危险性的；

（三）患有严重疾病、生活不能自理，怀孕或者正在哺乳自己婴儿的妇女，采取取保候审不致发生社会危险性的；

（四）羁押期限届满，案件尚未办结，需要采取取保候审的。

取保候审由公安机关执行。

136. 取保候审的保证金如何确定和交纳？

按照《刑事诉讼法》和相关司法解释的规定，采取保证金形式取保候审的，保证金的起点为一千元。在具体的数额上，公安机关、人民检察院、人民法院等决定机关应当以保证被取保候审人不逃避、不妨碍刑事诉讼活动为原则，综合考虑犯罪嫌疑人、被告人的社会危险性，案件的情节、性质，可能判处刑罚的轻重，犯罪嫌疑人、被告人经济状况，当地的经济发展水平等情况，确定收取保证金的数额。

取保候审保证金由县级以上执行机关统一收取和管理，执行机关是公安机关。没收保证金的决定、退还保证金的决定、对保证人的罚款决定等，应当由县级以上执行机关作出。县级以上执行机关应当在其指定的银行设立取保候审保证金专户，委托银行代为收取和保管保证金，保证金应当以人民币交纳，并将指定银行的名称通知人民检察院、人民法院。

决定机关作出收取取保候审保证金的决定后，应当及时将《取保候审决定书》送达被取保候审人和为其提供保证金的单位或者个人，责令其向执行机关指定的银行一次性交纳保证金。决定机关核实保证金已经交纳到执行机关指定银行的凭证后，应当将《取保候审决定书》、《取保候审执行通知书》和银行出具的收款凭证及其他有关材料一并送交执行机关执行。

137. 被取保候审的人应当遵守哪些规定？

按照《刑事诉讼法》第六十七条的规定，被取保候审的犯罪嫌疑人、被告人应当遵守以下规定：

(1)未经执行机关批准不得离开所居住的市、县；

(2)住址、工作单位和联系方式发生变动的，在二十四小时以内向执行机关报告；

(3)在传讯的时候及时到案；

(4)不得以任何形式干扰证人作证；

(5)不得毁灭、伪造证据或者串供。

人民法院、人民检察院和公安机关可以根据案件情况，责令被取保候审的犯罪嫌疑人、被告人遵守以下一项或者多项规定：

(1)不得进入特定的场所；

(2)不得与特定的人员会见或者通信；

(3)不得从事特定的活动；

(4)将护照等出入境证件、驾驶证件交执行机关保存。

被取保候审的犯罪嫌疑人、被告人违反前两款规定，已交纳保证金的，没收部分或者全部保证金，并且区别情形，责令犯罪嫌疑人、被告人具结悔过，重新交纳保证金、提出保证人，或者监视居住、予以逮捕。对违反取保候审规定，需要予以逮捕的，可以对犯罪嫌疑人、被告人先行拘留。

138．监视居住的适用条件有哪些？

监视居住是指人民法院、人民检察院、公安机关在刑事诉讼中限令犯罪嫌疑人、被告人在规定的期限内不得离开住处或者指定的居所，并对其行为加以监视、限制其人身自由的一种强制措施。按照《刑事诉讼法》的规定，人民法院、人民检察院和公安机关对于符合逮捕条件，有下列情形之一的犯罪嫌疑人、被告人，可以监视居住，最长期限为六个月。

(1)患有严重疾病、生活不能自理的；

(2)怀孕或者正在哺乳自己婴儿的妇女；

(3)系生活不能自理的人的唯一扶养人；

(4)因为案件的特殊情况或者办理案件的需要，采取监视居住措施更为适宜的；

(5)羁押期限届满，案件尚未办结，需要采取监视居住措施的。

对符合取保候审条件，但犯罪嫌疑人、被告人不能提出保证人，也不交纳保证金的,可以监视居住。是否采取监视居住的强制措施,由公安机关、人民法院或人民检察院决定。监视居住应当在犯罪嫌疑人、被告人的住处执行;无固定住处的,可以在指定的居所执行。指定居所监视居住的,除无法通知的以外,应当在执行监视居住后二十四小时以内,通知被监视居住人的家属。

≫**法条链接**≫

《刑事诉讼法》第七十二条:人民法院、人民检察院和公安机关对符合逮捕条件,有下列情形之一的犯罪嫌疑人、被告人,可以监视居住:

(一)患有严重疾病、生活不能自理的;

(二)怀孕或者正在哺乳自己婴儿的妇女;

(三)系生活不能自理的人的唯一扶养人;

(四)因为案件的特殊情况或者办理案件的需要,采取监视居住措施更为适宜的;

(五)羁押期限届满,案件尚未办结,需要采取监视居住措施的。

对符合取保候审条件,但犯罪嫌疑人、被告人不能提出保证人,也不交纳保证金的,可以监视居住。

监视居住由公安机关执行。

139. 被监视居所的犯罪嫌疑人、被告人应当遵守哪些规定?

按照《刑事诉讼法》的规定,被监视居所的犯罪嫌疑人、被告人应当遵守的规定包括以下几个方面:

(1)未经执行机关批准不得离开执行监视居住的处所;

(2)未经执行机关批准不得会见他人或者通信;

(3)在传讯的时候及时到案;

(4)不得以任何形式干扰证人作证;

(5)不得毁灭、伪造证据或者串供;

(6)将护照等出入境证件、身份证件、驾驶证件交执行机关保存。

为了保证犯罪嫌疑人、被告人遵守上述规定,按照《刑事诉讼法》的规定,如果被监视居住的犯罪嫌疑人、被告人违反法定义务,情节严重的,可以予以逮捕;需要予以逮捕的,可以对犯罪嫌疑人、被告人先行拘留。执行机关对被监视居住的犯罪嫌疑人、被告人,可以采取电子监控、不定期检查等监视方法对其遵守监视居住规定的情况进行监督;在侦查期间,可以对被监视居住的犯罪嫌疑人的通信进行监控。

为了保证诉讼活动的顺利进行,在取保候审、监视居住期间,人民法院、人民检察院和公安机关不得中断对案件的侦查、起诉和审理。对于发现不应当追究刑事责任或者取保候审、监视居住期限届满的,应当及时解除取保候审、监视居住。解除取保候审、监视居住,应当及时通知被取保候审、监视居住人和有关单位。

≫**法条链接**≫

《刑事诉讼法》第七十五条:被监视居住的犯罪嫌疑人、被告人应当遵守以下规定:

(一)未经执行机关批准不得离开执行监视居住的处所;

(二)未经执行机关批准不得会见他人或者通信;

(三)在传讯的时候及时到案;

(四)不得以任何形式干扰证人作证;

(五)不得毁灭、伪造证据或者串供;

(六)将护照等出入境证件、身份证件、驾驶证件交执行机关保存。

被监视居住的犯罪嫌疑人、被告人违反前款规定,情节严重的,可以予以逮捕;需要予以逮捕的,可以对犯罪嫌疑人、被告人先行拘留。

140. 刑事拘留和行政拘留有哪些区别?

刑事拘留与行政拘留的区别表现在以下几方面:

(1)法律性质不同。刑事拘留不具有惩罚性,只是保障刑事诉讼活动顺利进行的一种临时性的保障措施;而行政拘留则是一种行政处罚措施。

(2)适用主体不同。刑事拘留的适用主体是公安机关、人民检察院;而行政拘留的适用主体仅限公安机关。

(3)适用对象不同。刑事拘留是公安机关、检察院在侦查过程中,遇有紧急情况时,对现行犯或者重大嫌疑分子所采取的临时限制人身自由的强制方法;而行政拘留则适用于一般行政违法的人员。

(4)适用目的不同。刑事拘留的目的是保证刑事诉讼的顺利进行;而行政拘留则是处罚和教育行政违法人员。

(5)羁押期限不同。普通刑事拘留不得超过十四日,对流窜作案、多次作案、结伙作案的重大嫌疑分子的拘留期限不得超过三十七日,羁押期间届满,将可能进入到审查起诉直至审判阶段等;而行政拘留的期限最长为十五日,羁押期间届满,则予以释放。

(6)羁押处所不同。刑事拘留的羁押处所为看守所;而行政拘留的羁押处所为行政拘留所。

141. 刑事拘留的适用条件有哪些?

刑事拘留是公安机关、人民检察院对直接受理的案件,在侦查过程中,遇到法定的紧急情况时,对于现行犯或者重大嫌疑分子所采取的临时剥夺其人身自由的强制方法。刑事拘留必须同时具备两个条件:第一,拘留的对象是现行犯或者是重大嫌疑分子。现行犯是指正在实施犯罪的人,重大嫌疑分子是指有证据证明具有重大犯罪嫌疑的人;第二,具有法定的紧急情形之一,这些情形具体如下:

(1)正在预备犯罪、实行犯罪或者在犯罪后即时被发觉的;
(2)被害人或者在场亲眼看见的人指认他犯罪的;
(3)在身边或者住处发现有犯罪证据的;
(4)犯罪后企图自杀、逃跑或者在逃的;
(5)有毁灭、伪造证据或者串供可能的;
(6)不讲真实姓名、住址,身份不明的;
(7)有流窜作案、多次作案、结伙作案重大嫌疑的。

公安机关依法需要拘留犯罪嫌疑人的,由承办单位填写《呈请拘留报告书》,由县级以上公安机关负责人批准签发《拘留证》,然后,由提请批准拘留的单位负责执行。

人民检察院决定拘留案件,应当由办案人员提出意见,部门负责人审核,检察长决定。决定拘留的案件,人民检察院应当将拘留决定书送交公安机关,由公安机关负责执行,公安机关应当立即执行,人民检察院可以协助公安机关执行。如果县级以上各级人民代表大会的代表是因现行犯而被拘留的,决定拘留的机关应当立即向其所在的人民代表大会主席团或者常务委员会报告;因为其他原因需要拘留的,决定拘留的机关应当报请该代表所在的人民代表大会主席团或者常务委员会许可。

为了体现程序正当和保障人权的诉讼理念,《刑事诉讼法》还规定,公安机关对被拘留的人,应当在拘留后的二十四小时以内进行讯问。在发现不应当拘留的时候,必须立即释放,发给释放证明。拘留后,应当立即将被拘留人送看守所羁押,至迟不得超过二十四小时。除无法通知或者涉嫌危害国家安全犯罪、恐怖活动犯罪通知可能有碍侦查的情形以外,应当在拘留后二十四小时以内,通知被拘留人的家属。有碍侦查的情形消失以后,应当立即通知被拘留人的家属。

≫**法条链接**≫

《刑事诉讼法》第八十条:公安机关对于现行犯或者重大嫌疑分子,如果有下列情形之一的,可以先行拘留:

(一)正在预备犯罪、实行犯罪或者在犯罪后即时被发觉的;

(二)被害人或者在场亲眼看见的人指认他犯罪的;

(三)在身边或者住处发现有犯罪证据的;

(四)犯罪后企图自杀、逃跑或者在逃的;

(五)有毁灭、伪造证据或者串供可能的;

(六)不讲真实姓名、住址,身份不明的;

(七)有流窜作案、多次作案、结伙作案重大嫌疑的。

142. 逮捕犯罪嫌疑人、被告人应当具备哪些条件?

逮捕是指公安机关、人民检察院和人民法院为了防止犯罪嫌疑人或者被告人实施妨碍刑事诉讼的行为,逃避侦查、起诉、审判或者发生社会危险性,而依法暂时剥夺其人身自由的一种强制措施。按照《刑事诉讼法》的规定,逮捕必须同时具备以下三个条件:

(1)有证据证明有犯罪事实。具体内容是:①有证据证明发生了犯罪事实;②有证据证明犯罪事实是犯罪嫌疑人所实施;③证明犯罪嫌疑人所实施犯罪行为的证据已被查证属实。

(2)可能判处徒刑以上刑罚。即初步判定犯罪嫌疑人、被告人可能被判处有期徒刑以上的刑罚,否则,不能适用逮捕。

(3)采取取保候审、监视居住等方法,尚不足以防止发生社会危险性,而有逮捕必要的。具体包括以下几种情形:①可能实施新的犯罪的;②有危害国家安全、公共安全或者社会秩序的现实危险的;③可能毁灭、伪造证据,干扰证人作证或者串供的;④可能对被害人、举报人、控告人实施打击报复的;⑤企图自杀或者逃跑的⑥可能判处十年有期徒刑以上刑罚的;⑦可能判处徒刑以上刑罚,曾经故意犯罪或者身份不明的。

>>**法条链接**>>

《刑事诉讼法》第七十九条：对有证据证明有犯罪事实，可能判处徒刑以上刑罚的犯罪嫌疑人、被告人，采取取保候审尚不足以防止发生下列社会危险性的，应当予以逮捕：

（一）可能实施新的犯罪的；

（二）有危害国家安全、公共安全或者社会秩序的现实危险的；

（三）可能毁灭、伪造证据，干扰证人作证或者串供的；

（四）可能对被害人、举报人、控告人实施打击报复的；

（五）企图自杀或者逃跑的。

对有证据证明有犯罪事实，可能判处十年有期徒刑以上刑罚的，或者有证据证明有犯罪事实，可能判处徒刑以上刑罚，曾经故意犯罪或者身份不明的，应当予以逮捕。

被取保候审、监视居住的犯罪嫌疑人、被告人违反取保候审、监视居住规定，情节严重的，可以予以逮捕。

143. 提起刑事附带民事诉讼应当具备哪些条件？

刑事附带民事诉讼是指公安、司法机关和诉讼参与人在刑事诉讼过程中，在解决被告人刑事责任的同时，附带解决因被告人的犯罪行为所造成的物质损失的赔偿问题而进行的诉讼活动。按照《刑事诉讼法》和《民事诉讼法》的规定，提起刑事附带民事诉讼的条件如下：

(1)以刑事诉讼的成立为前提。附带民事诉讼是由刑事诉讼所追究的犯罪行为引起的，是在追究被告人刑事责任的同时，附带追究其应承担的民事赔偿责任。因此，附带民事诉讼必须以刑事诉讼的成立为前提，如果刑事诉讼不成立，附带民事诉讼就失去了存在的基础，被害人就应当提起独立的民事诉讼，而不能提起附带民事诉讼。

(2)被害人遭受的损失必须是物质损失。对于被害人因犯罪行为遭受的精神损失而提起的附带民事诉讼，人民法院不予受理。最高人民法院在《关于人民法院是否受理刑事案件被害人提起精神损害赔偿民事诉讼问题的批复》中明确规定，对于刑事案件被害人由于被告人的犯罪行为而遭受精神损失提起的附带民事诉讼，或者在该刑事案件审结以后，被害人另行提起精神损害赔偿民事诉讼的，人民法院都不予受理。

(3)被害人的物质损失是在被告人的犯罪行为引起的。即被害人遭受的物质损失与被告人的犯罪行为之间必须存在因果关系,而且被害人受到的物质损失必须是在被告人对其人身权利进行侵害的过程中产生的实际损失。

≫法条链接≫

《刑事诉讼法》第九十九条:被害人由于被告人的犯罪行为而遭受物质损失的,在刑事诉讼过程中,有权提起附带民事诉讼。被害人死亡或者丧失行为能力的,被害人的法定代理人、近亲属有权提起附带民事诉讼。

如果是国家财产、集体财产遭受损失的,人民检察院在提起公诉的时候,可以提起附带民事诉讼。

144. 如何书写刑事附带民事起诉状?

刑事附带民事起诉状是指被害人或者其法定代理人、近亲属,在刑事诉讼过程中依法要求被告人或其他责任人员承担民事赔偿责任的文书。刑事附带民事起诉状由首部、正文和尾部组成。具体书写注意事项解读如下:

(1)首部。该部分应当写明的内容包括:①文书名称,即"刑事附带民事起诉状";②附带民事诉讼原告人、附带民事诉讼被告人的姓名、性别、出生年、月、日、民族、出生地、文化程度、职业或者工作单位和职务、住址。

(2)正文。该部分应当写明的内容包括:①诉讼请求。这部分应当写明请求附带民事诉讼被告人赔偿的项目和具体数额;②事实与理由。对于事实,应当写明因附带民事诉讼被告人的犯罪行为给被害人或附带民事诉讼原告人造成实际经济损失的情况。对于理由,应当根据有关法律规定,写明为什么应当以附带民事诉讼要求被告人承担民事责任;③证明损失的证据。

(3)尾部。该部分应当写明的内容包括:①致送人民法院的名称;②附带民事起诉状的份数;③附带民事诉讼原告人签名或者盖章;④具状时间。

≫刑事附带民事起诉状范本≫

刑事附带民事诉状

原告人:王某,男,1966年5月10日生,汉族,某县某镇某村第六居民组,村民。

被告人:张某,男,1966年12月1日生,汉族,某县某镇某村第六村民组,村民。

被告人:姚某,男,1969年4月21日生,汉族,某县某镇某村第六村民组,村民。

诉讼请求:

请求法院在判处张某、姚某刑罚的同时,依法判令被告人张某、姚某赔偿我受伤的医疗费11287.20元,误工费47700.00元,护理费6450.00元,伙食补助费3420.00元,营养费2000.00元,交通费300.00元,法医鉴定费260.00元以及伤残补助费(待伤残鉴定后确定),共计71417.20元。

事实和理由:

2012年4月11日19时许,我在自家门口清洗制作豆腐的黄豆,被告人张某、姚某骑自行车过来,趁我没有任何防备,被告人张某把我抱住,被告人姚某用铁器在我头部打了数下,张某又拿水泥块在我下颌部砸了几下,把我打昏倒地,然后,二人逃离现场。案发后,被我邻居发现,并把我送至某县人民医院抢救治疗,经过诊断为闭合性颅脑损伤、脑震荡、颅骨骨折、头皮血肿、头面部皮肤裂伤、下颌骨骨折、牙齿松动。后来又经法医鉴定为轻伤害。

我在县人民医院住院治疗99天,已花去医疗费11287.20元,我住院期间,开始30天由我两个亲属在医院进行陪侍护理,后来由一个亲属护理。出院后在家休息治疗60天,经过治疗,我头部仍然昏昏沉沉,记忆力下降,牙齿松动。由于被告人张某、姚某故意伤害犯罪行为,使我受伤住院花去巨额的医疗费用,并使我遭受极大的精神痛苦。我是经营豆制品的专业户,因受伤住院被迫停产,造成严重的经济损失。

基于上述事实,特请求人民法院在追究张某、姚某刑事责任的同时,依法判令被告人张某、姚某赔偿因其犯罪行为给我造成的经济损失。

此致

_____人民法院

具状人:_____

_____年___月___日

145. 公安、司法机关在哪些情形下应立案追究行为人的刑事责任?

这个问题实际上就是刑事立案的条件和立案的材料来源问题。所谓的"立案",是指公安、司法机关对于报案、控告、举报、自首以及自诉人起诉等材料,按照各自的管辖范围进行审查后,认为有犯罪事实发生并需要追究刑事责任时,决定将其作为刑事案件进行侦查或者审判的一种诉讼活动。

按照《刑事诉讼法》的规定,立案必须具备以下两个条件:

(1)有犯罪事实存在。这是立案的首要条件,有犯罪事实的内容包括:①必须存在依照《刑法》的规定构成犯罪的行为,如果没有犯罪事实,或者违法行为情节显著轻微,危害不大,不认为是犯罪的,就不应立案;②要有一定的证据证明犯罪事实确已发生,这里的犯罪包括预备犯、未遂犯、中止犯和既遂犯。

(2)犯罪事实依法需追究刑事责任。如果有犯罪事实,但法律规定不应当追究刑事责任的,不能立案。按照法律的规定,凡具有下列情形之一的,不追究刑事责任,不能立案;已经追究的,应当撤销案件,或者不起诉,或者宣告无罪。①情节显著轻微、危害不大的,不认为是犯罪的;②犯罪已过追诉时效期限的;③经特赦令免除刑罚的;④依刑法告诉乃论的犯罪,没有告诉或者撤回告诉的;⑤被告人已经死亡的;⑥其他法律、法规规定免予追究刑事责任的。

按照《刑事诉讼法》的规定,立案的材料来源包括以下几方面:

(1)单位和个人的报案、举报。报案是指单位和个人将其在工作和生活中所发现的犯罪事实报告给公安、司法机关的行为;举报是指单位和个人向公安、司法机关检举,揭发犯罪嫌疑人及其犯罪事实的行为。

(2)被害人或其法定代理人的报案、控告。报案是指被害人或其法定代理人将其人身、财产权利遭受侵害的犯罪事实报告给公安、司法机关的行为;控告是指被害人或其法定代理人向公安、司法机关揭发犯罪嫌疑人及其犯罪事实,并要求公安、司法机关依法处理的行为。

(3)犯罪人的自首。自首是指犯罪人在犯罪后、被发觉之前主动向公安、司法机关投案的行为。我国《刑法》明确规定,犯罪人自首的,可以从轻、减轻或者免除处罚。

(4)公安、司法机关自行发现犯罪事实或者犯罪嫌疑人。主要是指公安机关、人民检察院在履行职责的过程中发现犯罪事实或者犯罪嫌疑人时,予以立案。

(5)有关机关移送的涉嫌犯罪的材料。主要是指行政执法机关、纪检监察部门在执法或履行职务过程中发现有犯罪事实时,移送给公安、司法机关的有关犯罪材料。

≫**法条链接**≫

《刑事诉讼法》第一百零八条:任何单位和个人发现有犯罪事实或者犯罪嫌疑人,有权利也有义务向公安机关、人民检察院或者人民法院报案或者举报。

被害人对侵犯其人身、财产权利的犯罪事实或者犯罪嫌疑人,有权向公安机关、人民检察院或者人民法院报案或者控告。

《刑事诉讼法》第一百一十条:人民法院、人民检察院或者公安机关对于报案、控告、举报和自首的材料,应当按照管辖范围,迅速进行审查,认为有犯罪事实需要追究刑事责任的时候,应当立案;认为没有犯罪事实,或者犯罪事实显著轻微,不需要追究刑事责任的时候,不予立案,并且将不立案的原因通知控告人。控告人如果不服,可以申请复议。

146. 犯罪嫌疑人、被告人享有沉默权吗?

沉默权是指犯罪嫌疑人、被告人对讯问人员的提问依法可以保持沉默或拒绝回答,并且不因此而受到追究,讯问人员有义务告知犯罪嫌疑人、被告人享有此项权利。按照我国《刑事诉讼法》的规定,犯罪嫌疑人、被告人并不享有沉默权,犯罪嫌疑人、被告人对于侦查人员、检察人员和审判人员的讯问,有义务回答,当然,对于案件案无关的问题,犯罪嫌疑人、被告人有权不予回答。

≫法条链接≫

《刑事诉讼法》第一百一十八条:侦查人员在讯问犯罪嫌疑人的时候,应当首先讯问犯罪嫌疑人是否有犯罪行为,让他陈述有罪的情节或者无罪的辩解,然后向他提出问题。犯罪嫌疑人对侦查人员的提问,应当如实回答。但是对与本案无关的问题,有拒绝回答的权利。

侦查人员在讯问犯罪嫌疑人的时候,应当告知犯罪嫌疑人如实供述自己罪行可以从宽处理的法律规定。

147. 讯问犯罪嫌疑人应当遵循哪些法律程序和方法?

按照《刑事诉讼法》和相关司法解释的规定,侦查人员讯问犯罪嫌疑人应当遵循以下程序和方法:

(1)讯问犯罪嫌疑人必须由公安机关或者人民检察院的侦查人员负责进行。为了提高讯问效率,保证讯问质量,防止违法乱纪,确保讯问安全,讯问的时候,侦查人员不得少于二人。

(2)对于不需要逮捕、拘留的犯罪嫌疑人,可以传唤到犯罪嫌疑人所在市、县内的指定地点或者到他的住处进行讯问,但是,应当出示公安机关或者人民检察院的证明文件。传唤、拘传持续的时间最长不得超过十二小时,不得以连续传唤、拘传的形式变相拘禁犯罪嫌疑人。

对于已经被拘留或者逮捕的犯罪嫌疑人,应当在拘留或者逮捕后的二十四小时以内讯问,在发现不应当拘留或者逮捕的时候,必须立即释放。

(3)侦查人员在讯问犯罪嫌疑人的时候,应当首先讯问犯罪嫌疑人是否有犯罪行为。

如果犯罪嫌疑人承认其有犯罪行为的,即让其陈述有罪的情节;如果犯罪嫌疑人否认其有犯罪事实,则让其进行无罪的辩解,然后,根据其陈述,向犯罪嫌疑人提出问题。犯罪嫌疑人对侦查人员的提问,应当如实回答。但是,对与本案无关的问题,犯罪嫌疑人有权拒绝回答。

(4)讯问聋、哑的犯罪嫌疑人,应当有通晓聋、哑手势的人参加,并且将这种情况记入笔录。讯问未成年的犯罪嫌疑人,可以通知其法定代理人到场。如果犯罪嫌疑人不通晓当地通用的语言文字,应当为其翻译。

(5)讯问犯罪嫌疑人应当制作讯问笔录。笔录应当如实记载提问、回答和其他在场人的情况。

(6)在讯问犯罪嫌疑人的时候,可以对讯问过程进行录音或者录像;对于可能判处无期徒刑、死刑的案件或者其他重大犯罪案件,则应当对讯问过程进行录音或者录像。

(7)讯问犯罪嫌疑人,严禁刑讯逼供,也不得诱供、骗供、指名问供。对于实施刑讯逼供的人,犯罪嫌疑人有权提出控告;构成犯罪的,应当依法追究其刑事责任。

≫法条链接≫

《刑事诉讼法》第一百一十六条:讯问犯罪嫌疑人必须由人民检察院或者公安机关的侦查人员负责进行。讯问的时候,侦查人员不得少于二人。

犯罪嫌疑人被送交看守所羁押以后,侦查人员对其进行讯问,应当在看守所内进行。

《刑事诉讼法》第一百一十七条:对不需要逮捕、拘留的犯罪嫌疑人,可以传唤到犯罪嫌疑人所在市、县内的指定地点或者到他的住处进行讯问,但是应当出示人民检察院或者公安机关的证明文件。对在现场发现的犯罪嫌疑人,经出示工作证件,可以口头传唤,但应当在讯问笔录中注明。

传唤、拘传持续的时间不得超过十二小时;案情特别重大、复杂,需要采取拘留、逮捕措施的,传唤、拘传持续的时间不得超过二十四小时。

不得以连续传唤、拘传的形式变相拘禁犯罪嫌疑人。传唤、拘传犯罪嫌疑人,应当保证犯罪嫌疑人的饮食和必要的休息时间。

《刑事诉讼法》第一百二十一条:侦查人员在讯问犯罪嫌疑人的时候,可以对讯问过程进行录音或者录像;对于可能判处无期徒刑、死刑的案件或者其他重大犯罪案件,应当对讯问过程进行录音或者录像。

录音或者录像应当全程进行,保持完整性。

148. 询问证人应当遵循哪些法律程序和方法?

证人是指知道案件情况而被通知到案作证的人,但生理上、精神上有缺陷或者年幼、不能辨别是非、不能正确表达的人,不能作为证人。在刑事诉讼中,询问证人是指侦查人员依照法定程序以言词方式,向证人调查了解案件情况的一种侦查行为。按照《刑事诉讼法》和相关司法解释的规定,询问证人应当遵循以下程序和方法:

(1)询问证人只能由侦查人员进行,而且侦查人员不得少于二人。

(2)询问证人,可以在现场进行,也可以到证人所在单位、住处或者证人提出的地点进行,在必要的时候,可以通知证人到人民检察院或者公安机关提供证言。在现场询问证人,应当出示工作证件;到证人所在单位、住处或者证人提出的地点询问证人,应当出示人民检察院或者公安机关的证明文件。

(3)询问证人应当个别进行。目的就是防止多个证人在一起作证容易相互干扰,从而影响证人证言的客观真实性。询问不满十八岁的证人,可以通知其法定代理人到场。

(4)为了保证证人如实提供证据,询问证人时,应当告知他应当如实地提供证据、证言和有意作伪证或者隐匿罪证要负的法律责任。

(5)询问证人时一般应先让证人就他所知道的情况作连续的详细叙述,然后,根据其叙述,结合案件中需要证明的事实,向证人提出问题,让其回答。

(6)对证人的叙述,应当制作笔录,交证人核对或者向他宣读。

≫法条链接≫

《刑事诉讼法》第一百二十二条:侦查人员询问证人,可以在现场进行,也可以到证人所在单位、住处或者证人提出的地点进行,在必要的时候,可以通知证人到人民检察院或者公安机关提供证言。在现场询问证人,应当出示工作证件,到证人所在单位、住处或者证人提出的地点询问证人,应当出示人民检察院或者公安机关的证明文件。

询问证人应当个别进行。

《刑事诉讼法》第一百二十三条:询问证人,应当告知他应当如实地提供证据、证言和有意作伪证或者隐匿罪证要负的法律责任。

149. 什么是技术侦查(秘密侦查),法律是如何规定的?

技术侦查是指由设区的市一级以上公安机关负责技术侦查的部门实施的记录监控、行踪监控、通信监控、场所监控等措施。按照《刑事诉讼法》和公安部规章等规定,有关技术侦查的法律规定解读如下:

(1)适用主体。有权适用技术侦查手段的主体为设区的市一级以上的公安机关。人民检察院等部门决定采取技术侦查措施,交公安机关执行的,由设区的市一级以上公安机关按照规定办理相关手续后,交负责技术侦查的部门执行,并将执行情况通知人民检察院等部门。

(2)适用范围。属于公安机关立案管辖的案件范围包括:①危害国家安全犯罪、恐怖活动犯罪、黑社会性质的组织犯罪、重大毒品犯罪案件;②故意杀人、故意伤害致人重伤或者死亡、强奸、抢劫、绑架、放火、爆炸、投放危险物质等严重暴力犯罪案件;③集团性、系列性、跨区域性重大犯罪案件;④利用电信、计算机网络、寄递渠道等实施的重大犯罪案件、针对计算机网络实施的重大犯罪案件;⑤其他严重危害社会的犯罪案件,依法可能判处七年以上有期徒刑的。属于检察院立案管辖的案件包括:①重大的贪污、贿赂犯罪案件;②利用职权实施的严重侵犯公民人身权利的重大犯罪案件。

(3)程序规范。具体体现在以下几方面:

①需要采取技术侦查措施的,应当制作呈请采取技术侦查措施报告书,报设区的市一级以上公安机关负责人批准,制作采取技术侦查措施决定书。

②批准采取技术侦查措施的决定自签发之日起三个月以内有效。在有效期限内,对不需要继续采取技术侦查措施的,办案部门应当立即书面通知负责技术侦查的部门解除技术侦查措施;负责技术侦查的部门认为需要解除技术侦查措施的,报批准机关负责人批准,制作解除技术侦查措施决定书,并及时通知办案部门。

对复杂、疑难案件,采取技术侦查措施的有效期限届满仍需要继续采取技术侦查措施的,经负责技术侦查的部门审核后,报批准机关负责人批准,制作延长技术侦查措施期限决定书。批准延长期限,每次不得超过三个月。有效期限届满,负责技术侦查的部门应当立即解除技术侦查措施。

③采取技术侦查措施收集的材料在刑事诉讼中可以作为证据使用。使用技术侦查措施收集的材料作为证据时,可能危及有关人员的人身安全,或者可能产生其他严重后果的,应当采取不暴露有关人员身份和使用的技术设备、侦查方法

等保护措施。采取技术侦查措施收集的材料作为证据使用的,采取技术侦查措施决定书应当附卷。

④采取技术侦查措施收集的材料,应当严格依照有关规定存放,并且只能用于对犯罪的侦查、起诉和审判,不得用于其他用途。采取技术侦查措施收集的与案件无关的材料,必须及时销毁,并制作销毁记录。

⑤侦查人员对采取技术侦查措施过程中知悉的国家秘密、商业秘密和个人隐私,应当保密。公安机关依法采取技术侦查措施,有关单位和个人应当配合,并对有关情况予以保密。

⑥为了查明案情,在必要的时候,经县级以上公安机关负责人决定,可以由侦查人员或者公安机关指定的其他人员隐匿身份实施侦查。隐匿身份实施侦查时,不得使用促使他人产生犯罪意图的方法诱使他人犯罪,不得采用可能危害公共安全或者发生重大人身危险的方法。

⑦对涉及给付毒品等违禁品或者财物的犯罪活动,为查明参与该项犯罪的人员和犯罪事实,根据侦查需要,经县级以上公安机关负责人决定,可以实施控制下交付。

⑧公安机关依照法律规定实施隐匿身份侦查和控制下交付收集的材料在刑事诉讼中可以作为证据使用。使用隐匿身份侦查和控制下交付收集的材料作为证据时,可能危及隐匿身份人员的人身安全,或者可能产生其他严重后果的,应当采取不暴露有关人员身份等保护措施。

≫**法条链接**≫

《刑事诉讼法》第一百四十八条:公安机关在立案后,对于危害国家安全犯罪、恐怖活动犯罪、黑社会性质的组织犯罪、重大毒品犯罪或者其他严重危害社会的犯罪案件,根据侦查犯罪的需要,经过严格的批准手续,可以采取技术侦查措施。

人民检察院在立案后,对于重大的贪污、贿赂犯罪案件以及利用职权实施的严重侵犯公民人身权利的重大犯罪案件,根据侦查犯罪的需要,经过严格的批准手续,可以采取技术侦查措施,按照规定交有关机关执行。

追捕被通缉或者批准、决定逮捕的在逃的犯罪嫌疑人、被告人,经过批准,可以采取追捕所必需的技术侦查措施。

《刑事诉讼法》第一百四十九条:批准决定应当根据侦查犯罪的需要,确定采取技术侦查措施的种类和适用对象。批准决定自签发之日起三个月以内有效。对于不需要继续采取技术侦查措施的,应当及时解除;对于复杂、疑难案件,期限届满仍有必要继续采取技术侦查措施的,经过批准,有效期可以延长,每次不得超过三个月。

150. 什么是侦查实验?

侦查实验是刑事诉讼中的一项侦查措施和手段,是侦查机关为了查明案情,采用模拟和重演的方法,以证实在某种条件下案件能否发生、怎样发生以及发生何种结果。按照《刑事诉讼法》和公安部的有关规定,进行侦查实验应当遵循以下规则:

(1)必须经县级以上公安机关负责人批准,才可以进行侦查实验;
(2)实验条件应相同于或者尽可能地接近案件发生时的状况;
(3)对同一情况应反复实验,以便得出确切结论;
(4)要禁止一切足以造成危险、有伤风化或侮辱人格的行为;
(5)应当由侦查人员进行侦查实验。实验开始时,要邀请两名见证人到场;
(6)应当认真记录实验的经过和结果,并由参加实验的人在笔录上签字或盖章。

≫ **法条链接** ≫

《刑事诉讼法》第一百三十三条:为了查明案情,在必要的时候,经公安机关负责人批准,可以进行侦查实验。

侦查实验的情况应当写成笔录,由参加实验的人签名或者盖章。

侦查实验,禁止一切足以造成危险、侮辱人格或者有伤风化的行为。

151. 公安机关如何通缉在逃的犯罪嫌疑人?

通缉是指公安机关通过发布通令,缉拿应当逮捕而在逃的犯罪嫌疑人的一种侦查行为。按照《刑事诉讼法》和公安部的有关规定,公安机关发布通缉应当遵守以下规则:

(1)有权发布通缉令的主体只能为县级以上公安机关,其他任何机关、团体、单位、组织和个人都无权发布。人民检察院在办理自行侦查案件过程中,需要追捕在逃的犯罪嫌疑人时,经检察长批准,有权作出通缉决定,但必须交由公安机关发布通缉令。

(2)公安机关只能在自己管辖的地区内发布通缉令,如果超出自己的刑事管辖地区,应当报请有权决定的上级机关发布。

(3)被通缉的对象仅限于依法应当逮捕而在逃的犯罪嫌疑人,包括依法应当逮捕而在逃的和已被逮捕但在羁押期间逃跑的犯罪嫌疑人。

(4)通缉令中应写明被通缉人的姓名、性别、年龄、民族、籍贯、出生地、户籍所在地、居住地、职业、衣着和体貌特征并附被通缉人近期照片。另外,通缉令还应当写明发案的时间、地点和简要案情。

(5)通缉令发出后,如果发现新的重要情况可以补发通报。通报必须注明原通缉令的编号和日期。

(6)如果被通缉的人已经缉拿归案、死亡,或者通缉原因已经消失而无通缉必要的,发布通缉令的机关应当在原发布范围内立即发出撤销通缉令的通知。

≫法条链接≫

《刑事诉讼法》第一百五十三条:应当逮捕的犯罪嫌疑人如果在逃,公安机关可以发布通缉令,采取有效措施,追捕归案。

各级公安机关在自己管辖的地区以内,可以直接发布通缉令;超出自己管辖的地区,应当报请有权决定的上级机关发布。

152. 人民检察院在什么情况下依法作出不起诉的决定?

不起诉是指人民检察院对公安机关侦查终结移送起诉的案件和自行侦查终的案件进行审查后,认为犯罪嫌疑人的行为不符合起诉条件或没有必要起诉的,依法不将犯罪嫌疑人提交人民法院进行审判的一种处理决定。按照《刑事诉讼法》的规定,人民检察院决定不起诉的有以下三种情形:

(1)法定不起诉,又称为"绝对不起诉"。即人民检察院对公安机关侦查终结移送起诉的案件或者自己侦查终结的案件进行审查后,认为犯罪嫌疑人的行为不构成犯罪或依法不应追究刑事责任,从而作出不将犯罪嫌疑人诉至人民法院审判的一种处理决定,法定不起诉适用于情形包括:①情节显著轻微、危害不大,不认为是犯罪的;②犯罪已过追诉时效期限的;③经特赦令免除刑罚的;④依照刑法告诉才处理的犯罪,没有告诉或撤回告诉的;⑤犯罪嫌疑人、被告人死亡的;⑥其他法律规定免予追究刑事责任的。

(2)酌定不起诉,又称"相对不起诉"。是指人民检察院对于犯罪情节轻微,依照刑法规定不需要判处刑罚或者免除刑罚而作出的不起诉决定。按照我国《刑法》规定,可以适用这种不起诉情形包括:①犯罪嫌疑人在中国领域外犯罪,依照中国《刑法》应当负刑事责任,但在外国已经受过刑事处罚的;②犯罪嫌疑人又聋又哑,或者是盲人的;③犯罪嫌疑人因正当防卫或紧急避险过当而犯罪的;④为犯罪准备工具、制造条件的;⑤在犯罪过程中自动中止犯罪或者自动有效防止犯罪结果发生,没有造成损害的;⑥在共同犯罪中,起次要或辅助作用的;⑦被胁迫参加犯罪的;⑧犯罪嫌疑人自首或有重大立功表现等。

(3)证据不足不起诉,又称为"存疑不起诉"。即检察机关对于经过补充侦查的案件,仍然认为证据不足,不符合起诉条件,而作出的不起诉决定。根据最高人民检察院司法解释的规定,应当作出证据不足不起诉决定的情形包括:①据以定罪的证据存在疑问,无法查证属实的;②犯罪构成要件事实缺乏必要的证据予以证明的;③据以定罪的证据之间的矛盾不能合理排除的;④根据证据得出的结论具有其他可能性的。

≫**法条链接**≫

《刑事诉讼法》第一百七十三条:犯罪嫌疑人没有犯罪事实,或者有本法第十五条规定的情形之一的,人民检察院应当作出不起诉决定。

对于犯罪情节轻微,依照刑法规定不需要判处刑罚或者免除刑罚的,人民检察院可以作出不起诉决定。

《刑事诉讼法》第一百七十一条:对于二次补充侦查的案件,人民检察院仍然认为证据不足,不符合起诉条件的,应当作出不起诉的决定。

153. 如果人民检察院作出了不起诉的决定,正在被羁押的犯罪嫌疑人能被释放吗?

按照《刑事诉讼法》第一百七十四条的规定,人民检察院一旦作出不起诉的决定,不管是哪种形式的不起诉,都应当公开宣布,并且将不起诉决定书送达被不起诉人和他的所在单位。如果被不起诉人在押,应当立即释放。

154. 如果被害人不服检察院不起诉的决定,如何寻求救济?

人民检察院一旦作出不起诉的决定,就意味着被害人通过公诉获得司法救济的道路被封锁了,为了充分地保障被害人的合法权益和诉讼权益,按照《刑事诉讼法》的规定,被害人还可以通过以下两种方式获得救济:

(1)申诉。申诉的主体是被害人,如果被害人是未成年人或者精神病人,可以由其法定代理人、近亲属提起申诉。受理申诉的组织是作出不起诉决定的上一级人民检察院。对不起诉决定的申诉有期间的限制,即自收到不起诉决定书之日起七日。

(2)直接向法院起诉。即由被害人直接向法院提起刑事自诉,当然,按照自诉提起诉讼的,应当要遵守《刑事诉讼法》有关自诉的法律规定,例如,提交自诉状,承担举证责任等。

按照《刑事诉讼法》第一百七十六条的规定,对于有被害人的案件,决定不起诉的,人民检察院应当将不起诉决定书送达被害人。被害人如果不服,可以自收到决定书后七日以内向上一级人民检察院申诉,请求提起公诉。人民检察院应当将复查决定告知被害人。对人民检察院维持不起诉决定的,被害人可以向人民法院起诉。被害人也可以不经申诉,直接向人民法院起诉。人民法院受理案件后,人民检察院应当将有关案件材料移送人民法院。

≫**法条链接**≫

《刑事诉讼法》第一百七十七条:对于人民检察院依照本法第一百七十三条第二款规定作出的不起诉决定,被不起诉人如果不服,可以自收到决定书后七日以内向人民检察院申诉。人民检察院应当作出复查决定,通知被不起诉的人,同时抄送公安机关。

155. 人民检察院在哪些条件下应当提起公诉?

提起公诉是指人民检察院对公安机关侦查终结、移送起诉的案件,进行全面审查,对应当追究刑事责任的犯罪嫌疑人提交人民法院进行审判的一项诉讼活动。按照《刑事诉讼法》的规定,人民检察院提起公诉的条件如下:

(1)犯罪嫌疑人的犯罪事实已经查清;

(2)证据确实、充分;

(3)依法应当追究犯罪嫌疑人的刑事责任。

人民检察院经过对刑事案件进行全面审查之后,确认案件符合我国《刑事诉讼法》规定的提起公诉应具备的条件的,应当作出起诉的决定,并制作起诉书,将起诉书连同案卷材料和证据等一并送交人民法院,正式向人民法院提起公诉。如果案件符合简易程序的条件,可以建议法院适用简易程序审理案件。

≫**法条链接**≫

《刑事诉讼法》第一百七十二条:人民检察院认为犯罪嫌疑人的犯罪事实已经查清,证据确实、充分,依法应当追究刑事责任的,应当作出起诉决定,按照审判管辖的规定,向人民法院提起公诉,并将案卷材料、证据移送人民法院。

156. 人民法院审理刑事案件的合议庭如何组成?

合议庭是指人民法院审理案件时,由一定数量的审判人员,采取法定的形式所组成的审理案件的组织。按照《刑事诉讼法》第一百七十八条的规定,基层人民法院、中级人民法院审判第一审案件,应当由审判员三人或者由审判员和人民陪审员共三人组成合议庭进行,但是基层人民法院适用简易程序的案件可以由审判员一人独任审判。

高级人民法院、最高人民法院审判第一审案件,应当由审判员三人至七人或者由审判员和人民陪审员共三人至七人组成合议庭进行。

人民陪审员在人民法院执行职务,同审判员有同等的权利。人民法院审判上诉和抗诉案件,由审判员三人至五人组成合议庭进行。

合议庭的成员人数应当是单数。合议庭由院长或者庭长指定审判员一人担任审判长。院长或者庭长参加审判案件的时候,自己担任审判长。

157. 人民法院的刑事判决书何时送达至当事人?

按照《刑事诉讼法》第一百九十六条的规定,当庭宣告判决的,人民法院应当在五日以内将判决书送达当事人和提起公诉的人民检察院;定期宣告判决的,应当在宣告后立即将判决书送达当事人和提起公诉的人民检察院。判决书应当同时送达辩护人、诉讼代理人。

158. 刑事简易程序有哪些特点?

在刑事诉讼中,简易程序是指基层人民法院审理特定的轻微刑事案件所依法适用的,由审判人员一人独任审判审理案件所遵循的较普通程序相对简化的诉讼程序。按照《刑事诉讼法》的规定,简易程序有以下几方面的特点:

(1)适用主体的特定性。刑事简易程序只能由基层人民法院适用。中级以上人民法院不能适用简易程序审理第一审刑事案件。

(2)适用案件属性的特定性。即适用刑事简易程序审理的案件,必须是事实清楚、情节简单、犯罪轻微的刑事案件。

(3)审判组织的特殊性。即适用刑事简易程序审理的案件可以采用独任庭。

具体而言,适用简易程序审理案件,对可能判处三年有期徒刑以下刑罚的,可以组成合议庭进行审判,也可以由审判员一人独任审判;对可能判处的有期徒刑超过三年的,应当组成合议庭进行审判。

(4)审理程序的简化性。即适用刑事简易程序审理案件,不受有关送达期限、讯问被告人、询问证人、鉴定人、出示证据、法庭辩论程序规定的限制。但在判决宣告前应当听取被告人的最后陈述意见。

(5)程序适用的选择性。一方面,人民检察院在提起公诉的时候,可以建议人民法院适用简易程序;另一方面,审判人员应当告知被告人适用简易程序审理的法律规定,确认被告人是否同意适用简易程序审理。

(6)审判周期的简短性。适用简易程序审理案件,人民法院应当在受理后二十日以内审结;对可能判处的有期徒刑超过三年的,可以延长至一个半月。但是适用普通程序审理公诉案件,依法可以在二至三个月内宣判,而且特殊情况下,还可以依法延长三个月。

(7)程序的可转化性。即法院在适用简易程序审理案件过程中,发现不宜适用简易程序的,应当按照普通程序重新审理。

≫法条链接≫

《刑事诉讼法》第二百零八条:基层人民法院管辖的案件……可以适用简易程序审判。

《刑事诉讼法》第二百一十条:适用简易程序审理案件,对可能判处三年有期徒刑以下刑罚的,可以组成合议庭进行审判,也可以由审判员一人独任审判;对可能判处的有期徒刑超过三年的,应当组成合议庭进行审判。

适用简易程序审理公诉案件,人民检察院应当派员出席法庭。

《刑事诉讼法》第二百一十一条:适用简易程序审理案件,审判人员应当询问被告人对指控的犯罪事实的意见,告知被告人适用简易程序审理的法律规定,确认被告人是否同意适用简易程序审理。

《刑事诉讼法》第二百一十三条:适用简易程序审理案件,不受本章第一节关于送达期限、讯问被告人、询问证人、鉴定人、出示证据、法庭辩论程序规定的限制。但在判决宣告前应当听取被告人的最后陈述意见。

《刑事诉讼法》第二百一十四条:适用简易程序审理案件,人民法院应当在受理后二十日以内审结;对可能判处的有期徒刑超过三年的,可以延长至一个半月。

159. 人民法院对哪些案件可以适用简易程序进行审理?

按照《刑事诉讼法》第二百零八条和第二百零九条的规定,具备以下条件的,可以适用简易程序审判案件:

(1)案件事实清楚、证据充分的;
(2)被告人承认自己所犯罪行,对指控的犯罪事实没有异议的;
(3)被告人对适用简易程序没有异议的。

人民检察院在提起公诉的时候,可以建议人民法院适用简易程序。

另外,法律规定以下案件不能适用简易程序进行审理:

(1)被告人是盲、聋、哑人,或者是尚未完全丧失辨认或者控制自己行为能力的精神病人的;
(2)有重大社会影响的;
(3)共同犯罪案件中部分被告人不认罪或者对适用简易程序有异议的;
(4)其他不宜适用简易程序审理的。

160. 如何正确理解上诉不加刑原则?

上诉不加刑原则是我国《刑事诉讼法》规定的第二审审判原则,它是指第二审人民法院在审理只有被告一方提出的上诉案件时,不得以任何理由加重被告人的刑罚。规定这项原则的意义在于:第一,有利于保障被告人充分行使辩护权,保障被告人的合法权益;第二,有利于维护上诉制度,保障法院正确行使审判权。

上诉不加刑原则只适用于被告人一方上诉的案件,如果人民检察院提出抗诉或者自诉人提出上诉的案件,不论被告人一方是否上诉,第二审人民法院根据案件的具体情况,既可以依法加重被告人的刑罚,也可以依法减轻或者免除被告人的刑罚。

根据《刑事诉讼法》和司法解释的相关规定,上诉不加刑原则的具体适用要求为以下几方面:①共同犯罪案件,只有部分被告上诉的,既不能加重上诉的被告人的刑罚,也不能加重其他同案被告人的刑罚;②对被告实行数罪并罚的,既不能加重决定执行的刑罚,也不能在保持决定执行的刑罚不变的情况下,加重数罪中某一罪或者几个罪的刑罚;③对被告人判处拘役或者有期徒刑宣告缓刑的,不得撤销原判决宣告的缓刑,或者延长缓刑考验期;④共同犯罪案件中,人民检察院只对部分被告人的判决提出抗诉的,对其他原审被告人不得加重刑罚;⑤对于以事实不清,证据不足而发回重新审判的案件,一审法院经过重新审理后有变化,如果只是由于被告人一方上诉才引起二审的案件,一审法院不得加重刑罚;⑥原判认定的事实没有错误,只是定性不准、认定罪名不当,在二审改判重新确定罪名时,不应加重被告人的刑罚;⑦人民检察院抗诉要求二审法院减轻被告人刑罚的案件,二审中也不能加重被告人的刑罚。

≫**法条链接**≫

《刑事诉讼法》第二百二十六条:第二审人民法院审理被告人或者他的法定代理人、辩护人、近亲属上诉的案件,不得加重被告人的刑罚。第二审人民法院发回原审人民法院重新审判的案件,除有新的犯罪事实,人民检察院补充起诉的以外,原审人民法院也不得加重被告人的刑罚。

人民检察院提出抗诉或者自诉人提出上诉的,不受前款规定的限制。

161. 判决和裁定有哪些区别?

在刑事诉讼中,裁定和判决之间的区别表现在以下几方面:

(1)解决的问题不同。判决解决的是案件的实体问题;而裁定既解决实体问题,也解决程序问题。适用裁定解决的实体问题,主要是在对罪犯减刑、假释时适用;解决的程序问题,如驳回自诉,撤销原判,发回原审人民法院重新审判以及当事人耽误期限是否准许恢复等,以裁定的形式作出。

(2)使用的次数不同。在一个刑事案件中,发生法律效力并被执行的判决只能有一个;而发生法律效力的裁定可以有若干个。

(3)表现形式不同。判决必须用书面形式表现出来;而裁定既可用书面形式,又可用口头形式。口头裁定作出后,记入笔录即可。

(4)上诉、抗诉期限不同。当事人、检察院不服第一审刑事判决的上诉、抗诉期限为十日;而不服第一审裁定的上诉、抗诉期限为五日。

162. 死刑复核程序的具体内容有哪些?

死刑复核程序是人民法院对判处死刑的案件进行复查核准时所遵循的一种特殊刑事审判程序。这项程序的规定和适用体现了立法者和司法者对死刑适用的慎重,是我国"少杀、慎杀"等刑事政策具体体现。按照《刑事诉讼法》和最高法院司法解释的规定,死刑复核程序的内容阐述如下:

(1)死刑核准的主体。死刑由最高人民法院核准;中级人民法院判处死刑缓期二年执行的案件,由高级人民法院核准。

(2)报请最高人民法院核准死刑案件,应当按照下列情形分别处理:

①中级人民法院判处死刑的第一审案件,被告人未上诉、人民检察院未抗诉的,在上诉、抗诉期满后十日内报请高级人民法院复核。高级人民法院同意判处死刑的,应当在作出裁定后十日内报请最高人民法院核准;不同意的,应当依照第二审程序提审或者发回重新审判。

②中级人民法院判处死刑的第一审案件,被告人上诉或者人民检察院抗诉,高级人民法院裁定维持的,应当在作出裁定后十日内报请最高人民法院核准。

③高级人民法院判处死刑的第一审案件,被告人未上诉、人民检察院未抗诉的,应当在上诉、抗诉期满后十日内报请最高人民法院核准。高级人民法院复核死刑案件,应当讯问被告人。

(3)中级人民法院判处死刑缓期执行的第一审案件,被告人未上诉、人民检察院未抗诉的,应当报请高级人民法院核准。高级人民法院复核死刑缓期执行案件,应当讯问被告人。

(4)复核死刑、死刑缓期执行案件,应当全面审查以下内容:①被告人的年龄,被告人有无刑事责任能力、是否系怀孕的妇女;②原判认定的事实是否清楚,证据是否确实、充分;③犯罪情节、后果及危害程度;④原判适用法律是否正确,是否必须判处死刑,是否必须立即执行;⑤有无法定、酌定从重、从轻或者减轻处罚情节;⑥诉讼程序是否合法;⑦应当审查的其他情况。

≫法条链接≫

《刑事诉讼法》第二百三十五条:死刑由最高人民法院核准。

《刑事诉讼法》第二百三十六条:中级人民法院判处死刑的第一审案件,被告人不上诉的,应当由高级人民法院复核后,报请最高人民法院核准。高级人民法院不同意判处死刑的,可以提审或者发回重新审判。

高级人民法院判处死刑的第一审案件被告人不上诉的,和判处死刑的第二审案件,都应当报请最高人民法院核准。

《刑事诉讼法》第二百三十七条:中级人民法院判处死刑缓期二年执行的案件,由高级人民法院核准。

《刑事诉讼法》第二百三十八条:最高人民法院复核死刑案件,高级人民法院复核死刑缓期执行的案件,应当由审判员三人组成合议庭进行。

163. 当事人对已经生效的刑事判决、裁定不服该怎么办？

按照《刑事诉讼法》第二百四十一条和第二百四十二条的规定，当事人及其法定代理人、近亲属，对已经发生法律效力的判决、裁定，可以向人民法院或者人民检察院提出申诉，但是，不能停止判决、裁定的执行。对于当事人及其法定代理人、近亲属的申诉，如果存在下列情形之一的，人民法院应当重新审判：

（1）有新的证据证明原判决、裁定认定的事实确有错误，可能影响定罪量刑的；

（2）据以定罪量刑的证据不确实、不充分、依法应当予以排除，或者证明案件事实的主要证据之间存在矛盾的；

（3）原判决、裁定适用法律确有错误的；

（4）违反法律规定的诉讼程序，可能影响公正审判的；

（5）审判人员在审理该案件的时候，有贪污受贿，徇私舞弊，枉法裁判行为的。

164. 法律对死刑的执行程序是如何规定的？

按照《刑事诉讼法》和司法解释的规定，死刑的执行程序如下：

（1）执行主体和期限。执行死刑的机关是原审人民法院，通常是作为第一审的中级人民法院。最高人民法院院长签发的执行死刑命令后，由高级人民法院交付原审人民法院执行。原审人民法院接到死刑执行命令后，应当在七日以内执行。

（2）执行场所和方法。死刑可以在刑场或者指定的羁押场所内执行，刑场不得设在繁华地区、交通要道和旅游景点附近。死刑采用枪决或者注射等方法执行，对于采用枪决方法执行死刑，人民法院有条件执行的，应交付司法警察执行；没有条件执行的，可交付武装警察执行。执行死刑时的警戒事宜，由公安机关负责。采用注射方法执行死刑的，应当在指定的刑场或者羁押场所内执行。采用枪决、注射以外的其他方法执行死刑的，应当事先报请最高人民法院批准。

（3）具体程序规则。包括以下几方面：①执行死刑前，罪犯提出会见其亲属或者其近亲属提出会见罪犯申请的，人民法院可以准许；②人民法院将罪犯交付执行死刑，应当在交付执行三日前通知同级人民检察院派员临场监督；③执行死刑前，指挥执行的审判人员对罪犯应当验明正身，也就是说，指挥人员要认真核对被执行人的姓名、性别、年龄、籍贯、基本犯罪事实及其他情况，确保执行无误。

另外，还要询问罪犯有无遗言、信札，并制作笔录，然后，交付执行人员执行死刑；④执行死刑应当公布，但禁止游街示众或者其他有辱被执行人人格的行为；⑤执行死刑完毕，应当由法医验明罪犯确实死亡后，在场书记员制作笔录。交付执行的人民法院应当将执行死刑情况（包括执行死刑前后照片）及时逐级上报最高人民法院。

≫法条链接≫

《刑事诉讼法》第二百五十一条：下级人民法院接到最高人民法院执行死刑的命令后，应当在七日以内交付执行。但是发现有下列情形之一的，应当停止执行，并且立即报告最高人民法院，由最高人民法院作出裁定：

（一）在执行前发现判决可能有错误的；

（二）在执行前罪犯揭发重大犯罪事实或者有其他重大立功表现，可能需要改判的；

（三）罪犯正在怀孕。

前款第一项、第二项停止执行的原因消失后，必须报请最高人民法院院长再签发执行死刑的命令才能执行；由于前款第三项原因停止执行的，应当报请最高人民法院依法改判。

《刑事诉讼法》第二百五十二条：人民法院在交付执行死刑前，应当通知同级人民检察院派员临场监督。

死刑采用枪决或者注射等方法执行。

死刑可以在刑场或者指定的羁押场所内执行。

指挥执行的审判人员，对罪犯应当验明正身，讯问有无遗言、信札，然后交付执行人员执行死刑。在执行前，如果发现可能有错误，应当暂停执行，报请最高人民法院裁定。

执行死刑应当公布，不应示众。

执行死刑后，在场书记员应当写成笔录。交付执行的人民法院应当将执行死刑情况报告最高人民法院。

执行死刑后，交付执行的人民法院应当通知罪犯家属。

165. 什么是监外执行，其具体内容有哪些？

监外执行是指对被判处剥夺自由的罪犯，在其具有法定的不宜收监执行的特殊原因时，由法院或执行机关决定将其交付一定机关，在监外来执行刑罚的变通执行办法。按照《刑事诉讼法》、《监狱法》以及司法解释的规定,对监外执行的适用对象、决定主体和程序、执行主体和程序等解读如下:

(1)适用对象。按照《刑事诉讼法》的规定,对被判处有期徒刑或者拘役的罪犯,有下列情形之一的,可以暂予监外执行:①有严重疾病需要保外就医的;②怀孕或者正在哺乳自己婴儿的妇女;③生活不能自理,适用暂予监外执行不致危害社会的。需要特别说明的是,对被判处无期徒刑的罪犯,只有在第②情形下,才可以暂予监外执行。另外,对适用保外就医可能有社会危险性的罪犯,或者自伤、自残的罪犯,不得保外就医。

(2)决定主体和程序。对具备暂予监外执行条件的罪犯,人民法院判决时,可直接决定暂予监外执行。人民法院决定暂予监外执行的,应当制作《暂予监外执行决定书》,载明罪犯基本情况、判决确定的罪名和刑罚、决定暂予监外执行的原因、依据等内容,并抄送人民检察院和罪犯居住地的公安机关。

在判决、裁定执行过程中,对具备暂予监外执行条件的罪犯,由监狱提出书面意见,报省、自治区、直辖市监狱管理机关批准。在看守所、拘役所服刑的罪犯需要暂予监外执行的,应由看守所或拘役所提出书面意见,报县级以上公安机关审查决定。批准暂予监外执行的机关应当将批准的决定抄送人民检察院。

(3)执行主体和程序。对于暂予监外执行的罪犯,实行社区矫正,基层组织或者罪犯的原所在单位协助进行监督,执行机关应当对暂予监外执行的罪犯严格管理监督。对于服刑中决定暂予监外执行的罪犯,原执行机关应当将罪犯服刑改造的情况通报负责监外执行的公安机关,以便有针对性地对罪犯进行管理监督。负责执行的公安机关应当告知罪犯,在暂予监外执行期间必须接受监督改造并遵守有关的规定。暂予监外执行的情形消失后,罪犯刑期未满的,应当及时收监。

>>**法条链接**>>

《刑事诉讼法》第二百五十七条:对暂予监外执行的罪犯,有下列情形之一的,应当及时收监:

(一)发现不符合暂予监外执行条件的;

(二)严重违反有关暂予监外执行监督管理规定的;

(三)暂予监外执行的情形消失后,罪犯刑期未满的。

对于人民法院决定暂予监外执行的罪犯应当予以收监的,由人民法院作出决定,将有关的法律文书送达公安机关、监狱或者其他执行机关。

不符合暂予监外执行条件的罪犯通过贿赂等非法手段被暂予监外执行的,在监外执行的期间不计入执行刑期。罪犯在暂予监外执行期间脱逃的,脱逃的期间不计入执行刑期。

罪犯在暂予监外执行期间死亡的,执行机关应当及时通知监狱或者看守所。

166. 什么是社区矫正?社区矫正的组织和对象分别是谁?

社区矫正是指法定的执行机关在相关组织的协助下,将被判处刑罚的罪犯在判决、裁定或决定确定的期限内置于社区内,矫正其犯罪心理和行为恶习,促进其积极回归社会的非监禁刑罚执行活动。按照《刑事诉讼法》和最高人民法院、最高人民检察院、公安部、司法部关于《社区矫正实施办法》的规定,现就社区矫正的主体和对象分别阐释如下:

(1)社区矫正的组织。县级司法行政机关社区矫正机构对社区矫正人员进行监督管理和教育帮助。司法所承担社区矫正日常工作。社会工作者和志愿者在社区矫正机构的组织指导下参与社区矫正工作。有关部门、村(居)民委员会、社区矫正人员所在单位、就读学校、家庭成员或者监护人、保证人等协助社区矫正机构进行社区矫正。

(2)社区矫正的对象。并非所有的罪犯都可以适用社区矫正,社区矫正的适用范围大致包括:①被判处管制的;②被宣告缓刑的;③被暂予监外执行的,具体包括:有严重疾病需要保外就医的;怀孕或者正在哺乳自己婴儿的妇女;生活不能自理,适用暂予监外执行不致危害社会的;④被裁定假释的;⑤被剥夺政治权利,并在社会上服刑的等。

(3)社区矫正的任务。主要包括:①按照有关法律、法规和规章的规定,对社区服刑人员进行管理和监督;②通过多种形式,加强对社区服刑人员的思想教育、法制教育、社会公德教育,矫正其不良心理和行为,使他们悔过自新,弃恶从善,成为守法公民;③依法组织社区服刑人员参加适合其年龄、身体条件、劳动技能的社会公益劳动;④帮助社区服刑人员解决在生活、法律、心理等方面遇到的困难和问题。

≫**法条链接**≫

《刑事诉讼法》第二百五十八条:对被判处管制、宣告缓刑、假释或者暂予监外执行的罪犯,依法实行社区矫正,由社区矫正机构负责执行。

167. 如何对未成年犯实施社区矫正？

按照最高人民法院、最高人民检察院、公安部、司法部关于《社区矫正实施办法》第三十三条的规定，对未成年犯实施社区矫正，应当遵循教育、感化、挽救的方针，按照下列规定执行：

(1)对未成年犯的社区矫正应当与成年人分开进行；

(2)对未成年社区矫正人员给予身份保护，其矫正宣告不公开进行，其矫正档案应当保密；

(3)未成年社区矫正人员的矫正小组应当有熟悉青少年成长特点的人员参加；

(4)针对未成年犯的年龄、心理特点和身心发育需要等特殊情况，采取有益于其身心健康发展的监督管理措施；

(5)采用易为未成年犯接受的方式，开展思想、法制、道德教育和心理辅导；

(6)协调有关部门为未成年社区矫正人员就学、就业等提供帮助；

(7)督促未成年社区矫正人员的监护人履行监护职责，承担抚养、管教等义务；

(8)采取其他有利于未成年社区矫正人员改过自新、融入正常社会生活的必要措施。

犯罪的时候不满十八周岁被判处五年有期徒刑以下刑罚的社区矫正人员，适用上述规定。

168. 未成年人刑事案件诉讼程序有哪些特殊性？

未成年人刑事案件诉讼程序是指追究犯罪时已满十四周岁不满十八周岁犯罪的嫌疑人、被告人刑事责任所适用的特定诉讼程序。按照《刑事诉讼法》和司法解释的规定，未成年人刑事案件诉讼程序有以下特点：

(1)坚持特定的诉讼方针和诉讼原则。即对犯罪的未成年人实行教育、感化、挽救的方针，坚持教育为主、惩罚为辅的原则。

(2)必须查明犯罪嫌疑人、被告人的准确出生日期。即办理未成年人刑事案件，无论是立案阶段，还是侦查、起诉、审判活动，都必须重点查清未成年犯罪嫌疑人、被告人犯罪时的准确出生日期，并且应当具体到日。

(3)由专门机构或专职人员承办案件。具体而言，办理未成年人违法犯罪案件的人员应具有心理学、犯罪学、教育学等专业基本知识和有关法律知识，并具有一定的办案经验。对此,最高人民检察院的司法解释规定,人民检察院一般应当设立专门工作机构或者专门工作小组办理未成年人刑事案件,不具备条件的应当指定专人办理。最高人民法院的司法解释规定,中级人民法院和基层人民法院可以设立未成年人刑事审判庭。条件尚不具备的地方,应当在刑事审判庭内设立未成年人刑事案件合议庭或者由专人负责办理未成年人刑事案件。高级人民法院可以在刑事审判庭内设立未成年人刑事案件合议庭。最高人民法院和高级人民法院设立少年法庭指导小组,指导少年法庭的工作。

(4)诉讼工作的全面性和细致性。即公安、司法机关在办理未成年人刑事案件时,不仅必须完成与成年人案件同样的查明案情、收集证据和确认犯罪人等各项工作,而且诉讼活动还应当更加全面和细致,必须更注意案件细节问题的调查取证和确认。在制作诉讼文书时,公安、司法人员除了应当在文书上载明案件来源、发案时间、地点、犯罪事实、现有的证据材料、法律依据和处理意见外,还应当着重写明犯罪嫌疑人的确切出生时间、生活居住环境、心理性格特征、走上犯罪道路的原因等情况。

(5)未成年犯罪嫌疑人、被告人享有特别的诉讼权利。主要包括:①讯问和审判未成年犯罪嫌疑人、被告人时,应当通知其法定代理人到场;②被告人是未成年人而没有委托辩护人的,公安机关、人民检察院、人民法院应当通知法律援助机构指派承担法律援助义务的律师为其提供辩护;③审判未成年人犯罪的案件时不公开审理等。

(6)严格强制措施的适用。例如按照公安部颁发的《公安机关办理刑事案件程序规定》,对未成年犯罪嫌疑人应当严格限制和尽量减少使用逮捕措施。未成年犯罪嫌疑人被拘留、逮捕后服从管理、依法变更强制措施不致发生社会危险性,能够保证诉讼正常进行的,公安机关应当依法及时变更强制措施;人民检察院批准逮捕的案件,公安机关应当将变更强制措施情况及时通知人民检察院。对被羁押的未成年人应当与成年人分别关押、分别管理、分别教育,并根据其生理和心理特点在生活和学习方面给予照顾。

(7)特殊的起诉制度。即实行附条件不起诉制度,按照《刑事诉讼法》的规定,如果未成年人所犯之罪为侵犯公民人身权利、民主权利罪;侵犯财产罪;妨害社会管理秩序罪,并且可能判处一年有期徒刑以下刑罚,符合起诉条件,但有悔罪表现的,人民检察院可以作出附条件不起诉的决定。

(8)犯罪记录的封存制度。按照《刑事诉讼法》的规定,如果犯罪的时候不满十八周岁,被判处五年有期徒刑以下刑罚的,应当对相关犯罪记录予以封存。犯罪记录被封存的,不得向任何单位和个人提供,但司法机关为办案需要或者有关单位根据国家规定进行查询的除外。依法进行查询的单位,应当对被封存的犯罪记录的情况予以保密。

>> **法条链接** >>

《刑事诉讼法》第二百六十六条:对犯罪的未成年人实行教育、感化、挽救的方针,坚持教育为主、惩罚为辅的原则。

人民法院、人民检察院和公安机关办理未成年人刑事案件,应当由熟悉未成年人身心特点的审判人员、检察人员、侦查人员承办。

《刑事诉讼法》第二百六十七条:未成年犯罪嫌疑人、被告人没有委托辩护人的,人民法院、人民检察院、公安机关应当通知法律援助机构指派律师为其提供辩护。

《刑事诉讼法》第二百六十八条:公安机关、人民检察院、人民法院办理未成年人刑事案件,根据情况可以对未成年犯罪嫌疑人、被告人的成长经历、犯罪原因、监护教育等情况进行调查。

《刑事诉讼法》第二百六十九条:对未成年犯罪嫌疑人、被告人应当严格限制适用逮捕措施。……对被拘留、逮捕和执行刑罚的未成年人与成年人应当分别关押、分别管理、分别教育。

《刑事诉讼法》第二百七十一条:对于未成年人涉嫌刑法分则第四章、第五章、第六章规定的犯罪,可能判处一年有期徒刑以下刑罚,符合起诉条件,但有悔罪表现的,人民检察院可以作出附条件不起诉的决定。

《刑事诉讼法》第二百七十五条:犯罪的时候不满十八周岁,被判处五年有期徒刑以下刑罚的,应当对相关犯罪记录予以封存。

169. 什么是附条件不起诉?其适用条件有哪些?

附条件不起诉是指检察机关对应当负刑事责任的犯罪嫌疑人,认为可以不立即追究刑事责任时,给其设定一定的考察期,如其在考察期内积极履行相关社会义务,并完成与被害人及检察机关约定的相关义务,足以证实其有悔罪表现的,检察机关将依法作出不起诉决定。附条件不起诉制度的适用应符合以下条件:

(1)适用对象条件。即附条件不起诉仅适用于已满十四周岁不满十八周岁的未成年人犯罪案件。

(2)适用罪名条件。适用罪名必须是涉嫌刑法分则第四章、第五章、第六章规定侵犯公民人身权利犯罪、侵犯财产权利犯罪、妨害社会管理秩序犯罪,并且是依法可能被判处一年以下有期徒刑、管制、拘役或单处罚金处罚的犯罪。

(3)适用主观条件。即行为人有悔罪表现。

(4)适用程序条件。人民检察院作出附条件不起诉的决定以前,应当听取公安机关、被害人的意见。

(5)适用的附加条件。首先,法律对适用附条件不起诉规定了六个月以上一年以下的考验期;其次,法律规定了被附条件不起诉的未成年犯罪嫌疑人应遵守的规定,包括:①遵守法律法规,服从监督;②按照考察机关的规定报告自己的活动情况;③离开所居住的市、县或者迁居,应当报经考察机关批准;④按照考察机关的要求接受矫治和教育。

≫**法条链接**≫

《刑事诉讼法》第二百七十二条:在附条件不起诉的考验期内,由人民检察院对被附条件不起诉的未成年犯罪嫌疑人进行监督考察。未成年犯罪嫌疑人的监护人,应当对未成年犯罪嫌疑人加强管教,配合人民检察院做好监督考察工作。

附条件不起诉的考验期为六个月以上一年以下,从人民检察院作出附条件不起诉的决定之日起计算。

被附条件不起诉的未成年犯罪嫌疑人,应当遵守下列规定:

(一)遵守法律法规,服从监督;

(二)按照考察机关的规定报告自己的活动情况;

(三)离开所居住的市、县或者迁居,应当报经考察机关批准;

(四)按照考察机关的要求接受矫治和教育。

170. 犯罪嫌疑人、被告人可以与被害人和解(即私了)吗?

这个问题实际上就是刑事诉讼法中规定的刑事和解。所谓的"刑事和解",是指在刑事诉讼过程中,犯罪嫌疑人(加害人)能积极主动地向被害人认罪、道歉,并愿意对被害人给予经济赔偿,在取得被害人谅解后,在国家专门机关或者办案人员主持下,与被害人达成和解协议,国家专门机关不再追究其刑事责任,或者给予其从轻处罚的一种案件处理方法。

(1)刑事和解协议的内容。具体包括:①真诚地向被害人道歉;②出具书面悔过书;③向被害人支付一定的赔偿金;④保证不再伤害或侵害被害人的人身、财产权益等。

(2)刑事和解的目的或效果。具体包括①建议撤案;②作出不起诉决定;③提起公诉并提出从轻、减轻处罚的量刑建议。

(3)可以和解的案件范围。法律规定可以和解的案件包括:①因民间纠纷引起,涉嫌《刑法》分则第四章、第五章规定的犯罪案件,可能判处三年有期徒刑以下刑罚的;②除渎职犯罪以外的可能判处七年有期徒刑以下刑罚的过失犯罪案件;③犯罪嫌疑人、被告人在五年以内曾经故意犯罪的,不适用刑事和解。

》法条链接》

《刑事诉讼法》第二百七十七条:下列公诉案件,犯罪嫌疑人、被告人真诚悔罪,通过向被害人赔偿损失、赔礼道歉等方式获得被害人谅解,被害人自愿和解的,双方当事人可以和解:

(一)因民间纠纷引起,涉嫌刑法分则第四章、第五章规定的犯罪案件,可能判处三年有期徒刑以下刑罚的;

(二)除渎职犯罪以外的可能判处七年有期徒刑以下刑罚的过失犯罪案件。

犯罪嫌疑人、被告人在五年以内曾经故意犯罪的,不适用本章规定的程序。

《刑事诉讼法》第二百七十八条:双方当事人和解的,公安机关、人民检察院、人民法院应当听取当事人和其他有关人员的意见,对和解的自愿性、合法性进行审查,并主持制作和解协议书。

《刑事诉讼法》第二百七十九条:对于达成和解协议的案件,公安机关可以向人民检察院提出从宽处理的建议。人民检察院可以向人民法院提出从宽处罚的建议;对于犯罪情节轻微,不需要判处刑罚的,可以作出不起诉的决定。人民法院可以依法对被告人从宽处罚。

》刑事和解协议书(范本)》

刑事和解协议书

甲方(受害人):＿＿＿＿,男,汉族,＿＿年＿＿月＿＿日生

身份证号:＿＿＿＿＿＿＿＿＿＿＿＿＿＿＿

住址:＿＿＿＿＿＿＿＿＿＿＿＿＿＿＿＿＿

联系方式：_____

乙方(侵害人)：____，男，汉族，____年____月____日生

身份证号：_____

现关押于_____

乙方代理人：____，男，汉族，____年____月____日生

身份证号：_____

住址：_____

见证人：_____律师事务所_____律师_____

执业证号：_____

地址：_____

纠纷事实与主要责任：

2013年3月2日，乙方与甲方发生争执并在争执过程中造成甲方受伤。2013年3月3日，乙方因涉嫌故意伤害罪被_____公安局刑事拘留。

由于乙方的过错行为，给甲方造成了身体上的创伤，对此，乙方深有悔意。现双方就本案的赔偿等相关事宜，经过诚恳、友好的协商，一致同意达成和解协议：

1. 乙方对自己的行为给甲方造成的损害，深感歉意，请求甲方予以宽恕。

2. 乙方一次性赔偿甲方各项赔偿金人民币_____万元。赔偿金包括但不限于最高人民法院《关于审理人身损害赔偿案件适用法律若干问题的解释》[2003]20号之赔偿项目等所有一切与双方伤害有关的诸如今后的后遗症、并发症等全部损害赔偿费用。即此赔偿数额为现在或将来、直接或间接与该次伤害纠纷有关的索赔的最终和全部赔偿数额。

3. 双方于____年____月____日在见证人见证下，乙方或乙方代理人向甲方支付各项赔偿金人民币_____万元。乙方或乙方代理人付清上述赔偿款项后，双方因本案纠纷所产生的一切债权债务关系全部终止，甲方不再追究乙方的民事赔偿责任，也不再以其他任何途径和方法索赔。

4. 甲方对乙方的故意伤害行为给予谅解。在见证人见证下，乙方或乙方代理人向甲方支付赔偿金后，甲方撤回附带民事诉讼的书面请求，并向法院出具对乙方的谅解书及从宽处理的书面请求。

5. 双方确认本协议内容是双方在公平、自愿原则下共同商议决定，是各方真实意思表示，不存在欺诈或胁迫情形。

6.本协议自双方签字之日起生效。本协议一式五份,双方各执一份,_____公安局、_____人民检察院、_____人民法院各存档一份,具有同等法律效力。

甲方签名:_____
签订时间:_____年___月___日
乙方签名:_____
签订时间:_____年___月___日
见证人签名:_____
签订时间:_____年___月___日

附 录

中华人民共和国农村土地承包经营纠纷调解仲裁法

(2009年6月27日第十一届全国人民代表大会常务委员会第九次会议通过)

第一章 总 则

第一条 为了公正、及时解决农村土地承包经营纠纷,维护当事人的合法权益,促进农村经济发展和社会稳定,制定本法。

第二条 农村土地承包经营纠纷调解和仲裁,适用本法。

农村土地承包经营纠纷包括:

(一)因订立、履行、变更、解除和终止农村土地承包合同发生的纠纷;

(二)因农村土地承包经营权转包、出租、互换、转让、入股等流转发生的纠纷;

(三)因收回、调整承包地发生的纠纷;

(四)因确认农村土地承包经营权发生的纠纷;

(五)因侵害农村土地承包经营权发生的纠纷;

(六)法律、法规规定的其他农村土地承包经营纠纷。

因征收集体所有的土地及其补偿发生的纠纷,不属于农村土地承包仲裁委员会的受理范围,可以通过行政复议或者诉讼等方式解决。

第三条 发生农村土地承包经营纠纷的,当事人可以自行和解,也可以请求村民委员会、乡(镇)人民政府等调解。

第四条 当事人和解、调解不成或者不愿和解、调解的,可以向农村土地承包仲裁委员会申请仲裁,也可以直接向人民法院起诉。

第五条 农村土地承包经营纠纷调解和仲裁,应当公开、公平、公正,便民高效,根据事实,符合法律,尊重社会公德。

第六条 县级以上人民政府应当加强对农村土地承包经营纠纷调解和仲裁工作的指导。

县级以上人民政府农村土地承包管理部门及其他有关部门应当依照职责分工,支持有关调解组织和农村土地承包仲裁委员会依法开展工作。

第二章 调 解

第七条 村民委员会、乡(镇)人民政府应当加强农村土地承包经营纠纷的调解工作,帮助当事人达成协议解决纠纷。

第八条 当事人申请农村土地承包经营纠纷调解可以书面申请,也可以口头申请。口头申请的,由村民委员会或者乡(镇)人民政府当场记录申请人的基本情况、申请调解的纠纷事项、理由和时间。

第九条 调解农村土地承包经营纠纷,村民委员会或者乡(镇)人民政府应当充分听取当事人对事实和理由的陈述,讲解有关法律以及国家政策,耐心疏导,帮助当事人达成协议。

第十条 经调解达成协议的,村民委员会或者乡(镇)人民政府应当制作调解协议书。

调解协议书由双方当事人签名、盖章或者按指印,经调解人员签名并加盖调解组织印章后生效。

第十一条 仲裁庭对农村土地承包经营纠纷应当进行调解。调解达成协议的,仲裁庭应当制作调解书;调解不成的,应当及时作出裁决。

调解书应当写明仲裁请求和当事人协议的结果。调解书由仲裁员签名,加盖农村土地承包仲裁委员会印章,送达双方当事人。

调解书经双方当事人签收后,即发生法律效力。在调解书签收前当事人反悔的,仲裁庭应当及时作出裁决。

第三章 仲 裁

第一节 仲裁委员会和仲裁员

第十二条 农村土地承包仲裁委员会,根据解决农村土地承包经营纠纷的实际需要设立。农村土地承包仲裁委员会可以在县和不设区的市设立,也可以在设区的市或者其市辖区设立。

农村土地承包仲裁委员会在当地人民政府指导下设立。设立农村土地承包仲裁委员会的,其日常工作由当地农村土地承包管理部门承担。

第十三条　农村土地承包仲裁委员会由当地人民政府及其有关部门代表、有关人民团体代表、农村集体经济组织代表、农民代表和法律、经济等相关专业人员兼任组成,其中农民代表和法律、经济等相关专业人员不得少于组成人员的二分之一。

农村土地承包仲裁委员会设主任一人,副主任一至二人和委员若干人。主任、副主任由全体组成人员选举产生。

第十四条　农村土地承包仲裁委员会依法履行下列职责:

(一)聘任、解聘仲裁员;

(二)受理仲裁申请;

(三)监督仲裁活动。

农村土地承包仲裁委员会应当依照本法制定章程,对其组成人员的产生方式及任期、议事规则等作出规定。

第十五条　农村土地承包仲裁委员会应当从公道正派的人员中聘任仲裁员。

仲裁员应当符合下列条件之一:

(一)从事农村土地承包管理工作满五年;

(二)从事法律工作或者人民调解工作满五年;

(三)在当地威信较高,并熟悉农村土地承包法律以及国家政策的居民。

第十六条　农村土地承包仲裁委员会应当对仲裁员进行农村土地承包法律以及国家政策的培训。

省、自治区、直辖市人民政府农村土地承包管理部门应当制定仲裁员培训计划,加强对仲裁员培训工作的组织和指导。

第十七条　农村土地承包仲裁委员会组成人员、仲裁员应当依法履行职责,遵守农村土地承包仲裁委员会章程和仲裁规则,不得索贿受贿、徇私舞弊,不得侵害当事人的合法权益。

仲裁员有索贿受贿、徇私舞弊、枉法裁决以及接受当事人请客送礼等违法违纪行为的,农村土地承包仲裁委员会应当将其除名;构成犯罪的,依法追究刑事责任。

县级以上地方人民政府及有关部门应当受理对农村土地承包仲裁委员会组成人员、仲裁员违法违纪行为的投诉和举报,并依法组织查处。

第二节　申请和受理

第十八条　农村土地承包经营纠纷申请仲裁的时效期间为二年,自当事人知道或者应当知道其权利被侵害之日起计算。

第十九条 农村土地承包经营纠纷仲裁的申请人、被申请人为当事人。家庭承包的,可以由农户代表人参加仲裁。当事人一方人数众多的,可以推选代表人参加仲裁。

与案件处理结果有利害关系的,可以申请作为第三人参加仲裁,或者由农村土地承包仲裁委员会通知其参加仲裁。

当事人、第三人可以委托代理人参加仲裁。

第二十条 申请农村土地承包经营纠纷仲裁应当符合下列条件:

(一)申请人与纠纷有直接的利害关系;

(二)有明确的被申请人;

(三)有具体的仲裁请求和事实、理由;

(四)属于农村土地承包仲裁委员会的受理范围。

第二十一条 当事人申请仲裁,应当向纠纷涉及的土地所在地的农村土地承包仲裁委员会递交仲裁申请书。仲裁申请书可以邮寄或者委托他人代交。仲裁申请书应当载明申请人和被申请人的基本情况,仲裁请求和所根据的事实、理由,并提供相应的证据和证据来源。

书面申请确有困难的,可以口头申请,由农村土地承包仲裁委员会记入笔录,经申请人核实后由其签名、盖章或者按指印。

第二十二条 农村土地承包仲裁委员会应当对仲裁申请予以审查,认为符合本法第二十条规定的,应当受理。有下列情形之一的,不予受理;已受理的,终止仲裁程序:

(一)不符合申请条件;

(二)人民法院已受理该纠纷;

(三)法律规定该纠纷应当由其他机构处理;

(四)对该纠纷已有生效的判决、裁定、仲裁裁决、行政处理决定等。

第二十三条 农村土地承包仲裁委员会决定受理的,应当自收到仲裁申请之日起五个工作日内,将受理通知书、仲裁规则和仲裁员名册送达申请人;决定不予受理或者终止仲裁程序的,应当自收到仲裁申请或者发现终止仲裁程序情形之日起五个工作日内书面通知申请人,并说明理由。

第二十四条 农村土地承包仲裁委员会应当自受理仲裁申请之日起五个工作日内,将受理通知书、仲裁申请书副本、仲裁规则和仲裁员名册送达被申请人。

第二十五条 被申请人应当自收到仲裁申请书副本之日起十日内向农村土

地承包仲裁委员会提交答辩书；书面答辩确有困难的，可以口头答辩，由农村土地承包仲裁委员会记入笔录，经被申请人核实后由其签名、盖章或者按指印。农村土地承包仲裁委员会应当自收到答辩书之日起五个工作日内将答辩书副本送达申请人。被申请人未答辩的，不影响仲裁程序的进行。

第二十六条　一方当事人因另一方当事人的行为或者其他原因，可能使裁决不能执行或者难以执行的，可以申请财产保全。

当事人申请财产保全的，农村土地承包仲裁委员会应当将当事人的申请提交被申请人住所地或者财产所在地的基层人民法院。

申请有错误的，申请人应当赔偿被申请人因财产保全所遭受的损失。

第三节　仲裁庭的组成

第二十七条　仲裁庭由三名仲裁员组成，首席仲裁员由当事人共同选定，其他二名仲裁员由当事人各自选定；当事人不能选定的，由农村土地承包仲裁委员会主任指定。

事实清楚、权利义务关系明确、争议不大的农村土地承包经营纠纷，经双方当事人同意，可以由一名仲裁员仲裁。仲裁员由当事人共同选定或者由农村土地承包仲裁委员会主任指定。

农村土地承包仲裁委员会应当自仲裁庭组成之日起二个工作日内将仲裁庭组成情况通知当事人。

第二十八条　仲裁员有下列情形之一的，必须回避，当事人也有权以口头或者书面方式申请其回避：

（一）是本案当事人或者当事人、代理人的近亲属；

（二）与本案有利害关系；

（三）与本案当事人、代理人有其他关系，可能影响公正仲裁；

（四）私自会见当事人、代理人，或者接受当事人、代理人的请客送礼。

当事人提出回避申请，应当说明理由，在首次开庭前提出。回避事由在首次开庭后知道的，可以在最后一次开庭终结前提出。

第二十九条　农村土地承包仲裁委员会对回避申请应当及时作出决定，以口头或者书面方式通知当事人，并说明理由。

仲裁员是否回避，由农村土地承包仲裁委员会主任决定；农村土地承包仲裁委员会主任担任仲裁员时，由农村土地承包仲裁委员会集体决定。

仲裁员因回避或者其他原因不能履行职责的，应当依照本法规定重新选定或者指定仲裁员。

第四节　开庭和裁决

第三十条　农村土地承包经营纠纷仲裁应当开庭进行。

开庭可以在纠纷涉及的土地所在地的乡(镇)或者村进行,也可以在农村土地承包仲裁委员会所在地进行。当事人双方要求在乡(镇)或者村开庭的,应当在该乡(镇)或者村开庭。

开庭应当公开,但涉及国家秘密、商业秘密和个人隐私以及当事人约定不公开的除外。

第三十一条　仲裁庭应当在开庭五个工作日前将开庭的时间、地点通知当事人和其他仲裁参与人。

当事人有正当理由的,可以向仲裁庭请求变更开庭的时间、地点。是否变更,由仲裁庭决定。

第三十二条　当事人申请仲裁后,可以自行和解。达成和解协议的,可以请求仲裁庭根据和解协议作出裁决书,也可以撤回仲裁申请。

第三十三条　申请人可以放弃或者变更仲裁请求。被申请人可以承认或者反驳仲裁请求,有权提出反请求。

第三十四条　仲裁庭作出裁决前,申请人撤回仲裁申请的,除被申请人提出反请求的外,仲裁庭应当终止仲裁。

第三十五条　申请人经书面通知,无正当理由不到庭或者未经仲裁庭许可中途退庭的,可以视为撤回仲裁申请。

被申请人经书面通知,无正当理由不到庭或者未经仲裁庭许可中途退庭的,可以缺席裁决。

第三十六条　当事人在开庭过程中有权发表意见、陈述事实和理由、提供证据、进行质证和辩论。对不通晓当地通用语言文字的当事人,农村土地承包仲裁委员会应当为其提供翻译。

第三十七条　当事人应当对自己的主张提供证据。与纠纷有关的证据由作为当事人一方的发包方等掌握管理的,该当事人应当在仲裁庭指定的期限内提供,逾期不提供的,应当承担不利后果。

第三十八条　仲裁庭认为有必要收集的证据,可以自行收集。

第三十九条　仲裁庭对专门性问题认为需要鉴定的,可以交由当事人约定的鉴定机构鉴定;当事人没有约定的,由仲裁庭指定的鉴定机构鉴定。

根据当事人的请求或者仲裁庭的要求,鉴定机构应当派鉴定人参加开庭。当事人经仲裁庭许可,可以向鉴定人提问。

第四十条　证据应当在开庭时出示,但涉及国家秘密、商业秘密和个人隐私的证据不得在公开开庭时出示。

仲裁庭应当依照仲裁规则的规定开庭,给予双方当事人平等陈述、辩论的机会,并组织当事人进行质证。

经仲裁庭查证属实的证据,应当作为认定事实的根据。

第四十一条　在证据可能灭失或者以后难以取得的情况下,当事人可以申请证据保全。当事人申请证据保全的,农村土地承包仲裁委员会应当将当事人的申请提交证据所在地的基层人民法院。

第四十二条　对权利义务关系明确的纠纷,经当事人申请,仲裁庭可以先行裁定维持现状、恢复农业生产以及停止取土、占地等行为。

一方当事人不履行先行裁定的,另一方当事人可以向人民法院申请执行,但应当提供相应的担保。

第四十三条　仲裁庭应当将开庭情况记入笔录,由仲裁员、记录人员、当事人和其他仲裁参与人签名、盖章或者按指印。

当事人和其他仲裁参与人认为对自己陈述的记录有遗漏或者差错的,有权申请补正。如果不予补正,应当记录该申请。

第四十四条　仲裁庭应当根据认定的事实和法律以及国家政策作出裁决并制作裁决书。

裁决应当按照多数仲裁员的意见作出,少数仲裁员的不同意见可以记入笔录。仲裁庭不能形成多数意见时,裁决应当按照首席仲裁员的意见作出。

第四十五条　裁决书应当写明仲裁请求、争议事实、裁决理由、裁决结果、裁决日期以及当事人不服仲裁裁决的起诉权利、期限,由仲裁员签名,加盖农村土地承包仲裁委员会印章。

农村土地承包仲裁委员会应当在裁决作出之日起三个工作日内将裁决书送达当事人,并告知当事人不服仲裁裁决的起诉权利、期限。

第四十六条　仲裁庭依法独立履行职责,不受行政机关、社会团体和个人的干涉。

第四十七条　仲裁农村土地承包经营纠纷,应当自受理仲裁申请之日起六十日内结束;案情复杂需要延长的,经农村土地承包仲裁委员会主任批准可以延长,并书面通知当事人,但延长期限不得超过三十日。

第四十八条　当事人不服仲裁裁决的,可以自收到裁决书之日起三十日内向人民法院起诉。逾期不起诉的,裁决书即发生法律效力。

第四十九条 当事人对发生法律效力的调解书、裁决书,应当依照规定的期限履行。一方当事人逾期不履行的,另一方当事人可以向被申请人住所地或者财产所在地的基层人民法院申请执行。受理申请的人民法院应当依法执行。

第四章 附 则

第五十条 本法所称农村土地,是指农民集体所有和国家所有依法由农民集体使用的耕地、林地、草地,以及其他依法用于农业的土地。

第五十一条 农村土地承包经营纠纷仲裁规则和农村土地承包仲裁委员会示范章程,由国务院农业、林业行政主管部门依照本法规定共同制定。

第五十二条 农村土地承包经营纠纷仲裁不得向当事人收取费用,仲裁工作经费纳入财政预算予以保障。

第五十三条 本法自2010年1月1日起施行。

中华人民共和国劳动争议调解仲裁法

(2007年12月29日第十届全国人民代表大会常务委员会第三十一次会议通过)

第一章 总 则

第一条 为了公正及时解决劳动争议,保护当事人合法权益,促进劳动关系和谐稳定,制定本法。

第二条 中华人民共和国境内的用人单位与劳动者发生的下列劳动争议,适用本法:

(一)因确认劳动关系发生的争议;

(二)因订立、履行、变更、解除和终止劳动合同发生的争议;

(三)因除名、辞退和辞职、离职发生的争议;

(四)因工作时间、休息休假、社会保险、福利、培训以及劳动保护发生的争议;

(五)因劳动报酬、工伤医疗费、经济补偿或者赔偿金等发生的争议;

(六)法律、法规规定的其他劳动争议。

第三条 解决劳动争议,应当根据事实,遵循合法、公正、及时、着重调解的原则,依法保护当事人的合法权益。

第四条　发生劳动争议,劳动者可以与用人单位协商,也可以请工会或者第三方共同与用人单位协商,达成和解协议。

第五条　发生劳动争议,当事人不愿协商、协商不成或者达成和解协议后不履行的,可以向调解组织申请调解;不愿调解、调解不成或者达成调解协议后不履行的,可以向劳动争议仲裁委员会申请仲裁;对仲裁裁决不服的,除本法另有规定的外,可以向人民法院提起诉讼。

第六条　发生劳动争议,当事人对自己提出的主张,有责任提供证据。与争议事项有关的证据属于用人单位掌握管理的,用人单位应当提供;用人单位不提供的,应当承担不利后果。

第七条　发生劳动争议的劳动者一方在十人以上,并有共同请求的,可以推举代表参加调解、仲裁或者诉讼活动。

第八条　县级以上人民政府劳动行政部门会同工会和企业方面代表建立协调劳动关系三方机制,共同研究解决劳动争议的重大问题。

第九条　用人单位违反国家规定,拖欠或者未足额支付劳动报酬,或者拖欠工伤医疗费、经济补偿或者赔偿金的,劳动者可以向劳动行政部门投诉,劳动行政部门应当依法处理。

第二章　调　解

第十条　发生劳动争议,当事人可以到下列调解组织申请调解:
(一)企业劳动争议调解委员会;
(二)依法设立的基层人民调解组织;
(三)在乡镇、街道设立的具有劳动争议调解职能的组织。

企业劳动争议调解委员会由职工代表和企业代表组成。职工代表由工会成员担任或者由全体职工推举产生,企业代表由企业负责人指定。企业劳动争议调解委员会主任由工会成员或者双方推举的人员担任。

第十一条　劳动争议调解组织的调解员应当由公道正派、联系群众、热心调解工作,并具有一定法律知识、政策水平和文化水平的成年公民担任。

第十二条　当事人申请劳动争议调解可以书面申请,也可以口头申请。口头申请的,调解组织应当当场记录申请人基本情况、申请调解的争议事项、理由和时间。

第十三条　调解劳动争议,应当充分听取双方当事人对事实和理由的陈述,耐心疏导,帮助其达成协议。

第十四条 经调解达成协议的,应当制作调解协议书。

调解协议书由双方当事人签名或者盖章,经调解员签名并加盖调解组织印章后生效,对双方当事人具有约束力,当事人应当履行。

自劳动争议调解组织收到调解申请之日起十五日内未达成调解协议的,当事人可以依法申请仲裁。

第十五条 达成调解协议后,一方当事人在协议约定期限内不履行调解协议的,另一方当事人可以依法申请仲裁。

第十六条 因支付拖欠劳动报酬、工伤医疗费、经济补偿或者赔偿金事项达成调解协议,用人单位在协议约定期限内不履行的,劳动者可以持调解协议书依法向人民法院申请支付令。人民法院应当依法发出支付令。

第三章 仲 裁

第一节 一般规定

第十七条 劳动争议仲裁委员会按照统筹规划、合理布局和适应实际需要的原则设立。省、自治区人民政府可以决定在市、县设立;直辖市人民政府可以决定在区、县设立。直辖市、设区的市也可以设立一个或者若干个劳动争议仲裁委员会。劳动争议仲裁委员会不按行政区划层层设立。

第十八条 国务院劳动行政部门依照本法有关规定制定仲裁规则。省、自治区、直辖市人民政府劳动行政部门对本行政区域的劳动争议仲裁工作进行指导。

第十九条 劳动争议仲裁委员会由劳动行政部门代表、工会代表和企业方面代表组成。劳动争议仲裁委员会组成人员应当是单数。

劳动争议仲裁委员会依法履行下列职责:

(一)聘任、解聘专职或者兼职仲裁员;

(二)受理劳动争议案件;

(三)讨论重大或者疑难的劳动争议案件;

(四)对仲裁活动进行监督。

劳动争议仲裁委员会下设办事机构,负责办理劳动争议仲裁委员会的日常工作。

第二十条 劳动争议仲裁委员会应当设仲裁员名册。

仲裁员应当公道正派并符合下列条件之一:

(一)曾任审判员的;

(二)从事法律研究、教学工作并具有中级以上职称的;

(三)具有法律知识、从事人力资源管理或者工会等专业工作满五年的;

(四)律师执业满三年的。

第二十一条　劳动争议仲裁委员会负责管辖本区域内发生的劳动争议。

劳动争议由劳动合同履行地或者用人单位所在地的劳动争议仲裁委员会管辖。双方当事人分别向劳动合同履行地和用人单位所在地的劳动争议仲裁委员会申请仲裁的,由劳动合同履行地的劳动争议仲裁委员会管辖。

第二十二条　发生劳动争议的劳动者和用人单位为劳动争议仲裁案件的双方当事人。

劳务派遣单位或者用工单位与劳动者发生劳动争议的,劳务派遣单位和用工单位为共同当事人。

第二十三条　与劳动争议案件的处理结果有利害关系的第三人,可以申请参加仲裁活动或者由劳动争议仲裁委员会通知其参加仲裁活动。

第二十四条　当事人可以委托代理人参加仲裁活动。委托他人参加仲裁活动,应当向劳动争议仲裁委员会提交有委托人签名或者盖章的委托书,委托书应当载明委托事项和权限。

第二十五条　丧失或者部分丧失民事行为能力的劳动者,由其法定代理人代为参加仲裁活动;无法定代理人的,由劳动争议仲裁委员会为其指定代理人。劳动者死亡的,由其近亲属或者代理人参加仲裁活动。

第二十六条　劳动争议仲裁公开进行,但当事人协议不公开进行或者涉及国家秘密、商业秘密和个人隐私的除外。

第二节　申请和受理

第二十七条　劳动争议申请仲裁的时效期间为一年。仲裁时效期间从当事人知道或者应当知道其权利被侵害之日起计算。

前款规定的仲裁时效,因当事人一方向对方当事人主张权利,或者向有关部门请求权利救济,或者对方当事人同意履行义务而中断。从中断时起,仲裁时效期间重新计算。

因不可抗力或者有其他正当理由,当事人不能在本条第一款规定的仲裁时效期间申请仲裁的,仲裁时效中止。从中止时效的原因消除之日起,仲裁时效期间继续计算。

劳动关系存续期间因拖欠劳动报酬发生争议的,劳动者申请仲裁不受本条第一款规定的仲裁时效期间的限制;但是,劳动关系终止的,应当自劳动关系终止之日起一年内提出。

第二十八条 申请人申请仲裁应当提交书面仲裁申请,并按照被申请人人数提交副本。

仲裁申请书应当载明下列事项:

(一)劳动者的姓名、性别、年龄、职业、工作单位和住所,用人单位的名称、住所和法定代表人或者主要负责人的姓名、职务;

(二)仲裁请求和所根据的事实、理由;

(三)证据和证据来源、证人姓名和住所。

书写仲裁申请确有困难的,可以口头申请,由劳动争议仲裁委员会记入笔录,并告知对方当事人。

第二十九条 劳动争议仲裁委员会收到仲裁申请之日起五日内,认为符合受理条件的,应当受理,并通知申请人;认为不符合受理条件的,应当书面通知申请人不予受理,并说明理由。对劳动争议仲裁委员会不予受理或者逾期未作出决定的,申请人可以就该劳动争议事项向人民法院提起诉讼。

第三十条 劳动争议仲裁委员会受理仲裁申请后,应当在五日内将仲裁申请书副本送达被申请人。

被申请人收到仲裁申请书副本后,应当在十日内向劳动争议仲裁委员会提交答辩书。劳动争议仲裁委员会收到答辩书后,应当在五日内将答辩书副本送达申请人。被申请人未提交答辩书的,不影响仲裁程序的进行。

第三节 开庭和裁决

第三十一条 劳动争议仲裁委员会裁决劳动争议案件实行仲裁庭制。仲裁庭由三名仲裁员组成,设首席仲裁员。简单劳动争议案件可以由一名仲裁员独任仲裁。

第三十二条 劳动争议仲裁委员会应当在受理仲裁申请之日起五日内将仲裁庭的组成情况书面通知当事人。

第三十三条 仲裁员有下列情形之一,应当回避,当事人也有权以口头或者书面方式提出回避申请:

(一)是本案当事人或者当事人、代理人的近亲属的;

(二)与本案有利害关系的;

(三)与本案当事人、代理人有其他关系,可能影响公正裁决的;

(四)私自会见当事人、代理人,或者接受当事人、代理人的请客送礼的。

劳动争议仲裁委员会对回避申请应当及时作出决定,并以口头或者书面方式通知当事人。

第三十四条 仲裁员有本法第三十三条第四项规定情形,或者有索贿受贿、徇私舞弊、枉法裁决行为的,应当依法承担法律责任。劳动争议仲裁委员会应当将其解聘。

第三十五条 仲裁庭应当在开庭五日前,将开庭日期、地点书面通知双方当事人。当事人有正当理由的,可以在开庭三日前请求延期开庭。是否延期,由劳动争议仲裁委员会决定。

第三十六条 申请人收到书面通知,无正当理由拒不到庭或者未经仲裁庭同意中途退庭的,可以视为撤回仲裁申请。

被申请人收到书面通知,无正当理由拒不到庭或者未经仲裁庭同意中途退庭的,可以缺席裁决。

第三十七条 仲裁庭对专门性问题认为需要鉴定的,可以交由当事人约定的鉴定机构鉴定;当事人没有约定或者无法达成约定的,由仲裁庭指定的鉴定机构鉴定。

根据当事人的请求或者仲裁庭的要求,鉴定机构应当派鉴定人参加开庭。当事人经仲裁庭许可,可以向鉴定人提问。

第三十八条 当事人在仲裁过程中有权进行质证和辩论。质证和辩论终结时,首席仲裁员或者独任仲裁员应当征询当事人的最后意见。

第三十九条 当事人提供的证据经查证属实的,仲裁庭应当将其作为认定事实的根据。

劳动者无法提供由用人单位掌握管理的与仲裁请求有关的证据,仲裁庭可以要求用人单位在指定期限内提供。用人单位在指定期限内不提供的,应当承担不利后果。

第四十条 仲裁庭应当将开庭情况记入笔录。当事人和其他仲裁参加人认为对自己陈述的记录有遗漏或者差错的,有权申请补正。如果不予补正,应当记录该申请。

笔录由仲裁员、记录人员、当事人和其他仲裁参加人签名或者盖章。

第四十一条 当事人申请劳动争议仲裁后,可以自行和解。达成和解协议的,可以撤回仲裁申请。

第四十二条 仲裁庭在作出裁决前,应当先行调解。

调解达成协议的,仲裁庭应当制作调解书。

调解书应当写明仲裁请求和当事人协议的结果。调解书由仲裁员签名,加盖劳动争议仲裁委员会印章,送达双方当事人。调解书经双方当事人签收后,发生法律效力。

调解不成或者调解书送达前,一方当事人反悔的,仲裁庭应当及时作出裁决。

第四十三条　仲裁庭裁决劳动争议案件,应当自劳动争议仲裁委员会受理仲裁申请之日起四十五日内结束。案情复杂需要延期的,经劳动争议仲裁委员会主任批准,可以延期并书面通知当事人,但是延长期限不得超过十五日。逾期未作出仲裁裁决的,当事人可以就该劳动争议事项向人民法院提起诉讼。

仲裁庭裁决劳动争议案件时,其中一部分事实已经清楚,可以就该部分先行裁决。

第四十四条　仲裁庭对追索劳动报酬、工伤医疗费、经济补偿或者赔偿金的案件,根据当事人的申请,可以裁决先予执行,移送人民法院执行。

仲裁庭裁决先予执行的,应当符合下列条件:

(一)当事人之间权利义务关系明确;

(二)不先予执行将严重影响申请人的生活。

劳动者申请先予执行的,可以不提供担保。

第四十五条　裁决应当按照多数仲裁员的意见作出,少数仲裁员的不同意见应当记入笔录。仲裁庭不能形成多数意见时,裁决应当按照首席仲裁员的意见作出。

第四十六条　裁决书应当载明仲裁请求、争议事实、裁决理由、裁决结果和裁决日期。裁决书由仲裁员签名,加盖劳动争议仲裁委员会印章。对裁决持不同意见的仲裁员,可以签名,也可以不签名。

第四十七条　下列劳动争议,除本法另有规定的外,仲裁裁决为终局裁决,裁决书自作出之日起发生法律效力:

(一)追索劳动报酬、工伤医疗费、经济补偿或者赔偿金,不超过当地月最低工资标准十二个月金额的争议;

(二)因执行国家的劳动标准在工作时间、休息休假、社会保险等方面发生的争议。

第四十八条　劳动者对本法第四十七条规定的仲裁裁决不服的,可以自收到仲裁裁决书之日起十五日内向人民法院提起诉讼。

第四十九条　用人单位有证据证明本法第四十七条规定的仲裁裁决有下列情形之一,可以自收到仲裁裁决书之日起三十日内向劳动争议仲裁委员会所在地的中级人民法院申请撤销裁决：

（一）适用法律、法规确有错误的；

（二）劳动争议仲裁委员会无管辖权的；

（三）违反法定程序的；

（四）裁决所根据的证据是伪造的；

（五）对方当事人隐瞒了足以影响公正裁决的证据的；

（六）仲裁员在仲裁该案时有索贿受贿、徇私舞弊、枉法裁决行为的。

人民法院经组成合议庭审查核实裁决有前款规定情形之一的，应当裁定撤销。

仲裁裁决被人民法院裁定撤销的，当事人可以自收到裁定书之日起十五日内就该劳动争议事项向人民法院提起诉讼。

第五十条 当事人对本法第四十七条规定以外的其他劳动争议案件的仲裁裁决不服的，可以自收到仲裁裁决书之日起十五日内向人民法院提起诉讼；期满不起诉的，裁决书发生法律效力。

第五十一条 当事人对发生法律效力的调解书、裁决书，应当依照规定的期限履行。一方当事人逾期不履行的，另一方当事人可以依照民事诉讼法的有关规定向人民法院申请执行。受理申请的人民法院应当依法执行。

第四章 附 则

第五十二条 事业单位实行聘用制的工作人员与本单位发生劳动争议的，依照本法执行；法律、行政法规或者国务院另有规定的，依照其规定。

第五十三条 劳动争议仲裁不收费。劳动争议仲裁委员会的经费由财政予以保障。

第五十四条 本法自2008年5月1日起施行。

中华人民共和国民事诉讼法(节选)

(1991年4月9日第七届全国人民代表大会第四次会议通过,2007年10月28日第十届全国人民代表大会常委会员会第三十次会议第一次修正,2012年8月31日第十一届全国人民代表大会常务委员会第二十八次会议第二次修正)

第一编 总 则

第一章 任务、适用范围和基本原则

第一条 中华人民共和国民事诉讼法以宪法为根据,结合我国民事审判工作的经验和实际情况制定。

第二条 中华人民共和国民事诉讼法的任务,是保护当事人行使诉讼权利,保证人民法院查明事实,分清是非,正确适用法律,及时审理民事案件,确认民事权利义务关系,制裁民事违法行为,保护当事人的合法权益,教育公民自觉遵守法律,维护社会秩序、经济秩序,保障社会主义建设事业顺利进行。

第三条 人民法院受理公民之间、法人之间、其他组织之间以及他们相互之间因财产关系和人身关系提起的民事诉讼,适用本法的规定。

第四条 凡在中华人民共和国领域内进行民事诉讼,必须遵守本法。

第六条 民事案件的审判权由人民法院行使。

人民法院依照法律规定对民事案件独立进行审判,不受行政机关、社会团体和个人的干涉。

第七条 人民法院审理民事案件,必须以事实为根据,以法律为准绳。

第八条 民事诉讼当事人有平等的诉讼权利。人民法院审理民事案件,应当保障和便利当事人行使诉讼权利,对当事人在适用法律上一律平等。

第九条 人民法院审理民事案件,应当根据自愿和合法的原则进行调解;调解不成的,应当及时判决。

第十条 人民法院审理民事案件,依照法律规定实行合议、回避、公开审判和两审终审制度。

第十一条 各民族公民都有用本民族语言、文字进行民事诉讼的权利。

在少数民族聚居或者多民族共同居住的地区,人民法院应当用当地民族通用的语言、文字进行审理和发布法律文书。

人民法院应当对不通晓当地民族通用的语言、文字的诉讼参与人提供翻译。

第十二条 人民法院审理民事案件时,当事人有权进行辩论。

第十三条 民事诉讼应当遵循诚实信用原则。

当事人有权在法律规定的范围内处分自己的民事权利和诉讼权利。

第十四条 人民检察院有权对民事诉讼实行法律监督。

第十五条 机关、社会团体、企业事业单位对损害国家、集体或者个人民事权益的行为,可以支持受损害的单位或者个人向人民法院起诉。

第十六条 民族自治地方的人民代表大会根据宪法和本法的原则,结合当地民族的具体情况,可以制定变通或者补充的规定。自治区的规定,报全国人民代表大会常务委员会批准。自治州、自治县的规定,报省或者自治区的人民代表大会常务委员会批准,并报全国人民代表大会常务委员会备案。

第二章 管 辖

第一节 级别管辖

第十七条 基层人民法院管辖第一审民事案件,但本法另有规定的除外。

第十八条 中级人民法院管辖下列第一审民事案件:

(一)重大涉外案件;

(二)在本辖区有重大影响的案件;

(三)最高人民法院确定由中级人民法院管辖的案件。

第十九条 高级人民法院管辖在本辖区有重大影响的第一审民事案件。

第二十条 最高人民法院管辖下列第一审民事案件:

(一)在全国有重大影响的案件;

(二)认为应当由本院审理的案件。

第二节 地域管辖

第二十一条 对公民提起的民事诉讼,由被告住所地人民法院管辖;被告住所地与经常居住地不一致的,由经常居住地人民法院管辖。

对法人或者其他组织提起的民事诉讼,由被告住所地人民法院管辖。

同一诉讼的几个被告住所地、经常居住地在两个以上人民法院辖区的,各该人民法院都有管辖权。

第二十二条 下列民事诉讼,由原告住所地人民法院管辖;原告住所地与经常居住地不一致的,由原告经常居住地人民法院管辖:

(一)对不在中华人民共和国领域内居住的人提起的有关身份关系的诉讼;

(二)对下落不明或者宣告失踪的人提起的有关身份关系的诉讼;

(三)对被采取强制性教育措施的人提起的诉讼;
(四)对被监禁的人提起的诉讼。

第二十三条　因合同纠纷提起的诉讼,由被告住所地或者合同履行地人民法院管辖。

第二十四条　因保险合同纠纷提起的诉讼,由被告住所地或者保险标的物所在地人民法院管辖。

第二十五条　因票据纠纷提起的诉讼,由票据支付地或者被告住所地人民法院管辖。

第二十六条　因公司设立、确认股东资格、分配利润、解散等纠纷提起的诉讼,由公司住所地人民法院管辖。

第二十七条　因铁路、公路、水上、航空运输和联合运输合同纠纷提起的诉讼,由运输始发地、目的地或者被告住所地人民法院管辖。

第二十八条　因侵权行为提起的诉讼,由侵权行为地或者被告住所地人民法院管辖。

第二十九条　因铁路、公路、水上和航空事故请求损害赔偿提起的诉讼,由事故发生地或者车辆、船舶最先到达地、航空器最先降落地或者被告住所地人民法院管辖。

第三十条　因船舶碰撞或者其他海事损害事故请求损害赔偿提起的诉讼,由碰撞发生地、碰撞船舶最先到达地、加害船舶被扣留地或者被告住所地人民法院管辖。

第三十一条　因海难救助费用提起的诉讼,由救助地或者被救助船舶最先到达地人民法院管辖。

第三十二条　因共同海损提起的诉讼,由船舶最先到达地、共同海损理算地或者航程终止地的人民法院管辖。

第三十三条　下列案件,由本条规定的人民法院专属管辖:
(一)因不动产纠纷提起的诉讼,由不动产所在地人民法院管辖;
(二)因港口作业中发生纠纷提起的诉讼,由港口所在地人民法院管辖;
(三)因继承遗产纠纷提起的诉讼,由被继承人死亡时住所地或者主要遗产所在地人民法院管辖。

第三十四条　合同或者其他财产权益纠纷的当事人可以书面协议选择被告住所地、合同履行地、合同签订地、原告住所地、标的物所在地等与争议有实际联系的地点的人民法院管辖,但不得违反本法对级别管辖和专属管辖的规定。

第三十五条 两个以上人民法院都有管辖权的诉讼,原告可以向其中一个人民法院起诉;原告向两个以上有管辖权的人民法院起诉的,由最先立案的人民法院管辖。

第三节 移送管辖和指定管辖

第三十六条 人民法院发现受理的案件不属于本院管辖的,应当移送有管辖权的人民法院,受移送的人民法院应当受理。受移送的人民法院认为受移送的案件依照规定不属于本院管辖的,应当报请上级人民法院指定管辖,不得再自行移送。

第三十七条 有管辖权的人民法院由于特殊原因,不能行使管辖权的,由上级人民法院指定管辖。

人民法院之间因管辖权发生争议,由争议双方协商解决;协商解决不了的,报请它们的共同上级人民法院指定管辖。

第三十八条 上级人民法院有权审理下级人民法院管辖的第一审民事案件;确有必要将本院管辖的第一审民事案件交下级人民法院审理的,应当报请其上级人民法院批准。

下级人民法院对它所管辖的第一审民事案件,认为需要由上级人民法院审理的,可以报请上级人民法院审理。

第四章 回 避

第四十四条 审判人员有下列情形之一的,应当自行回避,当事人有权用口头或者书面方式申请他们回避:

(一)是本案当事人或者当事人、诉讼代理人近亲属的;

(二)与本案有利害关系的;

(三)与本案当事人、诉讼代理人有其他关系,可能影响对案件公正审理的。

审判人员接受当事人、诉讼代理人请客送礼,或者违反规定会见当事人、诉讼代理人的,当事人有权要求他们回避。

审判人员有前款规定的行为的,应当依法追究法律责任。

前三款规定,适用于书记员、翻译人员、鉴定人、勘验人。

第四十五条 当事人提出回避申请,应当说明理由,在案件开始审理时提出;回避事由在案件开始审理后知道的,也可以在法庭辩论终结前提出。

被申请回避的人员在人民法院作出是否回避的决定前,应当暂停参与本案的工作,但案件需要采取紧急措施的除外。

第四十六条　院长担任审判长时的回避,由审判委员会决定;审判人员的回避,由院长决定;其他人员的回避,由审判长决定。

第四十七条　人民法院对当事人提出的回避申请,应当在申请提出的三日内,以口头或者书面形式作出决定。申请人对决定不服的,可以在接到决定时申请复议一次。复议期间,被申请回避的人员,不停止参与本案的工作。人民法院对复议申请,应当在三日内作出复议决定,并通知复议申请人。

第五章　诉讼参加人

第一节　当事人

第四十八条　公民、法人和其他组织可以作为民事诉讼的当事人。

法人由其法定代表人进行诉讼。其他组织由其主要负责人进行诉讼。

第四十九条　当事人有权委托代理人,提出回避申请,收集、提供证据,进行辩论,请求调解,提起上诉,申请执行。

当事人可以查阅本案有关材料,并可以复制本案有关材料和法律文书。查阅、复制本案有关材料的范围和办法由最高人民法院规定。

当事人必须依法行使诉讼权利,遵守诉讼秩序,履行发生法律效力的判决书、裁定书和调解书。

第五十条　双方当事人可以自行和解。

第五十一条　原告可以放弃或者变更诉讼请求。被告可以承认或者反驳诉讼请求,有权提起反诉。

第五十二条　当事人一方或者双方为二人以上,其诉讼标的是共同的,或者诉讼标的是同一种类、人民法院认为可以合并审理并经当事人同意的,为共同诉讼。

共同诉讼的一方当事人对诉讼标的有共同权利义务的,其中一人的诉讼行为经其他共同诉讼人承认,对其他共同诉讼人发生效力;对诉讼标的没有共同权利义务的,其中一人的诉讼行为对其他共同诉讼人不发生效力。

第五十三条　当事人一方人数众多的共同诉讼,可以由当事人推选代表人进行诉讼。代表人的诉讼行为对其所代表的当事人发生效力,但代表人变更、放弃诉讼请求或者承认对方当事人的诉讼请求,进行和解,必须经被代表的当事人同意。

第五十四条　诉讼标的是同一种类、当事人一方人数众多在起诉时人数尚未确定的,人民法院可以发出公告,说明案件情况和诉讼请求,通知权利人在一定期间向人民法院登记。

向人民法院登记的权利人可以推选代表人进行诉讼；推选不出代表人的，人民法院可以与参加登记的权利人商定代表人。

代表人的诉讼行为对其所代表的当事人发生效力，但代表人变更、放弃诉讼请求或者承认对方当事人的诉讼请求，进行和解，必须经被代表的当事人同意。

人民法院作出的判决、裁定，对参加登记的全体权利人发生效力。未参加登记的权利人在诉讼时效期间提起诉讼的，适用该判决、裁定。

第五十五条　对污染环境、侵害众多消费者合法权益等损害社会公共利益的行为，法律规定的机关和有关组织可以向人民法院提起诉讼。

第五十六条　对当事人双方的诉讼标的，第三人认为有独立请求权的，有权提起诉讼。

对当事人双方的诉讼标的，第三人虽然没有独立请求权，但案件处理结果同他有法律上的利害关系的，可以申请参加诉讼，或者由人民法院通知他参加诉讼。人民法院判决承担民事责任的第三人，有当事人的诉讼权利义务。

前两款规定的第三人，因不能归责于本人的事由未参加诉讼，但有证据证明发生法律效力的判决、裁定、调解书的部分或者全部内容错误，损害其民事权益的，可以自知道或者应当知道其民事权益受到损害之日起六个月内，向作出该判决、裁定、调解书的人民法院提起诉讼。人民法院经审理，诉讼请求成立的，应当改变或者撤销原判决、裁定、调解书；诉讼请求不成立的，驳回诉讼请求。

第二节　诉讼代理人

第五十七条　无诉讼行为能力人由他的监护人作为法定代理人代为诉讼。法定代理人之间互相推诿代理责任的，由人民法院指定其中一人代为诉讼。

第五十八条　当事人、法定代理人可以委托一至二人作为诉讼代理人。

下列人员可以被委托为诉讼代理人：

(一)律师、基层法律服务工作者；

(二)当事人的近亲属或者工作人员；

(三)当事人所在社区、单位以及有关社会团体推荐的公民。

第五十九条　委托他人代为诉讼，必须向人民法院提交由委托人签名或者盖章的授权委托书。

授权委托书必须记明委托事项和权限。诉讼代理人代为承认、放弃、变更诉讼请求，进行和解，提起反诉或者上诉，必须有委托人的特别授权。

侨居在国外的中华人民共和国公民从国外寄交或者托交的授权委托书，必须经中华人民共和国驻该国的使领馆证明;没有使领馆的,由与中华人民共和国有外交关系的第三国驻该国的使领馆证明,再转由中华人民共和国驻该第三国使领馆证明,或者由当地的爱国华侨团体证明。

第六十条　诉讼代理人的权限如果变更或者解除,当事人应当书面告知人民法院,并由人民法院通知对方当事人。

第六十一条　代理诉讼的律师和其他诉讼代理人有权调查收集证据,可以查阅本案有关材料。查阅本案有关材料的范围和办法由最高人民法院规定。

第六十二条　离婚案件有诉讼代理人的,本人除不能表达意思的以外,仍应出庭;确因特殊情况无法出庭的,必须向人民法院提交书面意见。

第六章　证　据

第六十三条　证据包括:

(一)当事人的陈述;

(二)书证;

(三)物证;

(四)视听资料;

(五)电子数据;

(六)证人证言;

(七)鉴定意见;

(八)勘验笔录。

证据必须查证属实,才能作为认定事实的根据。

第六十四条　当事人对自己提出的主张,有责任提供证据。

当事人及其诉讼代理人因客观原因不能自行收集的证据,或者人民法院认为审理案件需要的证据,人民法院应当调查收集。

人民法院应当按照法定程序,全面地、客观地审查核实证据。

第六十五条　当事人对自己提出的主张应当及时提供证据。

人民法院根据当事人的主张和案件审理情况,确定当事人应当提供的证据及其期限。当事人在该期限内提供证据确有困难的,可以向人民法院申请延长期限,人民法院根据当事人的申请适当延长。当事人逾期提供证据的,人民法院应当责令其说明理由;拒不说明理由或者理由不成立的,人民法院根据不同情形可以不予采纳该证据,或者采纳该证据但予以训诫、罚款。

第七十二条　凡是知道案件情况的单位和个人,都有义务出庭作证。有关单位的负责人应当支持证人作证。

不能正确表达意思的人,不能作证。

第七十三条 经人民法院通知,证人应当出庭作证。有下列情形之一的,经人民法院许可,可以通过书面证言、视听传输技术或者视听资料等方式作证:

(一)因健康原因不能出庭的;

(二)因路途遥远,交通不便不能出庭的;

(三)因自然灾害等不可抗力不能出庭的;

(四)其他有正当理由不能出庭的。

第七十四条 证人因履行出庭作证义务而支出的交通、住宿、就餐等必要费用以及误工损失,由败诉一方当事人负担。当事人申请证人作证的,由该当事人先行垫付;当事人没有申请,人民法院通知证人作证的,由人民法院先行垫付。

第七十五条 人民法院对当事人的陈述,应当结合本案的其他证据,审查确定能否作为认定事实的根据。

当事人拒绝陈述的,不影响人民法院根据证据认定案件事实。

第七十六条 当事人可以就查明事实的专门性问题向人民法院申请鉴定。当事人申请鉴定的,由双方当事人协商确定具备资格的鉴定人;协商不成的,由人民法院指定。

当事人未申请鉴定,人民法院对专门性问题认为需要鉴定的,应当委托具备资格的鉴定人进行鉴定。

第七十七条 鉴定人有权了解进行鉴定所需要的案件材料,必要时可以询问当事人、证人。

鉴定人应当提出书面鉴定意见,在鉴定书上签名或者盖章。

第七十八条 当事人对鉴定意见有异议或者人民法院认为鉴定人有必要出庭的,鉴定人应当出庭作证。经人民法院通知,鉴定人拒不出庭作证的,鉴定意见不得作为认定事实的根据;支付鉴定费用的当事人可以要求返还鉴定费用。

第七十九条 当事人可以申请人民法院通知有专门知识的人出庭,就鉴定人作出的鉴定意见或者专业问题提出意见。

第八十条 勘验物证或者现场,勘验人必须出示人民法院的证件,并邀请当地基层组织或者当事人所在单位派人参加。当事人或者当事人的成年家属应当到场,拒不到场的,不影响勘验的进行。

有关单位和个人根据人民法院的通知,有义务保护现场,协助勘验工作。

勘验人应当将勘验情况和结果制作笔录,由勘验人、当事人和被邀参加人签名或者盖章。

第八十一条　在证据可能灭失或者以后难以取得的情况下,当事人可以在诉讼过程中向人民法院申请保全证据,人民法院也可以主动采取保全措施。

因情况紧急,在证据可能灭失或者以后难以取得的情况下,利害关系人可以在提起诉讼或者申请仲裁前向证据所在地、被申请人住所地或者对案件有管辖权的人民法院申请保全证据。

证据保全的其他程序,参照适用本法第九章保全的有关规定。

第八章　调　解

第九十三条　人民法院审理民事案件,根据当事人自愿的原则,在事实清楚的基础上,分清是非,进行调解。

第九十四条　人民法院进行调解,可以由审判员一人主持,也可以由合议庭主持,并尽可能就地进行。

人民法院进行调解,可以用简便方式通知当事人、证人到庭。

第九十五条　人民法院进行调解,可以邀请有关单位和个人协助。被邀请的单位和个人,应当协助人民法院进行调解。

第九十六条　调解达成协议,必须双方自愿,不得强迫。调解协议的内容不得违反法律规定。

第九十七条　调解达成协议,人民法院应当制作调解书。调解书应当写明诉讼请求、案件的事实和调解结果。

调解书由审判人员、书记员署名,加盖人民法院印章,送达双方当事人。

调解书经双方当事人签收后,即具有法律效力。

第九十八条　下列案件调解达成协议,人民法院可以不制作调解书:

(一)调解和好的离婚案件;

(二)调解维持收养关系的案件;

(三)能够即时履行的案件;

(四)其他不需要制作调解书的案件。

对不需要制作调解书的协议,应当记入笔录,由双方当事人、审判人员、书记员签名或者盖章后,即具有法律效力。

第九十九条　调解未达成协议或者调解书送达前一方反悔的,人民法院应当及时判决。

第九章 保全和先予执行

第一百条 人民法院对于可能因当事人一方的行为或者其他原因,使判决难以执行或者造成当事人其他损害的案件,根据对方当事人的申请,可以裁定对其财产进行保全、责令其作出一定行为或者禁止其作出一定行为;当事人没有提出申请的,人民法院在必要时也可以裁定采取保全措施。

人民法院采取保全措施,可以责令申请人提供担保,申请人不提供担保的,裁定驳回申请。

人民法院接受申请后,对情况紧急的,必须在四十八小时内作出裁定;裁定采取保全措施的,应当立即开始执行。

第一百零一条 利害关系人因情况紧急,不立即申请保全将会使其合法权益受到难以弥补的损害的,可以在提起诉讼或者申请仲裁前向被保全财产所在地、被申请人住所地或者对案件有管辖权的人民法院申请采取保全措施。申请人应当提供担保,不提供担保的,裁定驳回申请。

人民法院接受申请后,必须在四十八小时内作出裁定;裁定采取保全措施的,应当立即开始执行。

申请人在人民法院采取保全措施后三十日内不依法提起诉讼或者申请仲裁的,人民法院应当解除保全。

第一百零二条 保全限于请求的范围,或者与本案有关的财物。

第一百零三条 财产保全采取查封、扣押、冻结或者法律规定的其他方法。人民法院保全财产后,应当立即通知被保全财产的人。

财产已被查封、冻结的,不得重复查封、冻结。

第一百零四条 财产纠纷案件,被申请人提供担保的,人民法院应当裁定解除保全。

第一百零五条 申请有错误的,申请人应当赔偿被申请人因保全所遭受的损失。

第一百零六条 人民法院对下列案件,根据当事人的申请,可以裁定先予执行:

(一)追索赡养费、扶养费、抚育费、抚恤金、医疗费用的;

(二)追索劳动报酬的;

(三)因情况紧急需要先予执行的。

第一百零七条 人民法院裁定先予执行的,应当符合下列条件:

（一）当事人之间权利义务关系明确,不先予执行将严重影响申请人的生活或者生产经营的;

（二）被申请人有履行能力。

人民法院可以责令申请人提供担保,申请人不提供担保的,驳回申请。申请人败诉的,应当赔偿被申请人因先予执行遭受的财产损失。

第一百零八条　当事人对保全或者先予执行的裁定不服的,可以申请复议一次。复议期间不停止裁定的执行。

第十章　对妨害民事诉讼的强制措施

第一百零九条　人民法院对必须到庭的被告,经两次传票传唤,无正当理由拒不到庭的,可以拘传。

第一百一十条　诉讼参与人和其他人应当遵守法庭规则。

人民法院对违反法庭规则的人,可以予以训诫,责令退出法庭或者予以罚款、拘留。

人民法院对哄闹、冲击法庭,侮辱、诽谤、威胁、殴打审判人员,严重扰乱法庭秩序的人,依法追究刑事责任;情节较轻的,予以罚款、拘留。

第一百一十一条　诉讼参与人或者其他人有下列行为之一的,人民法院可以根据情节轻重予以罚款、拘留;构成犯罪的,依法追究刑事责任:

（一）伪造、毁灭重要证据,妨碍人民法院审理案件的;

（二）以暴力、威胁、贿买方法阻止证人作证或者指使、贿买、胁迫他人作伪证的;

（三）隐藏、转移、变卖、毁损已被查封、扣押的财产,或者已被清点并责令其保管的财产,转移已被冻结的财产的;

（四）对司法工作人员、诉讼参加人、证人、翻译人员、鉴定人、勘验人、协助执行的人,进行侮辱、诽谤、诬陷、殴打或者打击报复的;

（五）以暴力、威胁或者其他方法阻碍司法工作人员执行职务的;

（六）拒不履行人民法院已经发生法律效力的判决、裁定的。

人民法院对有前款规定的行为之一的单位,可以对其主要负责人或者直接责任人员予以罚款、拘留;构成犯罪的,依法追究刑事责任。

第二编 审判程序

第十二章 第一审普通程序

第一节 起诉和受理

第一百一十九条 起诉必须符合下列条件:
(一)原告是与本案有直接利害关系的公民、法人和其他组织;
(二)有明确的被告;
(三)有具体的诉讼请求和事实、理由;
(四)属于人民法院受理民事诉讼的范围和受诉人民法院管辖。

第一百二十条 起诉应当向人民法院递交起诉状,并按照被告人数提出副本。

书写起诉状确有困难的,可以口头起诉,由人民法院记入笔录,并告知对方当事人。

第一百二十一条 起诉状应当记明下列事项:
(一)原告的姓名、性别、年龄、民族、职业、工作单位、住所、联系方式,法人或者其他组织的名称、住所和法定代表人或者主要负责人的姓名、职务、联系方式;
(二)被告的姓名、性别、工作单位、住所等信息,法人或者其他组织的名称、住所等信息;
(三)诉讼请求和所根据的事实与理由;
(四)证据和证据来源,证人姓名和住所。

第一百二十二条 当事人起诉到人民法院的民事纠纷,适宜调解的,先行调解,但当事人拒绝调解的除外。

第一百二十三条 人民法院应当保障当事人依照法律规定享有的起诉权利。对符合本法第一百一十九条的起诉,必须受理。符合起诉条件的,应当在七日内立案,并通知当事人;不符合起诉条件的,应当在七日内作出裁定书,不予受理;原告对裁定不服的,可以提起上诉。

第一百二十四条 人民法院对下列起诉,分别情形,予以处理:
(一)依照行政诉讼法的规定,属于行政诉讼受案范围的,告知原告提起行政诉讼;
(二)依照法律规定,双方当事人达成书面仲裁协议申请仲裁、不得向人民法院起诉的,告知原告向仲裁机构申请仲裁;

(三)依照法律规定,应当由其他机关处理的争议,告知原告向有关机关申请解决;

(四)对不属于本院管辖的案件,告知原告向有管辖权的人民法院起诉;

(五)对判决、裁定、调解书已经发生法律效力的案件,当事人又起诉的,告知原告申请再审,但人民法院准许撤诉的裁定除外;

(六)依照法律规定,在一定期限内不得起诉的案件,在不得起诉的期限内起诉的,不予受理;

(七)判决不准离婚和调解和好的离婚案件,判决、调解维持收养关系的案件,没有新情况、新理由,原告在六个月内又起诉的,不予受理。

第二节 审理前的准备

第一百二十七条 人民法院受理案件后,当事人对管辖权有异议的,应当在提交答辩状期间提出。人民法院对当事人提出的异议,应当审查。异议成立的,裁定将案件移送有管辖权的人民法院;异议不成立的,裁定驳回。

当事人未提出管辖异议,并应诉答辩的,视为受诉人民法院有管辖权,但违反级别管辖和专属管辖规定的除外。

第一百二十八条 合议庭组成人员确定后,应当在三日内告知当事人。

第一百二十九条 审判人员必须认真审核诉讼材料,调查收集必要的证据。

第一百三十条 人民法院派出人员进行调查时,应当向被调查人出示证件。调查笔录经被调查人校阅后,由被调查人、调查人签名或者盖章。

第一百三十二条 必须共同进行诉讼的当事人没有参加诉讼的,人民法院应当通知其参加诉讼。

第一百三十三条 人民法院对受理的案件,分别情形,予以处理:

(一)当事人没有争议,符合督促程序规定条件的,可以转入督促程序;

(二)开庭前可以调解的,采取调解方式及时解决纠纷;

(三)根据案件情况,确定适用简易程序或者普通程序;

(四)需要开庭审理的,通过要求当事人交换证据等方式,明确争议焦点。

第三节 开庭审理

第一百三十四条 人民法院审理民事案件,除涉及国家秘密、个人隐私或者法律另有规定的以外,应当公开进行。

离婚案件,涉及商业秘密的案件,当事人申请不公开审理的,可以不公开审理。

第一百三十五条 人民法院审理民事案件,根据需要进行巡回审理,就地办案。

第一百三十六条 人民法院审理民事案件,应当在开庭三日前通知当事人和其他诉讼参与人。公开审理的,应当公告当事人姓名、案由和开庭的时间、地点。

第一百三十七条 开庭审理前,书记员应当查明当事人和其他诉讼参与人是否到庭,宣布法庭纪律。

开庭审理时,由审判长核对当事人,宣布案由,宣布审判人员、书记员名单,告知当事人有关的诉讼权利义务,询问当事人是否提出回避申请。

第一百三十八条 法庭调查按照下列顺序进行:

(一)当事人陈述;

(二)告知证人的权利义务,证人作证,宣读未到庭的证人证言;

(三)出示书证、物证、视听资料和电子数据;

(四)宣读鉴定意见;

(五)宣读勘验笔录。

第一百三十九条 当事人在法庭上可以提出新的证据。

当事人经法庭许可,可以向证人、鉴定人、勘验人发问。

当事人要求重新进行调查、鉴定或者勘验的,是否准许,由人民法院决定。

第一百四十条 原告增加诉讼请求,被告提出反诉,第三人提出与本案有关的诉讼请求,可以合并审理。

第一百四十一条 法庭辩论按照下列顺序进行:

(一)原告及其诉讼代理人发言;

(二)被告及其诉讼代理人答辩;

(三)第三人及其诉讼代理人发言或者答辩;

(四)互相辩论。

法庭辩论终结,由审判长按照原告、被告、第三人的先后顺序征询各方最后意见。

第一百四十二条 法庭辩论终结,应当依法作出判决。判决前能够调解的,还可以进行调解,调解不成的,应当及时判决。

第一百四十三条 原告经传票传唤,无正当理由拒不到庭的,或者未经法庭许可中途退庭的,可以按撤诉处理;被告反诉的,可以缺席判决。

第一百四十四条 被告经传票传唤,无正当理由拒不到庭的,或者未经法庭许可中途退庭的,可以缺席判决。

第一百四十五条 宣判前,原告申请撤诉的,是否准许,由人民法院裁定。

人民法院裁定不准许撤诉的,原告经传票传唤,无正当理由拒不到庭的,可以缺席判决。

第一百四十八条 人民法院对公开审理或者不公开审理的案件,一律公开宣告判决。

当庭宣判的,应当在十日内发送判决书;定期宣判的,宣判后立即发给判决书。

宣告判决时,必须告知当事人上诉权利、上诉期限和上诉的法院。

宣告离婚判决,必须告知当事人在判决发生法律效力前不得另行结婚。

第一百四十九条 人民法院适用普通程序审理的案件,应当在立案之日起六个月内审结。有特殊情况需要延长的,由本院院长批准,可以延长六个月;还需要延长的,报请上级人民法院批准。

第五节 判决和裁定

第一百五十六条 公众可以查阅发生法律效力的判决书、裁定书,但涉及国家秘密、商业秘密和个人隐私的内容除外。

第十三章 简易程序

第一百五十七条 基层人民法院和它派出的法庭审理事实清楚、权利义务关系明确、争议不大的简单的民事案件,适用本章规定。

基层人民法院和它派出的法庭审理前款规定以外的民事案件,当事人双方也可以约定适用简易程序。

第一百五十八条 对简单的民事案件,原告可以口头起诉。

当事人双方可以同时到基层人民法院或者它派出的法庭,请求解决纠纷。基层人民法院或者它派出的法庭可以当即审理,也可以另定日期审理。

第一百五十九条 基层人民法院和它派出的法庭审理简单的民事案件,可以用简便方式传唤当事人和证人、送达诉讼文书、审理案件,但应当保障当事人陈述意见的权利。

第一百六十条 简单的民事案件由审判员一人独任审理,并不受本法第一百三十六条、第一百三十八条、第一百四十一条规定的限制。

第一百六十一条 人民法院适用简易程序审理案件,应当在立案之日起三个月内审结。

第一百六十二条 基层人民法院和它派出的法庭审理符合本法第一百五十

七条第一款规定的简单的民事案件,标的额为各省、自治区、直辖市上年度就业人员年平均工资百分之三十以下的,实行一审终审。

第一百六十三条　人民法院在审理过程中,发现案件不宜适用简易程序的,裁定转为普通程序。

第十四章　第二审程序

第一百六十四条　当事人不服地方人民法院第一审判决的,有权在判决书送达之日起十五日内向上一级人民法院提起上诉。

当事人不服地方人民法院第一审裁定的,有权在裁定书送达之日起十日内向上一级人民法院提起上诉。

第一百六十五条　上诉应当递交上诉状。上诉状的内容,应当包括当事人的姓名,法人的名称及其法定代表人的姓名或者其他组织的名称及其主要负责人的姓名;原审人民法院名称、案件的编号和案由;上诉的请求和理由。

第一百六十六条　上诉状应当通过原审人民法院提出,并按照对方当事人或者代表人的人数提出副本。

当事人直接向第二审人民法院上诉的,第二审人民法院应当在五日内将上诉状移交原审人民法院。

第一百六十七条　原审人民法院收到上诉状,应当在五日内将上诉状副本送达对方当事人,对方当事人在收到之日起十五日内提出答辩状。人民法院应当在收到答辩状之日起五日内将副本送达上诉人。对方当事人不提出答辩状的,不影响人民法院审理。

原审人民法院收到上诉状、答辩状,应当在五日内连同全部案卷和证据,报送第二审人民法院。

第一百六十八条　第二审人民法院应当对上诉请求的有关事实和适用法律进行审查。

第一百六十九条　第二审人民法院对上诉案件,应当组成合议庭,开庭审理。经过阅卷、调查和询问当事人,对没有提出新的事实、证据或者理由,合议庭认为不需要开庭审理的,可以不开庭审理。

第二审人民法院审理上诉案件,可以在本院进行,也可以到案件发生地或者原审人民法院所在地进行。

第一百七十条　第二审人民法院对上诉案件,经过审理,按照下列情形,分别处理:

(一)原判决、裁定认定事实清楚,适用法律正确的,以判决、裁定方式驳回上诉,维持原判决、裁定;

(二)原判决、裁定认定事实错误或者适用法律错误的,以判决、裁定方式依法改判、撤销或者变更;

(三)原判决认定基本事实不清的,裁定撤销原判决,发回原审人民法院重审,或者查清事实后改判;

(四)原判决遗漏当事人或者违法缺席判决等严重违反法定程序的,裁定撤销原判决,发回原审人民法院重审。

原审人民法院对发回重审的案件作出判决后,当事人提起上诉的,第二审人民法院不得再次发回重审。

第一百七十六条　人民法院审理对判决的上诉案件,应当在第二审立案之日起三个月内审结。有特殊情况需要延长的,由本院院长批准。

人民法院审理对裁定的上诉案件,应当在第二审立案之日起三十日内作出终审裁定。

第十五章　特别程序

第一节　一般规定

第一百七十七条　人民法院审理选民资格案件、宣告失踪或者宣告死亡案件、认定公民无民事行为能力或者限制民事行为能力案件、认定财产无主案件、确认调解协议案件和实现担保物权案件,适用本章规定。本章没有规定的,适用本法和其他法律的有关规定。

第一百七十八条　依照本章程序审理的案件,实行一审终审。选民资格案件或者重大、疑难的案件,由审判员组成合议庭审理;其他案件由审判员一人独任审理。

第一百七十九条　人民法院在依照本章程序审理案件的过程中,发现本案属于民事权益争议的,应当裁定终结特别程序,并告知利害关系人可以另行起诉。

第一百八十条　人民法院适用特别程序审理的案件,应当在立案之日起三十日内或者公告期满后三十日内审结。有特殊情况需要延长的,由本院院长批准。但审理选民资格的案件除外。

第二节　选民资格案件

第一百八十一条　公民不服选举委员会对选民资格的申诉所作的处理决

定,可以在选举日的五日以前向选区所在地基层人民法院起诉。

第一百八十二条　人民法院受理选民资格案件后,必须在选举日前审结。

审理时,起诉人、选举委员会的代表和有关公民必须参加。

人民法院的判决书,应当在选举日前送达选举委员会和起诉人,并通知有关公民。

第三节　宣告失踪、宣告死亡案件

第一百八十三条　公民下落不明满二年,利害关系人申请宣告其失踪的,向下落不明人住所地基层人民法院提出。

申请书应当写明失踪的事实、时间和请求,并附有公安机关或者其他有关机关关于该公民下落不明的书面证明。

第一百八十四条　公民下落不明满四年,或者因意外事故下落不明满二年,或者因意外事故下落不明,经有关机关证明该公民不可能生存,利害关系人申请宣告其死亡的,向下落不明人住所地基层人民法院提出。

申请书应当写明下落不明的事实、时间和请求,并附有公安机关或者其他有关机关关于该公民下落不明的书面证明。

第一百八十五条　人民法院受理宣告失踪、宣告死亡案件后,应当发出寻找下落不明人的公告。宣告失踪的公告期间为三个月,宣告死亡的公告期间为一年。因意外事故下落不明,经有关机关证明该公民不可能生存的,宣告死亡的公告期间为三个月。

公告期间届满,人民法院应当根据被宣告失踪、宣告死亡的事实是否得到确认,作出宣告失踪、宣告死亡的判决或者驳回申请的判决。

第一百八十六条　被宣告失踪、宣告死亡的公民重新出现,经本人或者利害关系人申请,人民法院应当作出新判决,撤销原判决。

第四节　认定公民无民事行为能力、限制民事行为能力案件

第一百八十七条　申请认定公民无民事行为能力或者限制民事行为能力,由其近亲属或者其他利害关系人向该公民住所地基层人民法院提出。

申请书应当写明该公民无民事行为能力或者限制民事行为能力的事实和根据。

第一百八十八条　人民法院受理申请后,必要时应当对被请求认定为无民事行为能力或者限制民事行为能力的公民进行鉴定。申请人已提供鉴定意见的,应当对鉴定意见进行审查。

第一百八十九条　人民法院审理认定公民无民事行为能力或者限制民事行

为能力的案件,应当由该公民的近亲属为代理人,但申请人除外。近亲属互相推诿的,由人民法院指定其中一人为代理人。该公民健康情况许可的,还应当询问本人的意见。

人民法院经审理认定申请有事实根据的,判决该公民为无民事行为能力或者限制民事行为能力人;认定申请没有事实根据的,应当判决予以驳回。

第一百九十条　人民法院根据被认定为无民事行为能力人、限制民事行为能力人或者他的监护人的申请,证实该公民无民事行为能力或者限制民事行为能力的原因已经消除的,应当作出新判决,撤销原判决。

第五节　认定财产无主案件

第一百九十一条　申请认定财产无主,由公民、法人或者其他组织向财产所在地基层人民法院提出。

申请书应当写明财产的种类、数量以及要求认定财产无主的根据。

第一百九十二条　人民法院受理申请后,经审查核实,应当发出财产认领公告。公告满一年无人认领的,判决认定财产无主,收归国家或者集体所有。

第一百九十三条　判决认定财产无主后,原财产所有人或者继承人出现,在民法通则规定的诉讼时效期间可以对财产提出请求,人民法院审查属实后,应当作出新判决,撤销原判决。

第六节　确认调解协议案件

第一百九十四条　申请司法确认调解协议,由双方当事人依照人民调解法等法律,自调解协议生效之日起三十日内,共同向调解组织所在地基层人民法院提出。

第一百九十五条　人民法院受理申请后,经审查,符合法律规定的,裁定调解协议有效,一方当事人拒绝履行或者未全部履行的,对方当事人可以向人民法院申请执行;不符合法律规定的,裁定驳回申请,当事人可以通过调解方式变更原调解协议或者达成新的调解协议,也可以向人民法院提起诉讼。

第七节　实现担保物权案件

第一百九十六条　申请实现担保物权,由担保物权人以及其他有权请求实现担保物权的人依照物权法等法律,向担保财产所在地或者担保物权登记地基层人民法院提出。

第一百九十七条　人民法院受理申请后,经审查,符合法律规定的,裁定拍卖、变卖担保财产,当事人依据该裁定可以向人民法院申请执行;不符合法律规定的,裁定驳回申请,当事人可以向人民法院提起诉讼。

第十六章 审判监督程序

第一百九十八条 各级人民法院院长对本院已经发生法律效力的判决、裁定、调解书,发现确有错误,认为需要再审的,应当提交审判委员会讨论决定。

最高人民法院对地方各级人民法院已经发生法律效力的判决、裁定、调解书,上级人民法院对下级人民法院已经发生法律效力的判决、裁定、调解书,发现确有错误的,有权提审或者指令下级人民法院再审。

第一百九十九条 当事人对已经发生法律效力的判决、裁定,认为有错误的,可以向上一级人民法院申请再审;当事人一方人数众多或者当事人双方为公民的案件,也可以向原审人民法院申请再审。当事人申请再审的,不停止判决、裁定的执行。

第二百条 当事人的申请符合下列情形之一的,人民法院应当再审:

(一)有新的证据,足以推翻原判决、裁定的;

(二)原判决、裁定认定的基本事实缺乏证据证明的;

(三)原判决、裁定认定事实的主要证据是伪造的;

(四)原判决、裁定认定事实的主要证据未经质证的;

(五)对审理案件需要的主要证据,当事人因客观原因不能自行收集,书面申请人民法院调查收集,人民法院未调查收集的;

(六)原判决、裁定适用法律确有错误的;

(七)审判组织的组成不合法或者依法应当回避的审判人员没有回避的;

(八)无诉讼行为能力人未经法定代理人代为诉讼或者应当参加诉讼的当事人,因不能归责于本人或者其诉讼代理人的事由,未参加诉讼的;

(九)违反法律规定,剥夺当事人辩论权利的;

(十)未经传票传唤,缺席判决的;

(十一)原判决、裁定遗漏或者超出诉讼请求的;

(十二)据以作出原判决、裁定的法律文书被撤销或者变更的;

(十三)审判人员审理该案件时有贪污受贿,徇私舞弊,枉法裁判行为的。

第二百零一条 当事人对已经发生法律效力的调解书,提出证据证明调解违反自愿原则或者调解协议的内容违反法律的,可以申请再审。经人民法院审查属实的,应当再审。

第二百零二条 当事人对已经发生法律效力的解除婚姻关系的判决、调解书,不得申请再审。

第二百零三条　当事人申请再审的,应当提交再审申请书等材料。人民法院应当自收到再审申请书之日起五日内将再审申请书副本发送对方当事人。对方当事人应当自收到再审申请书副本之日起十五日内提交书面意见;不提交书面意见的,不影响人民法院审查。人民法院可以要求申请人和对方当事人补充有关材料,询问有关事项。

第二百零五条　当事人申请再审,应当在判决、裁定发生法律效力后六个月内提出;有本法第二百条第一项、第三项、第十二项、第十三项规定情形的,自知道或者应当知道之日起六个月内提出。

第十七章　督促程序

第二百一十四条　债权人请求债务人给付金钱、有价证券,符合下列条件的,可以向有管辖权的基层人民法院申请支付令:

(一)债权人与债务人没有其他债务纠纷的;

(二)支付令能够送达债务人的。

申请书应当写明请求给付金钱或者有价证券的数量和所根据的事实、证据。

第二百一十五条　债权人提出申请后,人民法院应当在五日内通知债权人是否受理。

第二百一十六条　人民法院受理申请后,经审查债权人提供的事实、证据,对债权债务关系明确、合法的,应当在受理之日起十五日内向债务人发出支付令;申请不成立的,裁定予以驳回。

债务人应当自收到支付令之日起十五日内清偿债务,或者向人民法院提出书面异议。

债务人在前款规定的期间不提出异议又不履行支付令的,债权人可以向人民法院申请执行。

第二百一十七条　人民法院收到债务人提出的书面异议后,经审查,异议成立的,应当裁定终结督促程序,支付令自行失效。

支付令失效的,转入诉讼程序,但申请支付令的一方当事人不同意提起诉讼的除外。

第三编 执行程序

第十九章 一般规定

第二百二十四条 发生法律效力的民事判决、裁定,以及刑事判决、裁定中的财产部分,由第一审人民法院或者与第一审人民法院同级的被执行的财产所在地人民法院执行。

法律规定由人民法院执行的其他法律文书,由被执行人住所地或者被执行的财产所在地人民法院执行。

第二百二十五条 当事人、利害关系人认为执行行为违反法律规定的,可以向负责执行的人民法院提出书面异议。当事人、利害关系人提出书面异议的,人民法院应当自收到书面异议之日起十五日内审查,理由成立的,裁定撤销或者改正;理由不成立的,裁定驳回。当事人、利害关系人对裁定不服的,可以自裁定送达之日起十日内向上一级人民法院申请复议。

第二百二十六条 人民法院自收到申请执行书之日起超过六个月未执行的,申请执行人可以向上一级人民法院申请执行。上一级人民法院经审查,可以责令原人民法院在一定期限内执行,也可以决定由本院执行或者指令其他人民法院执行。

中华人民共和国刑事诉讼法(节选)

(1979年7月1日第五届全国人民代表大会第二次会议通过,
1996年3月17日第八届全国人民代表大会第四次会议第一次修正,
2012年3月14日第十一届全国人民代表大会第五次会议第二次修正)

第一编 总 则

第一章 任务和基本原则

第一条 为了保证刑法的正确实施,惩罚犯罪,保护人民,保障国家安全和社会公共安全,维护社会主义社会秩序,根据宪法,制定本法。

第三条 对刑事案件的侦查、拘留、执行逮捕、预审,由公安机关负责。检察、批准逮捕、检察机关直接受理的案件的侦查、提起公诉,由人民检察院负责。

审判由人民法院负责。除法律特别规定的以外,其他任何机关、团体和个人都无权行使这些权力。

第十条　人民法院审判案件,实行两审终审制。

第十一条　人民法院审判案件,除本法另有规定的以外,一律公开进行。被告人有权获得辩护,人民法院有义务保证被告人获得辩护。

第十五条　有下列情形之一的,不追究刑事责任,已经追究的,应当撤销案件,或者不起诉,或者终止审理,或者宣告无罪:

(一)情节显著轻微、危害不大,不认为是犯罪的;

(二)犯罪已过追诉时效期限的;

(三)经特赦令免除刑罚的;

(四)依照刑法告诉才处理的犯罪,没有告诉或者撤回告诉的;

(五)犯罪嫌疑人、被告人死亡的;

(六)其他法律规定免予追究刑事责任的。

第二章　管　辖

第十八条　刑事案件的侦查由公安机关进行,法律另有规定的除外。

贪污贿赂犯罪,国家工作人员的渎职犯罪,国家机关工作人员利用职权实施的非法拘禁、刑讯逼供、报复陷害、非法搜查的侵犯公民人身权利的犯罪以及侵犯公民民主权利的犯罪,由人民检察院立案侦查。对于国家机关工作人员利用职权实施的其他重大的犯罪案件,需要由人民检察院直接受理的时候,经省级以上人民检察院决定,可以由人民检察院立案侦查。

自诉案件,由人民法院直接受理。

第二十条　中级人民法院管辖下列第一审刑事案件:

(一)危害国家安全、恐怖活动案件;

(二)可能判处无期徒刑、死刑的案件。

第二十四条　刑事案件由犯罪地的人民法院管辖。如果由被告人居住地的人民法院审判更为适宜的,可以由被告人居住地的人民法院管辖。

第二十五条　几个同级人民法院都有权管辖的案件,由最初受理的人民法院审判。在必要的时候,可以移送主要犯罪地的人民法院审判。

第二十六条　上级人民法院可以指定下级人民法院审判管辖不明的案件,也可以指定下级人民法院将案件移送其他人民法院审判。

第三章 回 避

第二十八条 审判人员、检察人员、侦查人员有下列情形之一的,应当自行回避,当事人及其法定代理人也有权要求他们回避:

(一)是本案的当事人或者是当事人的近亲属的;

(二)本人或者他的近亲属和本案有利害关系的;

(三)担任过本案的证人、鉴定人、辩护人、诉讼代理人的;

(四)与本案当事人有其他关系,可能影响公正处理案件的。

第二十九条 审判人员、检察人员、侦查人员不得接受当事人及其委托的人的请客送礼,不得违反规定会见当事人及其委托的人。

审判人员、检察人员、侦查人员违反前款规定的,应当依法追究法律责任。当事人及其法定代理人有权要求他们回避。

第三十条 审判人员、检察人员、侦查人员的回避,应当分别由院长、检察长、公安机关负责人决定;院长的回避,由本院审判委员会决定;检察长和公安机关负责人的回避,由同级人民检察院检察委员会决定

对侦查人员的回避作出决定前,侦查人员不能停止对案件的侦查。

对驳回申请回避的决定,当事人及其法定代理人可以申请复议一次。

第四章 辩护与代理

第三十二条 犯罪嫌疑人、被告人除自己行使辩护权以外,还可以委托一至二人作为辩护人。下列的人可以被委托为辩护人:

(一)律师;

(二)人民团体或者犯罪嫌疑人、被告人所在单位推荐的人;

(三)犯罪嫌疑人、被告人的监护人、亲友。

正在被执行刑罚或者依法被剥夺、限制人身自由的人,不得担任辩护人。

第三十三条 犯罪嫌疑人自被侦查机关第一次讯问或者采取强制措施之日起,有权委托辩护人;在侦查期间,只能委托律师作为辩护人。被告人有权随时委托辩护人。

侦查机关在第一次讯问犯罪嫌疑人或者对犯罪嫌疑人采取强制措施的时候,应当告知犯罪嫌疑人有权委托辩护人。人民检察院自收到移送审查起诉的案件材料之日起三日以内,应当告知犯罪嫌疑人有权委托辩护人。人民法院自受理案件之日起三日以内,应当告知被告人有权委托辩护人。犯罪嫌疑人、被告

人在押期间要求委托辩护人的,人民法院、人民检察院和公安机关应当及时转达其要求。

犯罪嫌疑人、被告人在押的,也可以由其监护人、近亲属代为委托辩护人。

辩护人接受犯罪嫌疑人、被告人委托后,应当及时告知办理案件的机关。

第三十四条　犯罪嫌疑人、被告人因经济困难或者其他原因没有委托辩护人的,本人及其近亲属可以向法律援助机构提出申请。对符合法律援助条件的,法律援助机构应当指派律师为其提供辩护。

犯罪嫌疑人、被告人是盲、聋、哑人,或者是尚未完全丧失辨认或者控制自己行为能力的精神病人,没有委托辩护人的,人民法院、人民检察院和公安机关应当通知法律援助机构指派律师为其提供辩护。

犯罪嫌疑人、被告人可能被判处无期徒刑、死刑,没有委托辩护人的,人民法院、人民检察院和公安机关应当通知法律援助机构指派律师为其提供辩护。

第三十五条　辩护人的责任是根据事实和法律,提出犯罪嫌疑人、被告人无罪、罪轻或者减轻、免除其刑事责任的材料和意见,维护犯罪嫌疑人、被告人的诉讼权利和其他合法权益。

第三十六条　辩护律师在侦查期间可以为犯罪嫌疑人提供法律帮助;代理申诉、控告;申请变更强制措施;向侦查机关了解犯罪嫌疑人涉嫌的罪名和案件有关情况,提出意见。

第三十七条　辩护律师可以同在押的犯罪嫌疑人、被告人会见和通信。其他辩护人经人民法院、人民检察院许可,也可以同在押的犯罪嫌疑人、被告人会见和通信。

辩护律师持律师执业证书、律师事务所证明和委托书或者法律援助公函要求会见在押的犯罪嫌疑人、被告人的,看守所应当及时安排会见,至迟不得超过四十八小时。

危害国家安全犯罪、恐怖活动犯罪、特别重大贿赂犯罪案件,在侦查期间辩护律师会见在押的犯罪嫌疑人,应当经侦查机关许可。上述案件,侦查机关应当事先通知看守所。

辩护律师会见在押的犯罪嫌疑人、被告人,可以了解案件有关情况,提供法律咨询等;自案件移送审查起诉之日起,可以向犯罪嫌疑人、被告人核实有关证据。辩护律师会见犯罪嫌疑人、被告人时不被监听。

辩护律师同被监视居住的犯罪嫌疑人、被告人会见、通信,适用第一款、第三款、第四款的规定。

第四十四条　公诉案件的被害人及其法定代理人或者近亲属，附带民事诉讼的当事人及其法定代理人，自案件移送审查起诉之日起，有权委托诉讼代理人。自诉案件的自诉人及其法定代理人，附带民事诉讼的当事人及其法定代理人，有权随时委托诉讼代理人。

人民检察院自收到移送审查起诉的案件材料之日起三日以内，应当告知被害人及其法定代理人或者其近亲属、附带民事诉讼的当事人及其法定代理人有权委托诉讼代理人。人民法院自受理自诉案件之日起三日以内，应当告知自诉人及其法定代理人、附带民事诉讼的当事人及其法定代理人有权委托诉讼代理人。

第五章　证　据

第四十八条　可以用于证明案件事实的材料，都是证据。

证据包括：

(一)物证；

(二)书证；

(三)证人证言；

(四)被害人陈述；

(五)犯罪嫌疑人、被告人供述和辩解；

(六)鉴定意见；

(七)勘验、检查、辨认、侦查实验等笔录；

(八)视听资料、电子数据。

证据必须经过查证属实，才能作为定案的根据。

第四十九条　公诉案件中被告人有罪的举证责任由人民检察院承担，自诉案件中被告人有罪的举证责任由自诉人承担。

第五十条　审判人员、检察人员、侦查人员必须依照法定程序，收集能够证实犯罪嫌疑人、被告人有罪或者无罪、犯罪情节轻重的各种证据。严禁刑讯逼供和以威胁、引诱、欺骗以及其他非法方法收集证据，不得强迫任何人证实自己有罪。必须保证一切与案件有关或者了解案情的公民，有客观地充分地提供证据的条件，除特殊情况外，可以吸收他们协助调查。

第五十三条　对一切案件的判处都要重证据，重调查研究，不轻信口供。只有被告人供述，没有其他证据的，不能认定被告人有罪和处以刑罚；没有被告人供述，证据确实、充分的，可以认定被告人有罪和处以刑罚。

证据确实、充分,应当符合以下条件:

(一)定罪量刑的事实都有证据证明;

(二)据以定案的证据均经法定程序查证属实;

(三)综合全案证据,对所认定事实已排除合理怀疑。

第五十四条　采用刑讯逼供等非法方法收集的犯罪嫌疑人、被告人供述和采用暴力、威胁等非法方法收集的证人证言、被害人陈述,应当予以排除。收集物证、书证不符合法定程序,可能严重影响司法公正的,应当予以补正或者作出合理解释;不能补正或者作出合理解释的,对该证据应当予以排除。

在侦查、审查起诉、审判时发现有应当排除的证据的,应当依法予以排除,不得作为起诉意见、起诉决定和判决的依据。

第五十五条　人民检察院接到报案、控告、举报或者发现侦查人员以非法方法收集证据的,应当进行调查核实。对于确有以非法方法收集证据情形的,应当提出纠正意见;构成犯罪的,依法追究刑事责任。

第五十八条　对于经过法庭审理,确认或者不能排除存在本法第五十四条规定的以非法方法收集证据情形的,对有关证据应当予以排除。

第五十九条　证人证言必须在法庭上经过公诉人、被害人和被告人、辩护人双方质证并且查实以后,才能作为定案的根据。法庭查明证人有意作伪证或者隐匿罪证的时候,应当依法处理。

第六十条　凡是知道案件情况的人,都有作证的义务。

生理上、精神上有缺陷或者年幼,不能辨别是非、不能正确表达的人,不能作证人。

第六十一条　人民法院、人民检察院和公安机关应当保障证人及其近亲属的安全。

对证人及其近亲属进行威胁、侮辱、殴打或者打击报复,构成犯罪的,依法追究刑事责任;尚不够刑事处罚的,依法给予治安管理处罚。

第六十二条　对于危害国家安全犯罪、恐怖活动犯罪、黑社会性质的组织犯罪、毒品犯罪等案件,证人、鉴定人、被害人因在诉讼中作证,本人或者其近亲属的人身安全面临危险的,人民法院、人民检察院和公安机关应当采取以下一项或者多项保护措施:

(一)不公开真实姓名、住址和工作单位等个人信息;

(二)采取不暴露外貌、真实声音等出庭作证措施;

(三)禁止特定的人员接触证人、鉴定人、被害人及其近亲属;

(四)对人身和住宅采取专门性保护措施;

(五)其他必要的保护措施。

证人、鉴定人、被害人认为因在诉讼中作证,本人或者其近亲属的人身安全面临危险的,可以向人民法院、人民检察院、公安机关请求予以保护。

人民法院、人民检察院、公安机关依法采取保护措施,有关单位和个人应当配合。

第六十三条　证人因履行作证义务而支出的交通、住宿、就餐等费用,应当给予补助。证人作证的补助列入司法机关业务经费,由同级政府财政予以保障。

有工作单位的证人作证,所在单位不得克扣或者变相克扣其工资、奖金及其他福利待遇。

第六章　强制措施

第六十四条　人民法院、人民检察院和公安机关根据案件情况,对犯罪嫌疑人、被告人可以拘传、取保候审或者监视居住。

第六十五条　人民法院、人民检察院和公安机关对有下列情形之一的犯罪嫌疑人、被告人,可以取保候审:

(一)可能判处管制、拘役或者独立适用附加刑的;

(二)可能判处有期徒刑以上刑罚,采取取保候审不致发生社会危险性的;

(三)患有严重疾病、生活不能自理,怀孕或者正在哺乳自己婴儿的妇女,采取取保候审不致发生社会危险性的;

(四)羁押期限届满,案件尚未办结,需要采取取保候审的。

取保候审由公安机关执行。

第六十六条　人民法院、人民检察院和公安机关决定对犯罪嫌疑人、被告人取保候审,应当责令犯罪嫌疑人、被告人提出保证人或者交纳保证金。

第六十七条　保证人必须符合下列条件:

(一)与本案无牵连;

(二)有能力履行保证义务;

(三)享有政治权利,人身自由未受到限制;

(四)有固定的住处和收入。

第六十八条　保证人应当履行以下义务:

(一)监督被保证人遵守本法第六十九条的规定;

(二)发现被保证人可能发生或者已经发生违反本法第六十九条规定的行为

的,应当及时向执行机关报告。

被保证人有违反本法第六十九条规定的行为,保证人未履行保证义务的,对保证人处以罚款,构成犯罪的,依法追究刑事责任。

第六十九条　被取保候审的犯罪嫌疑人、被告人应当遵守以下规定:

(一)未经执行机关批准不得离开所居住的市、县;

(二)住址、工作单位和联系方式发生变动的,在二十四小时以内向执行机关报告;

(三)在传讯的时候及时到案;

(四)不得以任何形式干扰证人作证;

(五)不得毁灭、伪造证据或者串供。

人民法院、人民检察院和公安机关可以根据案件情况,责令被取保候审的犯罪嫌疑人、被告人遵守以下一项或者多项规定:

(一)不得进入特定的场所;

(二)不得与特定的人员会见或者通信;

(三)不得从事特定的活动;

(四)将护照等出入境证件、驾驶证件交执行机关保存。

被取保候审的犯罪嫌疑人、被告人违反前两款规定,已交纳保证金的,没收部分或者全部保证金,并且区别情形,责令犯罪嫌疑人、被告人具结悔过,重新交纳保证金、提出保证人,或者监视居住、予以逮捕。

对违反取保候审规定,需要予以逮捕的,可以对犯罪嫌疑人、被告人先行拘留。

第七十条　取保候审的决定机关应当综合考虑保证诉讼活动正常进行的需要,被取保候审人的社会危险性,案件的性质、情节,可能判处刑罚的轻重,被取保候审人的经济状况等情况,确定保证金的数额。

提供保证金的人应当将保证金存入执行机关指定银行的专门账户。

第七十一条　犯罪嫌疑人、被告人在取保候审期间未违反本法第六十九条规定的,取保候审结束的时候,凭解除取保候审的通知或者有关法律文书到银行领取退还的保证金。

第七十二条　人民法院、人民检察院和公安机关对符合逮捕条件,有下列情形之一的犯罪嫌疑人、被告人,可以监视居住:

(一)患有严重疾病、生活不能自理的;

(二)怀孕或者正在哺乳自己婴儿的妇女;

（三）系生活不能自理的人的唯一扶养人；

（四）因为案件的特殊情况或者办理案件的需要，采取监视居住措施更为适宜的；

（五）羁押期限届满，案件尚未办结，需要采取监视居住措施的。

对符合取保候审条件，但犯罪嫌疑人、被告人不能提出保证人，也不交纳保证金的，可以监视居住。

监视居住由公安机关执行。

第七十三条　监视居住应当在犯罪嫌疑人、被告人的住处执行；无固定住处的，可以在指定的居所执行。对于涉嫌危害国家安全犯罪、恐怖活动犯罪、特别重大贿赂犯罪，在住处执行可能有碍侦查的，经上一级人民检察院或者公安机关批准，也可以在指定的居所执行。但是，不得在羁押场所、专门的办案场所执行。

指定居所监视居住的，除无法通知的以外，应当在执行监视居住后二十四小时以内，通知被监视居住人的家属。

被监视居住的犯罪嫌疑人、被告人委托辩护人，适用本法第三十三条的规定。

人民检察院对指定居所监视居住的决定和执行是否合法实行监督。

第七十四条　指定居所监视居住的期限应当折抵刑期。被判处管制的，监视居住一日折抵刑期一日；被判处拘役、有期徒刑的，监视居住二日折抵刑期一日。

第七十五条　被监视居住的犯罪嫌疑人、被告人应当遵守以下规定：

（一）未经执行机关批准不得离开执行监视居住的处所；

（二）未经执行机关批准不得会见他人或者通信；

（三）在传讯的时候及时到案；

（四）不得以任何形式干扰证人作证；

（五）不得毁灭、伪造证据或者串供；

（六）将护照等出入境证件、身份证件、驾驶证件交执行机关保存。

被监视居住的犯罪嫌疑人、被告人违反前款规定，情节严重的，可以予以逮捕；需要予以逮捕的，可以对犯罪嫌疑人、被告人先行拘留。

第七十六条　执行机关对被监视居住的犯罪嫌疑人、被告人，可以采取电子监控、不定期检查等监视方法对其遵守监视居住规定的情况进行监督；在侦查期间，可以对被监视居住的犯罪嫌疑人的通信进行监控。

第七十七条　人民法院、人民检察院和公安机关对犯罪嫌疑人、被告人取保候审最长不得超过十二个月,监视居住最长不得超过六个月。

在取保候审、监视居住期间,不得中断对案件的侦查、起诉和审理。对于发现不应当追究刑事责任或者取保候审、监视居住期限届满的,应当及时解除取保候审、监视居住。解除取保候审、监视居住,应当及时通知被取保候审、监视居住人和有关单位。

第七十八条 逮捕犯罪嫌疑人、被告人,必须经过人民检察院批准或者人民法院决定,由公安机关执行。

第七十九条 对有证据证明有犯罪事实,可能判处徒刑以上刑罚的犯罪嫌疑人、被告人,采取取保候审尚不足以防止发生下列社会危险性的,应当予以逮捕:

(一)可能实施新的犯罪的;

(二)有危害国家安全、公共安全或者社会秩序的现实危险的;

(三)可能毁灭、伪造证据,干扰证人作证或者串供的;

(四)可能对被害人、举报人、控告人实施打击报复的;

(五)企图自杀或者逃跑的。

对有证据证明有犯罪事实,可能判处十年有期徒刑以上刑罚的,或者有证据证明有犯罪事实,可能判处徒刑以上刑罚,曾经故意犯罪或者身份不明的,应当予以逮捕。

被取保候审、监视居住的犯罪嫌疑人、被告人违反取保候审、监视居住规定,情节严重的,可以予以逮捕。

第八十条 公安机关对于现行犯或者重大嫌疑分子,如果有下列情形之一的,可以先行拘留:

(一)正在预备犯罪、实行犯罪或者在犯罪后即时被发觉的;

(二)被害人或者在场亲眼看见的人指认他犯罪的;

(三)在身边或者住处发现有犯罪证据的;

(四)犯罪后企图自杀、逃跑或者在逃的;

(五)有毁灭、伪造证据或者串供可能的;

(六)不讲真实姓名、住址,身份不明的;

(七)有流窜作案、多次作案、结伙作案重大嫌疑的。

第八十一条 公安机关在异地执行拘留、逮捕的时候,应当通知被拘留、逮捕人所在地的公安机关,被拘留、逮捕人所在地的公安机关应当予以配合。

第八十二条 对于有下列情形的人,任何公民都可以立即扭送公安机关、人民检察院或者人民法院处理：

（一）正在实行犯罪或者在犯罪后即时被发觉的；

（二）通缉在案的；

（三）越狱逃跑的；

（四）正在被追捕的。

第八十三条 公安机关拘留人的时候，必须出示拘留证。

拘留后，应当立即将被拘留人送看守所羁押，至迟不得超过二十四小时。除无法通知或者涉嫌危害国家安全犯罪、恐怖活动犯罪通知可能有碍侦查的情形以外，应当在拘留后二十四小时以内，通知被拘留人的家属。有碍侦查的情形消失以后，应当立即通知被拘留人的家属。

第八十四条 公安机关对被拘留的人，应当在拘留后的二十四小时以内进行讯问。在发现不应当拘留的时候，必须立即释放，发给释放证明。

第九十一条 公安机关逮捕人的时候，必须出示逮捕证。

逮捕后，应当立即将被逮捕人送看守所羁押。除无法通知的以外，应当在逮捕后二十四小时以内，通知被逮捕人的家属。

第九十二条 人民法院、人民检察院对于各自决定逮捕的人，公安机关对于经人民检察院批准逮捕的人，都必须在逮捕后的二十四小时以内进行讯问。在发现不应当逮捕的时候，必须立即释放，发给释放证明。

第九十三条 犯罪嫌疑人、被告人被逮捕后，人民检察院仍应当对羁押的必要性进行审查。对不需要继续羁押的，应当建议予以释放或者变更强制措施。有关机关应当在十日以内将处理情况通知人民检察院。

第九十四条 人民法院、人民检察院和公安机关如果发现对犯罪嫌疑人、被告人采取强制措施不当的，应当及时撤销或者变更。公安机关释放被逮捕的人或者变更逮捕措施的，应当通知原批准的人民检察院。

第九十五条 犯罪嫌疑人、被告人及其法定代理人、近亲属或者辩护人有权申请变更强制措施。人民法院、人民检察院和公安机关收到申请后，应当在三日以内作出决定；不同意变更强制措施的，应当告知申请人，并说明不同意的理由。

第九十六条 犯罪嫌疑人、被告人被羁押的案件，不能在本法规定的侦查羁押、审查起诉、一审、二审期限内办结的，对犯罪嫌疑人、被告人应当予以释放；需要继续查证、审理的，对犯罪嫌疑人、被告人可以取保候审或者监视居住。

第七章 附带民事诉讼

第九十九条 被害人由于被告人的犯罪行为而遭受物质损失的,在刑事诉讼过程中,有权提起附带民事诉讼。被害人死亡或者丧失行为能力的,被害人的法定代理人、近亲属有权提起附带民事诉讼。

如果是国家财产、集体财产遭受损失的,人民检察院在提起公诉的时候,可以提起附带民事诉讼。

第一百条 人民法院在必要的时候,可以采取保全措施,查封、扣押或者冻结被告人的财产。附带民事诉讼原告人或者人民检察院可以申请人民法院采取保全措施。人民法院采取保全措施,适用民事诉讼法的有关规定。

第一百零一条 人民法院审理附带民事诉讼案件,可以进行调解,或者根据物质损失情况作出判决、裁定。

第一百零二条 附带民事诉讼应当同刑事案件一并审判,只有为了防止刑事案件审判的过分迟延,才可以在刑事案件审判后,由同一审判组织继续审理附带民事诉讼。

第二编 立案、侦查和提起公诉

第二章 侦 查

第一节 一般规定

第一百一十三条 公安机关对已经立案的刑事案件,应当进行侦查,收集、调取犯罪嫌疑人有罪或者无罪、罪轻或者罪重的证据材料。对现行犯或者重大嫌疑分子可以依法先行拘留,对符合逮捕条件的犯罪嫌疑人,应当依法逮捕。

第一百一十四条 公安机关经过侦查,对有证据证明有犯罪事实的案件,应当进行预审,对收集、调取的证据材料予以核实。

第一百一十五条 当事人和辩护人、诉讼代理人、利害关系人对于司法机关及其工作人员有下列行为之一的,有权向该机关申诉或者控告:

(一)采取强制措施法定期限届满,不予以释放、解除或者变更的;

(二)应当退还取保候审保证金不退还的;

(三)对与案件无关的财物采取查封、扣押、冻结措施的;

(四)应当解除查封、扣押、冻结不解除的;

(五)贪污、挪用、私分、调换、违反规定使用查封、扣押、冻结的财物的。

受理申诉或者控告的机关应当及时处理。对处理不服的,可以向同级人民检察院申诉;人民检察院直接受理的案件,可以向上一级人民检察院申诉。人民检察院对申诉应当及时进行审查,情况属实的,通知有关机关予以纠正。

第二节 讯问犯罪嫌疑人

第一百一十六条 讯问犯罪嫌疑人必须由人民检察院或者公安机关的侦查人员负责进行。讯问的时候,侦查人员不得少于二人。

犯罪嫌疑人被送交看守所羁押以后,侦查人员对其进行讯问,应当在看守所内进行。

第一百一十七条 对不需要逮捕、拘留的犯罪嫌疑人,可以传唤到犯罪嫌疑人所在市、县内的指定地点或者到他的住处进行讯问,但是应当出示人民检察院或者公安机关的证明文件。对在现场发现的犯罪嫌疑人,经出示工作证件,可以口头传唤,但应当在讯问笔录中注明。

传唤、拘传持续的时间不得超过十二小时;案情特别重大、复杂,需要采取拘留、逮捕措施的,传唤、拘传持续的时间不得超过二十四小时。

不得以连续传唤、拘传的形式变相拘禁犯罪嫌疑人。传唤、拘传犯罪嫌疑人,应当保证犯罪嫌疑人的饮食和必要的休息时间。

第一百一十八条 侦查人员在讯问犯罪嫌疑人的时候,应当首先讯问犯罪嫌疑人是否有犯罪行为,让他陈述有罪的情节或者无罪的辩解,然后向他提出问题。犯罪嫌疑人对侦查人员的提问,应当如实回答。但是对与本案无关的问题,有拒绝回答的权利。

侦查人员在讯问犯罪嫌疑人的时候,应当告知犯罪嫌疑人如实供述自己罪行可以从宽处理的法律规定。

第一百一十九条 讯问聋、哑的犯罪嫌疑人,应当有通晓聋、哑手势的人参加,并且将这种情况记明笔录。

第一百二十一条 侦查人员在讯问犯罪嫌疑人的时候,可以对讯问过程进行录音或者录像;对于可能判处无期徒刑、死刑的案件或者其他重大犯罪案件,应当对讯问过程进行录音或者录像。

录音或者录像应当全程进行,保持完整性。

第四节 勘验、检查

第一百二十九条 对于死因不明的尸体,公安机关有权决定解剖,并且通知死者家属到场。

第一百三十条　为了确定被害人、犯罪嫌疑人的某些特征、伤害情况或者生理状态,可以对人身进行检查,可以提取指纹信息,采集血液、尿液等生物样本。

犯罪嫌疑人如果拒绝检查,侦查人员认为必要的时候,可以强制检查。

检查妇女的身体,应当由女工作人员或者医师进行。

第八节　技术侦查措施

第一百四十八条　公安机关在立案后,对于危害国家安全犯罪、恐怖活动犯罪、黑社会性质的组织犯罪、重大毒品犯罪或者其他严重危害社会的犯罪案件,根据侦查犯罪的需要,经过严格的批准手续,可以采取技术侦查措施。

人民检察院在立案后,对于重大的贪污、贿赂犯罪案件以及利用职权实施的严重侵犯公民人身权利的重大犯罪案件,根据侦查犯罪的需要,经过严格的批准手续,可以采取技术侦查措施,按照规定交有关机关执行。

追捕被通缉或者批准、决定逮捕的在逃的犯罪嫌疑人、被告人,经过批准,可以采取追捕所必需的技术侦查措施。

第一百四十九条　批准决定应当根据侦查犯罪的需要,确定采取技术侦查措施的种类和适用对象。批准决定自签发之日起三个月以内有效。对于不需要继续采取技术侦查措施的,应当及时解除;对于复杂、疑难案件,期限届满仍有必要继续采取技术侦查措施的,经过批准,有效期可以延长,每次不得超过三个月。

第一百五十条　采取技术侦查措施,必须严格按照批准的措施种类、适用对象和期限执行。

侦查人员对采取技术侦查措施过程中知悉的国家秘密、商业秘密和个人隐私,应当保密;对采取技术侦查措施获取的与案件无关的材料,必须及时销毁。

采取技术侦查措施获取的材料,只能用于对犯罪的侦查、起诉和审判,不得用于其他用途。

公安机关依法采取技术侦查措施,有关单位和个人应当配合,并对有关情况予以保密。

第一百五十一条　为了查明案情,在必要的时候,经公安机关负责人决定,可以由有关人员隐匿其身份实施侦查。但是,不得诱使他人犯罪,不得采用可能危害公共安全或者发生重大人身危险的方法。

对涉及给付毒品等违禁品或者财物的犯罪活动,公安机关根据侦查犯罪的需要,可以依照规定实施控制下交付。

第一百五十二条　依照本节规定采取侦查措施收集的材料在刑事诉讼中可以作为证据使用。如果使用该证据可能危及有关人员的人身安全,或者可能产生其他严重后果的,应当采取不暴露有关人员身份、技术方法等保护措施,必要的时候,可以由审判人员在庭外对证据进行核实。

第九节 通 缉

第一百五十三条 应当逮捕的犯罪嫌疑人如果在逃,公安机关可以发布通缉令,采取有效措施,追捕归案。

各级公安机关在自己管辖的地区以内,可以直接发布通缉令;超出自己管辖的地区,应当报请有权决定的上级机关发布。

第三章 提起公诉

第一百六十七条 凡需要提起公诉的案件,一律由人民检察院审查决定。

第一百六十八条 人民检察院审查案件的时候,必须查明:

(一)犯罪事实、情节是否清楚,证据是否确实、充分,犯罪性质和罪名的认定是否正确;

(二)有无遗漏罪行和其他应当追究刑事责任的人;

(三)是否属于不应追究刑事责任的;

(四)有无附带民事诉讼;

(五)侦查活动是否合法。

第一百六十九条 人民检察院对于公安机关移送起诉的案件,应当在一个月以内作出决定,重大、复杂的案件,可以延长半个月。

人民检察院审查起诉的案件,改变管辖的,从改变后的人民检察院收到案件之日起计算审查起诉期限。

第一百七十条 人民检察院审查案件,应当讯问犯罪嫌疑人,听取辩护人、被害人及其诉讼代理人的意见,并记录在案。辩护人、被害人及其诉讼代理人提出书面意见的,应当附卷。

第一百七十一条 人民检察院审查案件,可以要求公安机关提供法庭审判所必需的证据材料;认为可能存在本法第五十四条规定的以非法方法收集证据情形的,可以要求其对证据收集的合法性作出说明。

人民检察院审查案件,对于需要补充侦查的,可以退回公安机关补充侦查,也可以自行侦查。

对于补充侦查的案件,应当在一个月以内补充侦查完毕。补充侦查以二次为限。补充侦查完毕移送人民检察院后,人民检察院重新计算审查起诉期限。

对于二次补充侦查的案件,人民检察院仍然认为证据不足,不符合起诉条件的,应当作出不起诉的决定。

第一百七十二条 人民检察院认为犯罪嫌疑人的犯罪事实已经查清,证据确实、充分,依法应当追究刑事责任的,应当作出起诉决定,按照审判管辖的规定,向人民法院提起公诉,并将案卷材料、证据移送人民法院。

第一百七十三条 犯罪嫌疑人没有犯罪事实,或者有本法第十五条规定的情形之一的,人民检察院应当作出不起诉决定。

对于犯罪情节轻微,依照刑法规定不需要判处刑罚或者免除刑罚的,人民检察院可以作出不起诉决定。

人民检察院决定不起诉的案件,应当同时对侦查中查封、扣押、冻结的财物解除查封、扣押、冻结。对被不起诉人需要给予行政处罚、行政处分或者需要没收其违法所得的,人民检察院应当提出检察意见,移送有关主管机关处理。有关主管机关应当将处理结果及时通知人民检察院。

第一百七十四条 不起诉的决定,应当公开宣布,并且将不起诉决定书送达被不起诉人和他的所在单位。如果被不起诉人在押,应当立即释放。

第一百七十五条 对于公安机关移送起诉的案件,人民检察院决定不起诉的,应当将不起诉决定书送达公安机关。公安机关认为不起诉的决定有错误的时候,可以要求复议,如果意见不被接受,可以向上一级人民检察院提请复核。

第一百七十六条 对于有被害人的案件,决定不起诉的,人民检察院应当将不起诉决定书送达被害人。被害人如果不服,可以自收到决定书后七日以内向上一级人民检察院申诉,请求提起公诉。人民检察院应当将复查决定告知被害人。对人民检察院维持不起诉决定的,被害人可以向人民法院起诉。被害人也可以不经申诉,直接向人民法院起诉。人民法院受理案件后,人民检察院应当将有关案件材料移送人民法院。

第三编 审 判

第二章 第一审程序

第一节 公诉案件

第一百八十一条 人民法院对提起公诉的案件进行审查后,对于起诉书中有明确的指控犯罪事实的,应当决定开庭审判。

第一百八十二条 人民法院决定开庭审判后,应当确定合议庭的组成人员,将人民检察院的起诉书副本至迟在开庭十日以前送达被告人及其辩护人。

在开庭以前,审判人员可以召集公诉人、当事人和辩护人、诉讼代理人,对回避、出庭证人名单、非法证据排除等与审判相关的问题,了解情况,听取意见。

人民法院确定开庭日期后,应当将开庭的时间、地点通知人民检察院,传唤当事人,通知辩护人、诉讼代理人、证人、鉴定人和翻译人员,传票和通知书至迟在开庭三日以前送达。公开审判的案件,应当在开庭三日以前先期公布案由、被告人姓名、开庭时间和地点。

上述活动情形应当写入笔录,由审判人员和书记员签名。

第一百八十三条　人民法院审判第一审案件应当公开进行。但是有关国家秘密或者个人隐私的案件,不公开审理;涉及商业秘密的案件,当事人申请不公开审理的,可以不公开审理。

不公开审理的案件,应当当庭宣布不公开审理的理由。

第一百八十四条　人民法院审判公诉案件,人民检察院应当派员出席法庭支持公诉。

第一百八十五条　开庭的时候,审判长查明当事人是否到庭,宣布案由;宣布合议庭的组成人员、书记员、公诉人、辩护人、诉讼代理人、鉴定人和翻译人员的名单;告知当事人有权对合议庭组成人员、书记员、公诉人、鉴定人和翻译人员申请回避;告知被告人享有辩护权利。

第一百八十六条　公诉人在法庭上宣读起诉书后,被告人、被害人可以就起诉书指控的犯罪进行陈述,公诉人可以讯问被告人。

被害人、附带民事诉讼的原告人和辩护人、诉讼代理人,经审判长许可,可以向被告人发问。

审判人员可以讯问被告人。

第一百八十七条　公诉人、当事人或者辩护人、诉讼代理人对证人证言有异议,且该证人证言对案件定罪量刑有重大影响,人民法院认为证人有必要出庭作证的,证人应当出庭作证。

人民警察就其执行职务时目击的犯罪情况作为证人出庭作证,适用前款规定。

公诉人、当事人或者辩护人、诉讼代理人对鉴定意见有异议,人民法院认为鉴定人有必要出庭的,鉴定人应当出庭作证。经人民法院通知,鉴定人拒不出庭作证的,鉴定意见不得作为定案的根据。

第一百八十八条　经人民法院通知,证人没有正当理由不出庭作证的,人民法院可以强制其到庭,但是被告人的配偶、父母、子女除外。

证人没有正当理由拒绝出庭或者出庭后拒绝作证的,予以训诫,情节严重的,经院长批准,处以十日以下的拘留。被处罚人对拘留决定不服的,可以向上一级人民法院申请复议。复议期间不停止执行。

第一百八十九条　证人作证,审判人员应当告知他要如实地提供证言和有意作伪证或者隐匿罪证要负的法律责任。公诉人、当事人和辩护人、诉讼代理人经审判长许可,可以对证人、鉴定人发问。审判长认为发问的内容与案件无关的时候,应当制止。

审判人员可以询问证人、鉴定人。

第一百九十条　公诉人、辩护人应当向法庭出示物证,让当事人辨认,对未到庭的证人的证言笔录、鉴定人的鉴定意见、勘验笔录和其他作为证据的文书,应当当庭宣读。审判人员应当听取公诉人、当事人和辩护人、诉讼代理人的意见。

第一百九十一条　法庭审理过程中,合议庭对证据有疑问的,可以宣布休庭,对证据进行调查核实。

人民法院调查核实证据,可以进行勘验、检查、查封、扣押、鉴定和查询、冻结。

第一百九十三条　法庭审理过程中,对与定罪、量刑有关的事实、证据都应当进行调查、辩论。

经审判长许可,公诉人、当事人和辩护人、诉讼代理人可以对证据和案件情况发表意见并且可以互相辩论。

审判长在宣布辩论终结后,被告人有最后陈述的权利。

第一百九十四条　在法庭审判过程中,如果诉讼参与人或者旁听人员违反法庭秩序,审判长应当警告制止。对不听制止的,可以强行带出法庭;情节严重的,处以一千元以下的罚款或者十五日以下的拘留。罚款、拘留必须经院长批准。被处罚人对罚款、拘留的决定不服的,可以向上一级人民法院申请复议。复议期间不停止执行。

第二百零二条　人民法院审理公诉案件,应当在受理后二个月以内宣判,至迟不得超过三个月。对于可能判处死刑的案件或者附带民事诉讼的案件,以及有本法第一百五十六条规定情形之一的,经上一级人民法院批准,可以延长三个月;因特殊情况还需要延长的,报请最高人民法院批准。

人民法院改变管辖的案件,从改变后的人民法院收到案件之日起计算审理期限。

人民检察院补充侦查的案件,补充侦查完毕移送人民法院后,人民法院重新计算审理期限。

第二节 自诉案件

第二百零四条 自诉案件包括下列案件:

(一)告诉才处理的案件;

(二)被害人有证据证明的轻微刑事案件;

(三)被害人有证据证明对被告人侵犯自己人身、财产权利的行为应当依法追究刑事责任,而公安机关或者人民检察院不予追究被告人刑事责任的案件。

第二百零五条 人民法院对于自诉案件进行审查后,按照下列情形分别处理:

(一)犯罪事实清楚,有足够证据的案件,应当开庭审判;

(二)缺乏罪证的自诉案件,如果自诉人提不出补充证据,应当说服自诉人撤回自诉,或者裁定驳回。

自诉人经两次依法传唤,无正当理由拒不到庭的,或者未经法庭许可中途退庭的,按撤诉处理。

法庭审理过程中,审判人员对证据有疑问,需要调查核实的,适用本法第一百九十一条的规定。

第二百零六条 人民法院对自诉案件,可以进行调解;自诉人在宣告判决前,可以同被告人自行和解或者撤回自诉。本法第二百零四条第三项规定的案件不适用调解。

人民法院审理自诉案件的期限,被告人被羁押的,适用本法第二百零二条第一款、第二款的规定;未被羁押的,应当在受理后六个月以内宣判。

第二百零七条 自诉案件的被告人在诉讼过程中,可以对自诉人提起反诉。反诉适用自诉的规定。

第三节 简易程序

第二百零八条 基层人民法院管辖的案件,符合下列条件的,可以适用简易程序审判:

(一)案件事实清楚、证据充分的;

(二)被告人承认自己所犯罪行,对指控的犯罪事实没有异议的;

(三)被告人对适用简易程序没有异议的。

人民检察院在提起公诉的时候,可以建议人民法院适用简易程序。

第二百零九条　有下列情形之一的,不适用简易程序:

(一)被告人是盲、聋、哑人,或者是尚未完全丧失辨认或者控制自己行为能力的精神病人的;

(二)有重大社会影响的;

(三)共同犯罪案件中部分被告人不认罪或者对适用简易程序有异议的;

(四)其他不宜适用简易程序审理的。

第二百一十条　适用简易程序审理案件,对可能判处三年有期徒刑以下刑罚的,可以组成合议庭进行审判,也可以由审判员一人独任审判;对可能判处的有期徒刑超过三年的,应当组成合议庭进行审判。

适用简易程序审理公诉案件,人民检察院应当派员出席法庭。

第二百一十一条　适用简易程序审理案件,审判人员应当询问被告人对指控的犯罪事实的意见,告知被告人适用简易程序审理的法律规定,确认被告人是否同意适用简易程序审理。

第二百一十二条　适用简易程序审理案件,经审判人员许可,被告人及其辩护人可以同公诉人、自诉人及其诉讼代理人互相辩论。

第二百一十三条　适用简易程序审理案件,不受本章第一节关于送达期限、讯问被告人、询问证人、鉴定人、出示证据、法庭辩论程序规定的限制。但在判决宣告前应当听取被告人的最后陈述意见。

第二百一十四条　适用简易程序审理案件,人民法院应当在受理后二十日以内审结;对可能判处的有期徒刑超过三年的,可以延长至一个半月。

第二百一十五条　人民法院在审理过程中,发现不宜适用简易程序的,应当按照本章第一节或者第二节的规定重新审理。

第三章　第二审程序

第二百一十六条　被告人、自诉人和他们的法定代理人,不服地方各级人民法院第一审的判决、裁定,有权用书状或者口头向上一级人民法院上诉。被告人的辩护人和近亲属,经被告人同意,可以提出上诉。

附带民事诉讼的当事人和他们的法定代理人,可以对地方各级人民法院第一审的判决、裁定中的附带民事诉讼部分,提出上诉。

对被告人的上诉权,不得以任何借口加以剥夺。

第二百一十八条　被害人及其法定代理人不服地方各级人民法院第一审的判决的,自收到判决书后五日以内,有权请求人民检察院提出抗诉。人民检察院自收到被害人及其法定代理人的请求后五日以内,应当作出是否抗诉的决定并且答复请求人。

第二百一十九条 不服判决的上诉和抗诉的期限为十日,不服裁定的上诉和抗诉的期限为五日,从接到判决书、裁定书的第二日起算。

第二百二十条 被告人、自诉人、附带民事诉讼的原告人和被告人通过原审人民法院提出上诉的,原审人民法院应当在三日以内将上诉状连同案卷、证据移送上一级人民法院,同时将上诉状副本送交同级人民检察院和对方当事人。

被告人、自诉人、附带民事诉讼的原告人和被告人直接向第二审人民法院提出上诉的,第二审人民法院应当在三日以内将上诉状交原审人民法院送交同级人民检察院和对方当事人。

第二百二十二条 第二审人民法院应当就第一审判决认定的事实和适用法律进行全面审查,不受上诉或者抗诉范围的限制。

共同犯罪的案件只有部分被告人上诉的,应当对全案进行审查,一并处理。

第二百二十三条 第二审人民法院对于下列案件,应当组成合议庭,开庭审理:

(一)被告人、自诉人及其法定代理人对第一审认定的事实、证据提出异议,可能影响定罪量刑的上诉案件;

(二)被告人被判处死刑的上诉案件;

(三)人民检察院抗诉的案件;

(四)其他应当开庭审理的案件。

第二审人民法院决定不开庭审理的,应当讯问被告人,听取其他当事人、辩护人、诉讼代理人的意见。

第二审人民法院开庭审理上诉、抗诉案件,可以到案件发生地或者原审人民法院所在地进行。

第二百二十四条 人民检察院提出抗诉的案件或者第二审人民法院开庭审理的公诉案件,同级人民检察院都应当派员出席法庭。第二审人民法院应当在决定开庭审理后及时通知人民检察院查阅案卷。人民检察院应当在一个月以内查阅完毕。人民检察院查阅案卷的时间不计入审理期限。

第二百二十五条 第二审人民法院对不服第一审判决的上诉、抗诉案件,经过审理后,应当按照下列情形分别处理:

(一)原判决认定事实和适用法律正确、量刑适当的,应当裁定驳回上诉或者抗诉,维持原判;

(二)原判决认定事实没有错误,但适用法律有错误,或者量刑不当的,应当改判;

(三)原判决事实不清楚或者证据不足的,可以在查清事实后改判;也可以裁定撤销原判,发回原审人民法院重新审判。

原审人民法院对于依照前款第三项规定发回重新审判的案件作出判决后,被告人提出上诉或者人民检察院提出抗诉的,第二审人民法院应当依法作出判决或者裁定,不得再发回原审人民法院重新审判。

第二百二十六条　第二审人民法院审理被告人或者他的法定代理人、辩护人、近亲属上诉的案件,不得加重被告人的刑罚。第二审人民法院发回原审人民法院重新审判的案件,除有新的犯罪事实,人民检察院补充起诉的以外,原审人民法院也不得加重被告人的刑罚。

人民检察院提出抗诉或者自诉人提出上诉的,不受前款规定的限制。

第四章　死刑复核程序

第二百三十五条　死刑由最高人民法院核准。

第二百三十六条　中级人民法院判处死刑的第一审案件,被告人不上诉的,应当由高级人民法院复核后,报请最高人民法院核准。高级人民法院不同意判处死刑的,可以提审或者发回重新审判。

高级人民法院判处死刑的第一审案件被告人不上诉的,和判处死刑的第二审案件,都应当报请最高人民法院核准。

第二百三十七条　中级人民法院判处死刑缓期二年执行的案件,由高级人民法院核准。

第二百三十八条　最高人民法院复核死刑案件,高级人民法院复核死刑缓期执行的案件,应当由审判员三人组成合议庭进行。

第五章　审判监督程序

第二百四十一条　当事人及其法定代理人、近亲属,对已经发生法律效力的判决、裁定,可以向人民法院或者人民检察院提出申诉,但是不能停止判决、裁定的执行。

第二百四十二条　当事人及其法定代理人、近亲属的申诉符合下列情形之一的,人民法院应当重新审判:

(一)有新的证据证明原判决、裁定认定的事实确有错误,可能影响定罪量刑的；

(二)据以定罪量刑的证据不确实、不充分、依法应当予以排除，或者证明案件事实的主要证据之间存在矛盾的；

(三)原判决、裁定适用法律确有错误的；

(四)违反法律规定的诉讼程序，可能影响公正审判的；

(五)审判人员在审理该案件的时候，有贪污受贿，徇私舞弊，枉法裁判行为的。

第二百四十三条　各级人民法院院长对本院已经发生法律效力的判决和裁定，如果发现在认定事实上或者在适用法律上确有错误，必须提交审判委员会处理。

最高人民法院对各级人民法院已经发生法律效力的判决和裁定，上级人民法院对下级人民法院已经发生法律效力的判决和裁定，如果发现确有错误，有权提审或者指令下级人民法院再审。

最高人民检察院对各级人民法院已经发生法律效力的判决和裁定，上级人民检察院对下级人民法院已经发生法律效力的判决和裁定，如果发现确有错误，有权按照审判监督程序向同级人民法院提出抗诉。

人民检察院抗诉的案件，接受抗诉的人民法院应当组成合议庭重新审理，对于原判决事实不清楚或者证据不足的，可以指令下级人民法院再审。

第二百四十四条　上级人民法院指令下级人民法院再审的，应当指令原审人民法院以外的下级人民法院审理；由原审人民法院审理更为适宜的，也可以指令原审人民法院审理。

第二百四十五条　人民法院按照审判监督程序重新审判的案件，由原审人民法院审理的，应当另行组成合议庭进行。如果原来是第一审案件，应当依照第一审程序进行审判，所作的判决、裁定，可以上诉、抗诉；如果原来是第二审案件，或者是上级人民法院提审的案件，应当依照第二审程序进行审判，所作的判决、裁定，是终审的判决、裁定。

人民法院开庭审理的再审案件，同级人民检察院应当派员出席法庭。

第二百四十六条　人民法院决定再审的案件，需要对被告人采取强制措施的，由人民法院依法决定；人民检察院提出抗诉的再审案件，需要对被告人采取强制措施的，由人民检察院依法决定。

人民法院按照审判监督程序审判的案件，可以决定中止原判决、裁定的执行。

第二百四十七条　人民法院按照审判监督程序重新审判的案件,应当在作出提审、再审决定之日起三个月以内审结,需要延长期限的,不得超过六个月。

接受抗诉的人民法院按照审判监督程序审判抗诉的案件,审理期限适用前款规定;对需要指令下级人民法院再审的,应当自接受抗诉之日起一个月以内作出决定,下级人民法院审理案件的期限适用前款规定。

第五编　特别程序

第一章　未成年人刑事案件诉讼程序

第二百六十六条　对犯罪的未成年人实行教育、感化、挽救的方针,坚持教育为主、惩罚为辅的原则。

人民法院、人民检察院和公安机关办理未成年人刑事案件,应当保障未成年人行使其诉讼权利,保障未成年人得到法律帮助,并由熟悉未成年人身心特点的审判人员、检察人员、侦查人员承办。

第二百六十七条　未成年犯罪嫌疑人、被告人没有委托辩护人的,人民法院、人民检察院、公安机关应当通知法律援助机构指派律师为其提供辩护。

第二百六十八条　公安机关、人民检察院、人民法院办理未成年人刑事案件,根据情况可以对未成年犯罪嫌疑人、被告人的成长经历、犯罪原因、监护教育等情况进行调查。

第二百六十九条　对未成年犯罪嫌疑人、被告人应当严格限制适用逮捕措施。人民检察院审查批准逮捕和人民法院决定逮捕,应当讯问未成年犯罪嫌疑人、被告人,听取辩护律师的意见。

对被拘留、逮捕和执行刑罚的未成年人与成年人应当分别关押、分别管理、分别教育。

第二百七十条　对于未成年人刑事案件,在讯问和审判的时候,应当通知未成年犯罪嫌疑人、被告人的法定代理人到场。无法通知、法定代理人不能到场或者法定代理人是共犯的,也可以通知未成年犯罪嫌疑人、被告人的其他成年亲属,所在学校、单位、居住地基层组织或者未成年人保护组织的代表到场,并将有关情况记录在案。到场的法定代理人可以代为行使未成年犯罪嫌疑人、被告人的诉讼权利。

到场的法定代理人或者其他人员认为办案人员在讯问、审判中侵犯未成年人合法权益的,可以提出意见。讯问笔录、法庭笔录应当交给到场的法定代理人或者其他人员阅读或者向他宣读。

讯问女性未成年犯罪嫌疑人,应当有女工作人员在场。

审判未成年人刑事案件,未成年被告人最后陈述后,其法定代理人可以进行补充陈述。

询问未成年被害人、证人,适用第一款、第二款、第三款的规定。

第二百七十一条 对于未成年人涉嫌刑法分则第四章、第五章、第六章规定的犯罪,可能判处一年有期徒刑以下刑罚,符合起诉条件,但有悔罪表现的,人民检察院可以作出附条件不起诉的决定。人民检察院在作出附条件不起诉的决定以前,应当听取公安机关、被害人的意见。

对附条件不起诉的决定,公安机关要求复议、提请复核或者被害人申诉的,适用本法第一百七十五条、第一百七十六条的规定。

未成年犯罪嫌疑人及其法定代理人对人民检察院决定附条件不起诉有异议的,人民检察院应当作出起诉的决定。

第二百七十二条 在附条件不起诉的考验期内,由人民检察院对被附条件不起诉的未成年犯罪嫌疑人进行监督考察。未成年犯罪嫌疑人的监护人,应当对未成年犯罪嫌疑人加强管教,配合人民检察院做好监督考察工作。

附条件不起诉的考验期为六个月以上一年以下,从人民检察院作出附条件不起诉的决定之日起计算。

被附条件不起诉的未成年犯罪嫌疑人,应当遵守下列规定:

(一)遵守法律法规,服从监督;

(二)按照考察机关的规定报告自己的活动情况;

(三)离开所居住的市、县或者迁居,应当报经考察机关批准;

(四)按照考察机关的要求接受矫治和教育。

第二百七十三条 被附条件不起诉的未成年犯罪嫌疑人,在考验期内有下列情形之一的,人民检察院应当撤销附条件不起诉的决定,提起公诉:

(一)实施新的犯罪或者发现决定附条件不起诉以前还有其他犯罪需要追诉的;

(二)违反治安管理规定或者考察机关有关附条件不起诉的监督管理规定,情节严重的。

被附条件不起诉的未成年犯罪嫌疑人,在考验期内没有上述情形,考验期满的,人民检察院应当作出不起诉的决定。

第二百七十四条　审判的时候被告人不满十八周岁的案件,不公开审理。但是,经未成年被告人及其法定代理人同意,未成年被告人所在学校和未成年人保护组织可以派代表到场。

第二百七十五条　犯罪的时候不满十八周岁,被判处五年有期徒刑以下刑罚的,应当对相关犯罪记录予以封存。

犯罪记录被封存的,不得向任何单位和个人提供,但司法机关为办案需要或者有关单位根据国家规定进行查询的除外。依法进行查询的单位,应当对被封存的犯罪记录的情况予以保密。

第二百七十六条　办理未成年人刑事案件,除本章已有规定的以外,按照本法的其他规定进行。

第二章　当事人和解的公诉案件诉讼程序

第二百七十七条　下列公诉案件,犯罪嫌疑人、被告人真诚悔罪,通过向被害人赔偿损失、赔礼道歉等方式获得被害人谅解,被害人自愿和解的,双方当事人可以和解:

(一)因民间纠纷引起,涉嫌刑法分则第四章、第五章规定的犯罪案件,可能判处三年有期徒刑以下刑罚的;

(二)除渎职犯罪以外的可能判处七年有期徒刑以下刑罚的过失犯罪案件。

犯罪嫌疑人、被告人在五年以内曾经故意犯罪的,不适用本章规定的程序。

第二百七十八条　双方当事人和解的,公安机关、人民检察院、人民法院应当听取当事人和其他有关人员的意见,对和解的自愿性、合法性进行审查,并主持制作和解协议书。

第二百七十九条　对于达成和解协议的案件,公安机关可以向人民检察院提出从宽处理的建议。人民检察院可以向人民法院提出从宽处罚的建议;对于犯罪情节轻微,不需要判处刑罚的,可以作出不起诉的决定。人民法院可以依法对被告人从宽处罚。

参考文献

[1] 江伟主编:《民事诉讼法学》(第五版),北京:中国人民大学出版社,2012。

[2] 张卫平:《民事诉讼法学》,北京:法律出版社,2011。

[3] 宋朝武主编:《民事诉讼法学》(第二版),厦门:厦门大学出版社,2008。

[4] 陈光中主编:《刑事诉讼法学》(第四版),北京:北京大学出版社,2013。

[5] 陈卫东主编:《刑事诉讼法》(第三版),北京:中国人民大学出版社,2012。

[6] 谭世贵主编:《刑事诉讼法学》,北京:法律出版社,2009。

[7] 龙宗智、杨建广主编:《刑事诉讼法》,北京:高等教育出版社,2006。

[8] 范愉:《非诉讼程序(ADR)教程》,北京:中国人民大学出版社,2002。

[9] 陈百顺编著:《人民调解法培训教材》,北京:中国民主法制出版社,2011。

[10] 吴高盛主编:《中华人民共和国农村土地承包经营纠纷调解仲裁法释义》,北京:人民法院出版社,2009。

[11] 全国人大常委会法制工作委员会编:《中华人民共和国劳动争议调解仲裁法释义》,北京:法律出版社,2008。

[12] 王胜明、郝赤勇主编:《中华人民共和国人民调解法释义》,北京:法律出版社,2010。

后 记

随着国家法治文明的逐步彰显和广泛传播,农村地区的经济、政治和社会等问题的解决手段不再局限于传统风俗、村规民约和国家政策,基层干群对法律的仰赖日益突显。农民、农业经济组织已开始学着用法律的武器维护合法权益、表达正当诉求、规范民事和经济行为;村民自治组织和基层政府也意识到依法行政、依法管理的重要性。农民朋友和农村地区各类经济组织、管理组织对涉农问题的各种法律知识的需求明显增多。为此,在安徽大学出版社的鼎力支持下,安徽农业大学胡志斌博士编写了"农村实用法律解读"系列丛书,以供农村地区广大干部和群众在日常的管理、经济和社会生活中检索使用。

《农村实用调解仲裁与诉讼法解读》作为系列丛书的一部,主要就农村社会常见的纠纷解决法律问题进行理论解读和法律诠释。本书重点围绕《土地承包经营纠纷调解仲裁》《劳动争议调解仲裁法》《人民调解法》《民事诉讼法》《刑事诉讼法》等法律和相关司法解释,选择其中贴近或关系农村社会的 170 个法律问题,以问答的方式进行较为系统的解读。问题的选择既突出普遍实用性,又兼顾"三农"特色;既注重适度的理论阐释,也兼顾法规的解读,编撰的内容易读、易懂和实用。为增加问题解释的说服力,作者在对法律问题解读之后,多数问题附加了"法条链接",对于常见问题或疑难问题,为了帮助理解和应用,还附加了"案例分析"或相关实用法律文书的"范本"。

本书在编著的过程中广泛参考了国内著名专家学者编写的相关法学教材和法律法规的注释等,在此对这些作者表示感谢。本书能够顺利出版,得益于北京师范大学出版集团安徽大学出版社的大力支持,在此,对出版社特别是朱丽琴副总编辑和方青编辑表示感谢。

由于作者水平有限,加之编撰的时间比较紧,错误在所难免,问题的选择也可能会顾此失彼,敬请读者指正,作者也会在今后的再版时予以完善和提高。

安徽农业大学　胡志斌
2014 年仲春于合肥